投资人
最喜欢这样的
商业计划书

刘向东◎编著

THIS

BUSINESS PLAN

中国铁道出版社有限公司
CHINA FAILWAY PUBLISHING HOUSE CO., LTD.

内 容 简 介

　　本书不仅揭示了商业计划书的本质、要点、特色、步骤、思路、调研等，更揭密了如何展示前景机会、公司优势、产品亮点、人才优势、竞争实力、核心技术、盈利模式、营销计划、财务计划、规避风险、退出途径等，并通过PDF打造专业的，通过 Word 编写沉稳的，通过 PPT 表达精彩的商业计划书，多方渠道寻找投资人并成功融资。

　　本书结构清晰，拥有一套完整、详细、实战性强的商业计划书的全套创作系统，适合于利用商业计划书进行筹资的团队或公司、中小型企业的管理者和领导者、产业或行业研究公司、大中型金融平台、金融管理相关专业的学校、商业计划书设计团队和商业文案领域的爱好者。

图书在版编目（CIP）数据

投资人最喜欢这样的商业计划书 / 刘向东编著 . —北京：
中国铁道出版社，2017.2（2022.1 重印）

ISBN 978-7-113-22469-1

Ⅰ . ①投… Ⅱ . ①刘… Ⅲ . ①商业计划－文书－写作

Ⅳ . ① H152.3

中国版本图书馆 CIP 数据核字（2016）第 260584 号

书　　名：投资人最喜欢这样的商业计划书
作　　者：刘向东

责任编辑：张亚慧　　**编辑部电话**：(010) 51873035　　**邮箱**：lampard@vip.163.com
封面设计：MXK DESIGN STUDIO
责任印制：赵星辰

出版发行：中国铁道出版社有限公司（100054，北京市西城区右安门西街 8 号）
印　　刷：佳兴达印刷（天津）有限公司
版　　次：2017 年 2 月第 1 版　　2022 年 1 月第 5 次印刷
开　　本：700 mm×1 000 mm　1/16　**印张**：18.75　**字数**：317 千
书　　号：ISBN 978-7-113-22469-1
定　　价：58.00 元

01 内容精髓

在市场经济快速发展的当下，对于迫切希望快速成长的初创企业或团队而言，什么才是最重要的？当然是资金。没有融资就没有发展，而一份优质的商业计划书能够帮助企业或团队快速达到筹资目标。

无论在何时何地，无论是多大规模的商业融资交易，都不能没有商业计划书，在过去的 10 年里，一份份成功的商业计划书带领无数企业获得融资，并助其发展成为行业巨头。在未来的 10 年里，商业计划书必让更多的初创企业或团队创造出一个个商业奇迹。

本书是一本以打造能快速筹资、融资为核心目标，以引导读者快速掌握创作商业计划书的技巧为出发点的专著。全书内容围绕商业计划书的实用性进行，以图解方式深度剖析商业计划书的市场、类型、重点、技巧、优势、流程、设计理念等，结合不同类型的优质商业计划书，对实战性内容进行应用性的讲解。

本书内容主要以理论技巧和案例分析为主，具体分为 4 个部分的内容，分别是初步了解、内容技巧、外在表现和实战分析，帮读者快速打造一份能够获得投资人认可的商业计划书，助力企业成长。

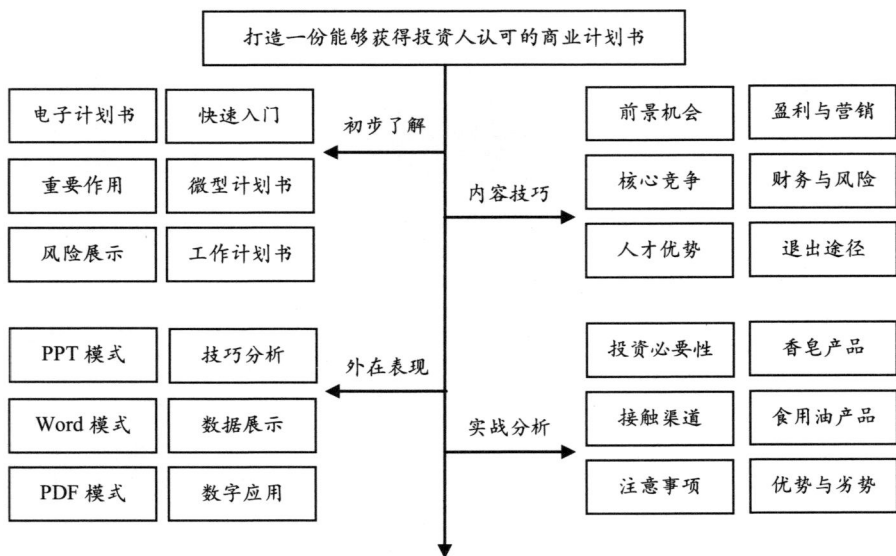

打造一份能够获得投资人认可的商业计划书

初步了解
- 电子计划书 / 快速入门
- 重要作用 / 微型计划书
- 风险展示 / 工作计划书

外在表现
- PPT 模式 / 技巧分析
- Word 模式 / 数据展示
- PDF 模式 / 数字应用

内容技巧
- 前景机会 / 盈利与营销
- 核心竞争 / 财务与风险
- 人才优势 / 退出途径

实战分析
- 投资必要性 / 香皂产品
- 接触渠道 / 食用油产品
- 注意事项 / 优势与劣势

⌜02⌟ 写作驱动

国家经济的发展速度尽管有所放缓，但是依旧处于快速发展的阶段中，在市场经济中，适合团队或企业发展成长的机会很多，尤其是网络带来的互联网商业进一步促进了市场经济的繁华。

在市场快速发展的基础上，能够把握机会的人就能够有所成就。对于希望在市场中分一杯羹的创业者而言，商业计划书是成就梦想的第一步，获得投资人的资金，获得投资人的人际关系，甚至直接获得投资人的管理，这些都是能够帮助创业者快速成功的重要因素。

无论对于企业而言，还是对于个人而言，在市场经济的赛跑中慢人一步，慢的不仅仅是时间，更会错失发展的机遇。

目前市场上关于写如何创作商业计划书的书籍有很多，但是内容大多过于书面化、呆板化、枯燥，这类书籍缺少商业计划书进行实战的指引，更极少将商业计划书的初步了解、内容技巧、外在表现和实战分析等一系列内容集于一体的书。所以笔者潜心收集并整合相关资料，结合实战案例，打造出这本针对商业计划书融资目标的实战型宝典。

在全书的整体内容中，主要分为两个方面，相关信息如下。

▶ 横向案例：通过对两个优秀的完整的商业计划书案例的剖析，连同60多个商业计划书的实战案例内容的选择性分析，来深入地认识商业计划书实战中的设计与掌控技巧。

▶ 纵向技巧：以初创型企业或团队为中心，从商业计划书内容的前期调研、核心竞争、人才优势、盈利模式、营销计划、财务计划、规避风险、退出途径、重点归纳，到计划书外在的表现技巧、数据说话、炫酷表达、沉稳真实、专业打造，本书没有遗漏一个细节，所有内容只为打造出一份能成功融资的商业计划书。

在写作这本书的过程中，笔者时常参考一些优秀商业计划书，尤其是已经融资成功的初创企业或团队的商业计划书，深刻地认识到商业计划书的巨大影响力，它能够帮助企业从一无所有起步到逐步成功，从成熟的商业机构成长为行业巨头。对于尚处于构想阶段或起步阶段的企业与团队而言，借鉴这些已经成功的商业计划书，其实也是一种主动成长的表现。

通过这种系统而翔实地讲述，希望能够为读者带来真实的作用，成就一份帮助读者成功融资的商业计划书，帮助读者铺就一条走向成功的捷径。

📋 03 适合人群

本书结构清晰、内容翔实、语言简洁、图解特色鲜明，适合以下读者学习使用。

（1）利用商业计划书进行筹资的团队或公司，本书提供关于创作商业计划书所需的特色技巧、注意事项、项目运作、设计理念、设计要点、接触投资人等方面的实用性内容，能够更好地指导读者完成商业计划书的创作。

（2）中小型企业的管理者和领导者，本书提供关于商业计划书的重要性说明、实际应用分析、计划书的潜力展示等方面内容，让决策者快速认识商业计划书，了解商业计划书，并善于通过商业计划书来助力企业发展。

（3）产业或行业研究公司，本书提供专业的理论知识了解、商业计划书的市场应用、全套的商业计划书的创作流程，以及真实的商业计划书案例分析，详解商业计划书中的每个细节内容，切入时代发展的角度，帮助公司打造特色，吸引顾客。

（4）金融管理相关专业的学校，本书为市场营销、文秘专业、人力资源管理、工商管理等专业的学科提供更新、更优质、更全面的专业知识，同时通过优秀的实战案例分析，让学生能够快速提升个人专业水平。

（5）商业计划书设计团队和商业文案领域的爱好者，本书提供更细致、更实用、更能提升商业计划书融资成功概率的技巧分析，进一步提升读者的专业素养，从而拥有更广阔的视野。

04 作者售后

由于作者水平有限，书中难免有错误和疏漏之处，恳请广大读者批评、指正，联系邮箱：feilongbook@163.com。

编　者
2016 年 8 月

目录
CONTENTS

1
CHAPTER

理清商业计划书的重要信息

目录 | C O N T E N T S

4
CHAPTER

让投资人一见倾心的调研内容

目录 | C O N T E N T S

5
CHAPTER

公司和产品的完美展现

6
CHAPTER

呈现给投资人想要的团队

7
CHAPTER

盈利模式要打动投资人

目录 CONTENTS

8
CHAPTER

赢得客户融资的营销策略

9
CHAPTER

严谨思维呈现真实情况的财务计划

目录 | C O N T E N T S

10
CHAPTER

详述风险问题与解决方法

11
CHAPTER

退出途径：确保项目后期的资金盈利性

目录 | C O N T E N T S

12
CHAPTER

商业计划书的信息摘要部分

13

CHAPTER

通过包装突出文字内容

14

CHAPTER

通过真实数字展现内容

目录

15
CHAPTER

PPT 制作的优异性

16
CHAPTER

Word 完美诠释目标

目录 | C O N T E N T S

19
CHAPTER

Word 模式案例：香皂产品商业计划书

目录 ｜ C O N T E N T S

20
CHAPTER

PPT 模式案例：食用油产品商业计划书

理清商业计划书
的重要信息

1.1 商业计划书的基本认识

商业计划书的本质就是一份书面材料，核心内容主要围绕功能或项目进行。图 1-1 所示为商业计划书的概念的图解分析。

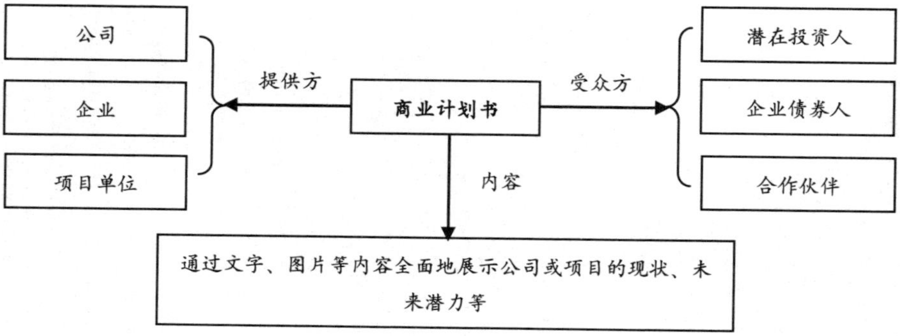

◆ 图 1-1 商业计划书的概念的图解分析

为了更好地体现计划书的重要性，提供方往往会为计划书设计一个简单的封面。图 1-2 所示为某个汽车文化主题公园项目的商业计划书封面，这种文字配图片的封面模式几乎适用于所有的商业计划书。

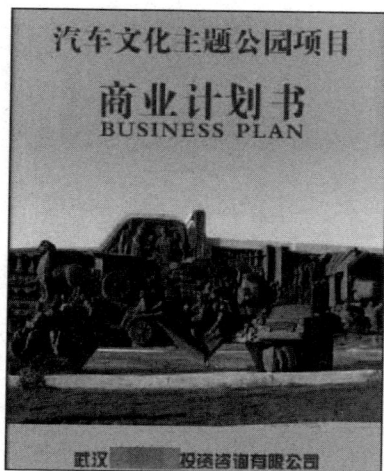

◆ 图 1-2 汽车文化主题公园项目的商业计划书封面

商业计划书的目的根据提供方的需求不同而有所变化，但常见的目的主要有如图 1-3 所示的 3 个方面。

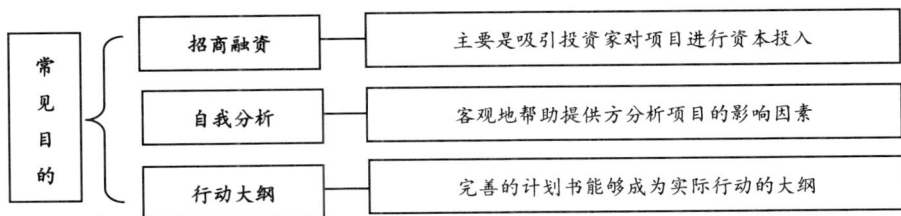

◆ 图 1-3 商业计划书的常见目的

1.1.1 商业计划书的本质内容

无论商业计划书的最终目标如何，在商业计划书中都需要阐明一些本质内容，这些信息是商业计划书内容的核心框架。如图 1-4 所示，商业计划书的本质内容主要有 6 个方面。

◆ 图1-4 商业计划书的本质内容

在本质内容中，项目产品是商业计划书存在的基础，一个优质的项目产品往往能够第一时间赢得潜在投资人的认可。图 1-5 所示为湖南吉首优惠通商业计划书的项目产品介绍，通过具体的项目信息来打动投资人。

◆ 图 1-5 优惠通商业计划书的项目产品介绍

1.1.2 商业计划书的意义体现

商业计划书的成败直接关系到项目的未来发展，所以计划书的意义不仅仅在于打动投资人获得相关资金，更是对项目发展前景、资源整合、寻找机会等方面的内容进行展望。

图 1-6 所示为某产品项目的三个阶段发展规划。

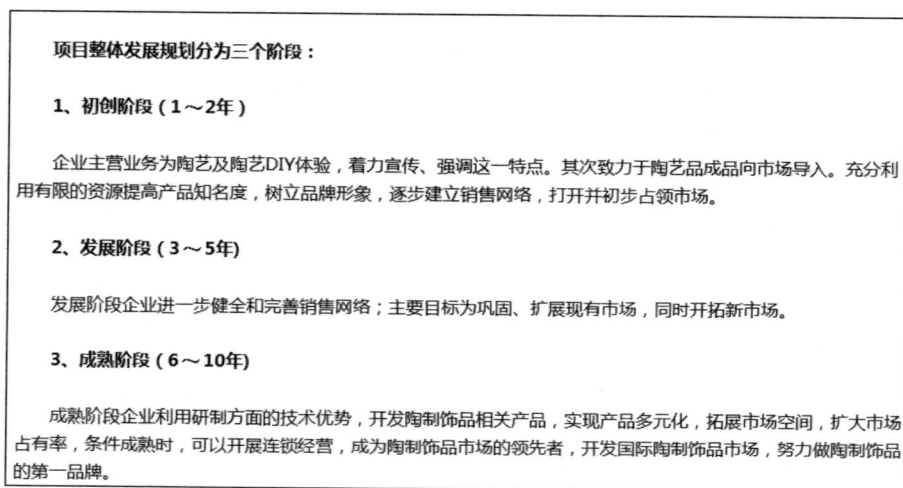

项目整体发展规划分为三个阶段：

1、初创阶段（1～2年）

企业主营业务为陶艺及陶艺DIY体验，着力宣传、强调这一特点。其次致力于陶艺品成品向市场导入。充分利用有限的资源提高产品知名度，树立品牌形象，逐步建立销售网络，打开并初步占领市场。

2、发展阶段（3～5年）

发展阶段企业进一步健全和完善销售网络；主要目标为巩固、扩展现有市场，同时开拓新市场。

3、成熟阶段（6～10年）

成熟阶段企业利用研制方面的技术优势，开发陶制饰品相关产品，实现产品多元化，拓展市场空间，扩大市场占有率，条件成熟时，可以开展连锁经营，成为陶制饰品市场的领先者，开发国际陶制饰品市场，努力做陶制饰品的第一品牌。

◆ 图 1-6 某产品项目的三个阶段发展规划

对于商业计划书的策划者而言，在写的过程中往往会在头脑中呈现出如何开展工作、设想是否完整、实际情况是否支持等方面的内容，经过策划过程的磨炼，完整的商业计划书往往能够使策划者对于项目的后期运作更加明了。

对于商业计划书的团队下属而言，清晰的商业计划书往往能够提高工作的效率和准确率。图 1-7 所示为团队下属关于细节执行的具体内容分析。

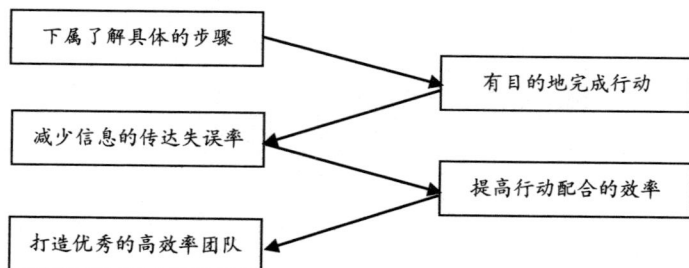

◆ 图 1-7 团队下属关于细节执行的具体内容分析

1.1.3 制作计划书之前的了解

制作商业计划书并不是一蹴而就的过程，在制作之前，就需要完成相关信息的调查和统计。具体的信息内容主要分为如图 1-8 所示的 4 个方面。

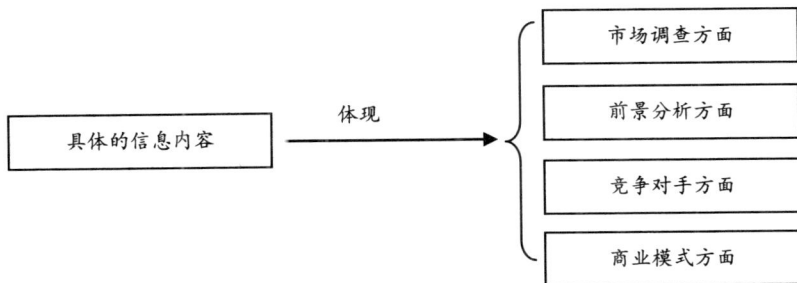

◆ 图 1-8 具体的信息内容

在互联网时代，市场调查往往能够在网络平台上完成，并且完成的效率更高。图 1-9 所示为手表设计的调查问卷界面。

手表设计调查问卷

您是否拥有自己的手表呢？您对手表有什么需求呢？您更喜欢怎样的手表呢？手表与手表之间存在差别，根据需求的不同，我们对手表的选择也会有不同，因此，非常感谢您能填写"对手表需求的调查问卷"。

1. 如果根据玩家需求，推出定制版手表，您是否会购买？*

A：会考虑，主要看外观

B：会考虑，主要看性价比

C：不会考虑，没有佩戴手表的习惯

D：不考虑，已经有手表了

E：不确定。

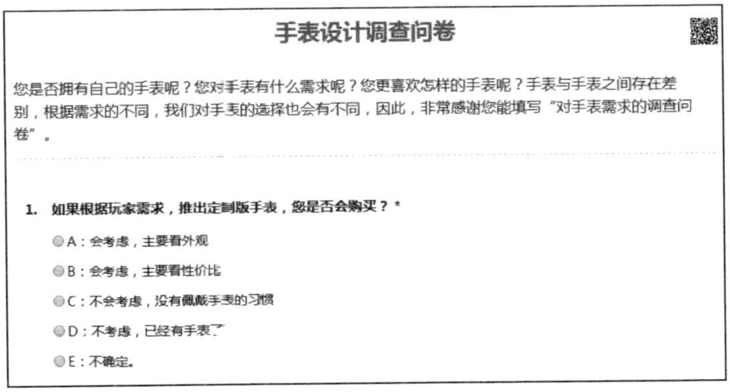

◆ 图 1-9 手表设计的调查问卷界面

1.2 商业计划书的制作要点

根据商业计划书的具体内容而定，计划书的页数往往在 40 页左右，太过冗长的商业计划会让阅读者失去耐心；太过简短的商业计划又无法有效地说服阅读者。在制作商业计划书的具体过程中，写作内容主要分成 4 个阶段完成。

图 1-10 所示为写作中 4 个阶段的相关内容。

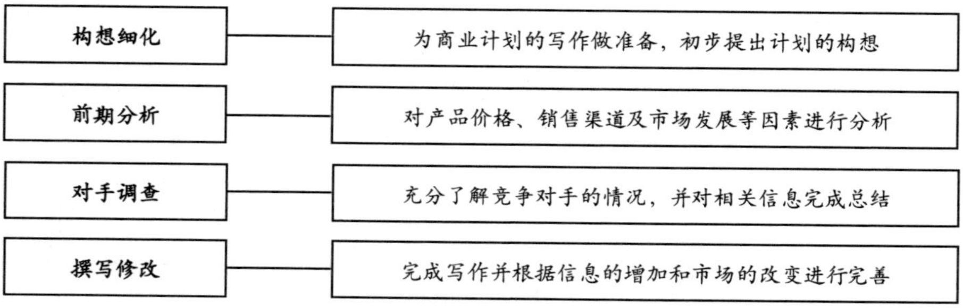

构想细化	为商业计划的写作做准备，初步提出计划的构想
前期分析	对产品价格、销售渠道及市场发展等因素进行分析
对手调查	充分了解竞争对手的情况，并对相关信息完成总结
撰写修改	完成写作并根据信息的增加和市场的改变进行完善

◆ 图 1-10 写作中 4 个阶段的相关内容

这 4 个阶段的内容都是商业计划书的制作要点，但在具体的写作中还需要进一步细化各个阶段的内容。整体而言，商业计划书的制作要点分为如图 1-11 所示的 3 个部分的内容。

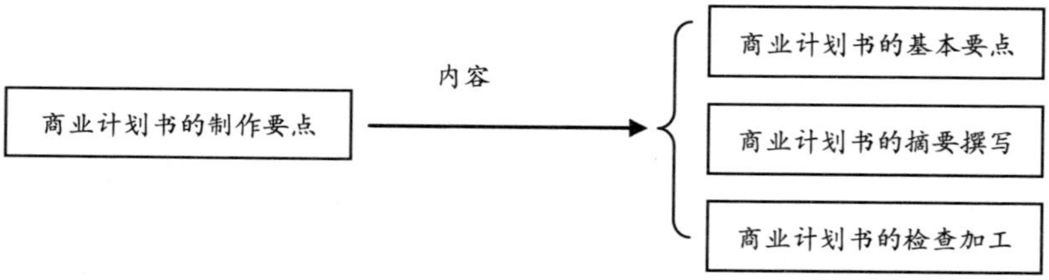

商业计划书的制作要点 —— 内容 —→ 商业计划书的基本要点 / 商业计划书的摘要撰写 / 商业计划书的检查加工

◆ 图 1-11 商业计划书的制作要点分为 3 个部分

1.2.1 商业计划书的基本要点

商业计划书的基本要点主要分为 10 个方面的内容，如图 1-12 所示。

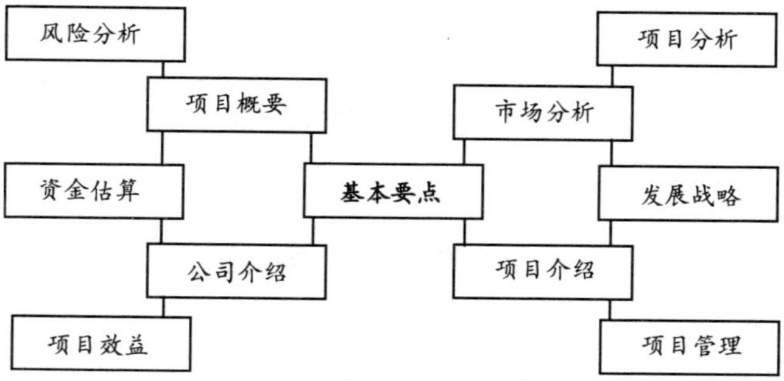

风险分析　项目概要　市场分析　项目分析
资金估算　基本要点　发展战略
公司介绍　项目介绍
项目效益　项目管理

◆ 图 1-12 商业计划书的基本要点

其中商业计划书的基本要点又可以根据详细程度的不同而进一步细化内容，图 1-13 所示为最为重要的 4 个基本要点的内容细化。

◆ 图 1-13　最为重要的 4 个基本要点的内容细化

1.2.2　商业计划书的摘要撰写

商业计划书的摘要部分是潜在投资者首先会看到的文字内容，图 1-14 所示为关于摘要部分重要性的具体分析。

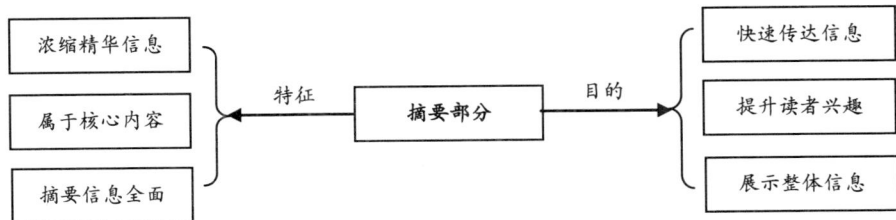

◆ 图 1-14　关于摘要部分重要性的具体分析

为了便于阅读者快速地获得相关信息，商业计划书的摘要篇幅一般控制在 2 000 字左右。如图 1-15 所示，主要包括以下 8 个方面的内容。

◆ 图 1-15　商业计划书的摘要内容

1.2.3　商业计划书的内容更新

互联网的快速发展，很容易造成原有的信息出现过时的情况，所以及时地保持商业计划书的内容更新也是制作的要点之一。对于需要融资的企业而言，往往需要在一段时间之后就对商业计划书进行一次改进。

图 1-16 所示为促使商业计划书进行内容更新的外部因素。

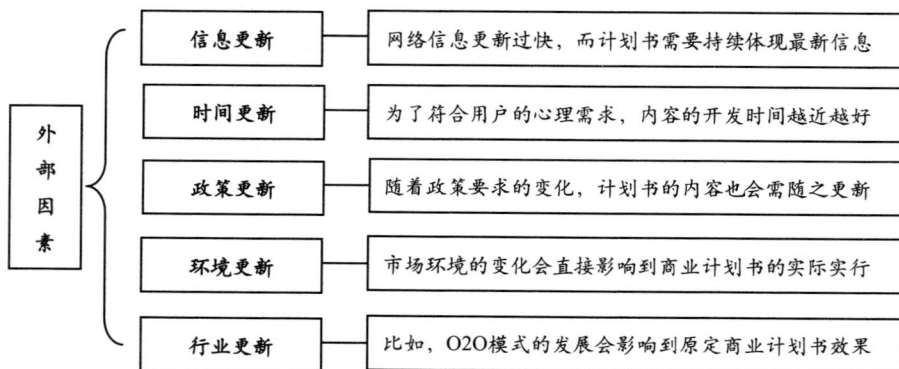

◆ 图 1-16　促使商业计划书进行内容更新的外部因素

1.3　计划书的风投形式分析

获得风险投资是大部分商业计划书的主要目标，作为融资模式的一种，风险投资与其他的融资模式有着不同的意义。风险投资主要分为广义和狭义两种范围上的区别，图 1-17 所示为两者的具体内容分析。

广义内容	主要指具有高风险和高潜在收益两个特性的投资
狭义内容	以高新技术为基础，生产与经营相关产品的投资
两者区别	狭义内容的范围属于广义内容范围中的较小部分

◆ 图 1-17　两者的具体内容分析

下面从 3 个不同的角度，对风险投资的具体内容进行分析，以方便读者快速了解商业计划书的风险投资。

1.3.1　风险投资的运作独特性

风险投资的兴起与国家经济的快速发展有着直接关系，作为后起之秀的融资模式，风险投资在具体运作上存在一定的独特性。

要了解商业计划书的制作，首先需要对风险投资有一定的认识。图 1-18 所示为风险投资的独特性分析。

独特性分析	初级性	对象以高新科技企业中处于创业期的中小型企业为主
	长期性	一般投资的期限为 3 年以上，方式为股权投资模式
	专业性	风险投资因自身具备一定的风险性，所以专业要求高
	增值性	为了实现盈利目标，投资者往往为企业提供增值服务
	撤出性	被投资企业增值后，投资者会撤出资本，实现增值

◆ 图 1-18　风险投资的独特性分析

需要注意的是，在部分项目中，为了保障被投资企业的正常发展，投资人往往也对被投资企业以后各发展阶段的融资需求予以满足，这与其他一次性的融资模式存在较大不同。也不是所有的风险投资都会如此，种子期的风险投资就往往不会有持续性的投资。

在国内，金融行业有不少影响力巨大的风险投资机构，比如，中国 IDG 资本、北极光创投、晨兴资本、达晨创投、红杉资本、启明创投等。图 1-19 所示为运晨创投的官方主页。

◆ 图 1-19 达晨创投的官方主页

1.3.2 风险投资的流程相关性

风险投资的具体过程有实际的流程步骤，主要分为 5 个方面。图 1-20 所示为具体步骤的内容分析。

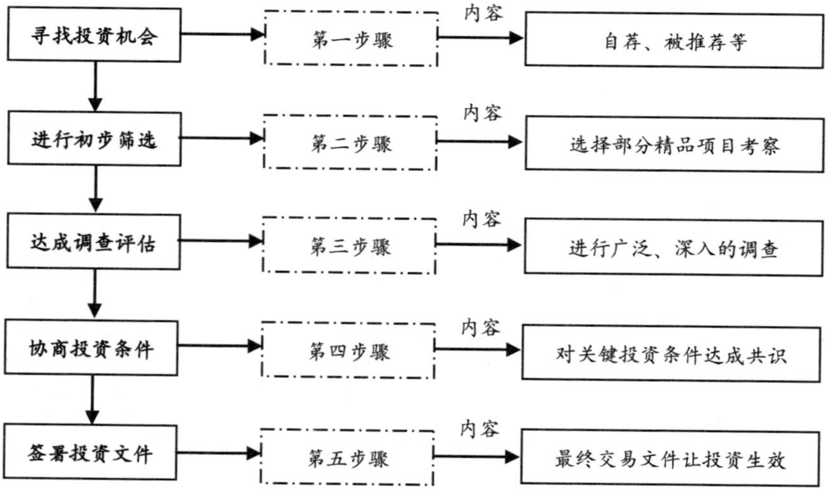

◆ 图 1-20 具体步骤的内容分析

专家提醒

为了达成利益最大化的目标，风险投资往往还会寻求其他投资者来进行共同投资。主要作用是增大投资的金额总额，又可以分散投资带来的风险。同时，合作的方式也可以互相分享资源，提升成功的可能性。

1.3.3 风险投资的要素具体化

在整个风险投资的实施行为中,主要有风险资本、风险投资人、风险投资对象、投资期限和投资方式 5 个要素。下面针对这些组成要素进行简单分析,对各要素所起的作用进行了解。

❶ 风险资本

图 1-21 所示为对风险资本相关内容的具体分析。

定义内容	➡	风险资本属于资本模式的一种,主要是由专业的投资人直接提供给较有成长潜力的新兴公司,作为公司发展的资金
类型分析	➡	主要分为直接投资资金和担保资金两类,前者主要是私人资本,后者以融资担保的方式进行,多为政府资金

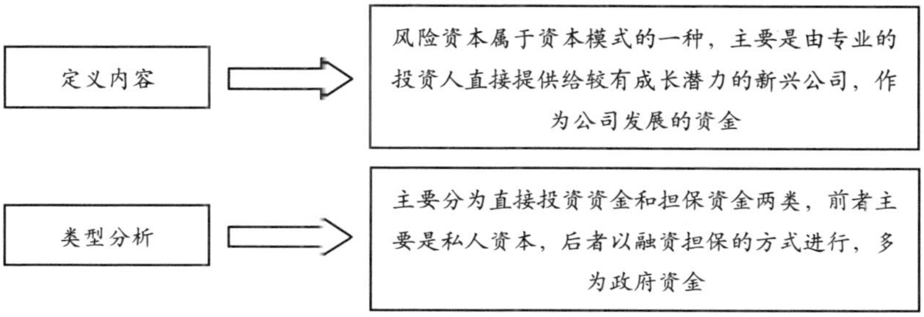

◆ 图 1-21 对风险资本相关内容的具体分析

❷ 风险投资人

图 1-22 所示为对风险投资人相关内容的具体分析。

定义内容	➡	风险投资人就是向被投资的相关公司提供直接资金的人,往往形式上有购买股权、提供贷款等多种方式
类型分析	➡	风险投资人根据投资类型和规模的不同,主要分为风险资本家、风险投资公司、产业附属投资公司、天使投资人

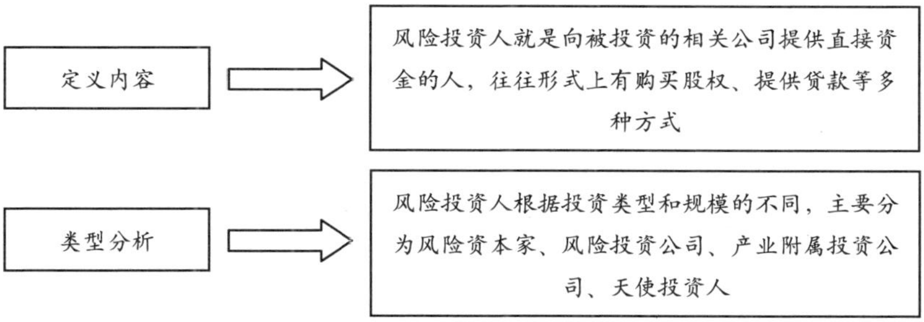

◆ 图 1-22 对风险投资人相关内容的具体分析

❸ 风险投资对象

图 1-23 所示为对风险投资对象相关内容的具体分析。

定义内容 ➡ 风险投资对象就是投资人的资金接收方，也是商业计划书的创作者，一般以有潜力、能快速发展的新兴科技公司为主

类型分析 ➡ 投资对象的具体类型可以以行业区分，目前最为热门的是与互联网行业相关的公司，另外医疗保健、通信产业等也是被投资的热门行业

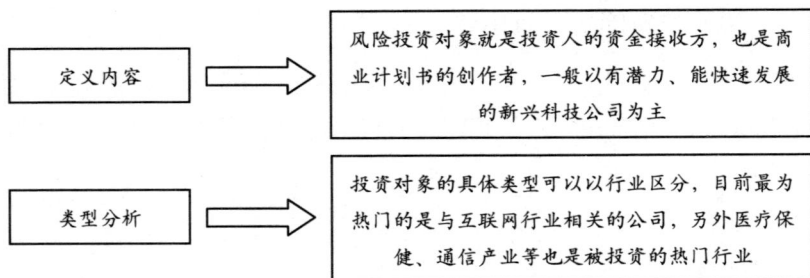

◆ 图 1-23　对风险投资对象相关内容的具体分析

❹ 投资期限

图 1-24 所示为对投资期限内容的具体分析。

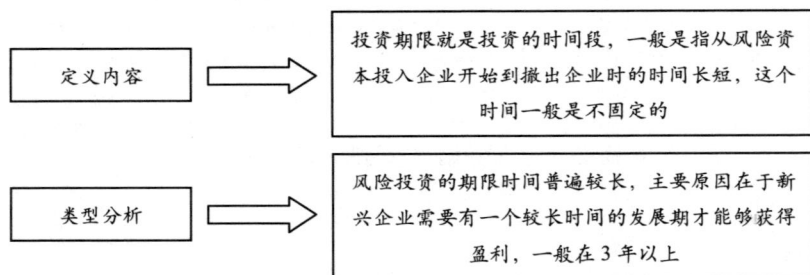

定义内容 ➡ 投资期限就是投资的时间段，一般是指从风险资本投入企业开始到撤出企业时的时间长短，这个时间一般是不固定的

类型分析 ➡ 风险投资的期限时间普遍较长，主要原因在于新兴企业需要有一个较长时间的发展期才能够获得盈利，一般在 3 年以上

◆ 图 1-24　对投资期限相关内容的具体分析

❺ 投资方式

图 1-25 所示为对投资方式相关内容的具体分析。

定义内容 ➡ 投资方式就是指投资人的资金进入被投资企业的方式，投资方式的不同将影响资金的使用情况，以及后期的资金进入

类型分析 ➡ 常见的进入方式为风险资本分为多次资金，以直接投资或贷款担保的形式投入被投资企业，不常见的就是一次性的资金投入

◆ 图 1-25　对投资方式相关内容的具体分析

2
CHAPTER

详解商业计划书
的具体类型

2.1 微型计划书

微型计划书就是商业计划书的微型版本，与计划书摘要存在一定相似度，但是两者有着顺序方面的不同。

图 2-1 所示为微型计划书的形成分析。

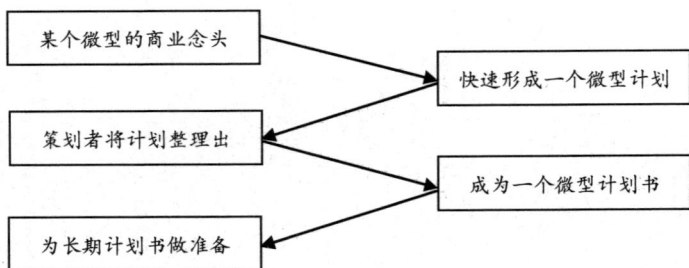

```
┌──────────────────┐
│  某个微型的商业念头  │ ──────┐
└──────────────────┘       ↘  ┌──────────────────┐
                              │  快速形成一个微型计划  │
┌──────────────────┐       ↗  └──────────────────┘
│  策划者将计划整理出  │ ──────┤
└──────────────────┘       ↘  ┌──────────────────┐
                              │  成为一个微型计划书  │
┌──────────────────┐       ↗  └──────────────────┘
│  为长期计划书做准备  │ ──────┘
└──────────────────┘
```

◆ 图 2-1　微型计划书的形成分析

专家提醒

微型计划书往往能够成为长篇商业计划书的一个内容参考模板，并且微型计划书上的内容以突出重点为主。商业计划书摘要则往往是在整个商业计划书完成之后，对计划书内的内容进行总结。

2.1.1　微型计划书的特色价值

作为商业计划书的一种，微型计划书与其他类型的计划书在形式上有着明显的区别，同时在实际运作中也体现出了一定的特色价值。如图 2-2 所示，微型计划书的特色价值主要体现在 4 个方面。

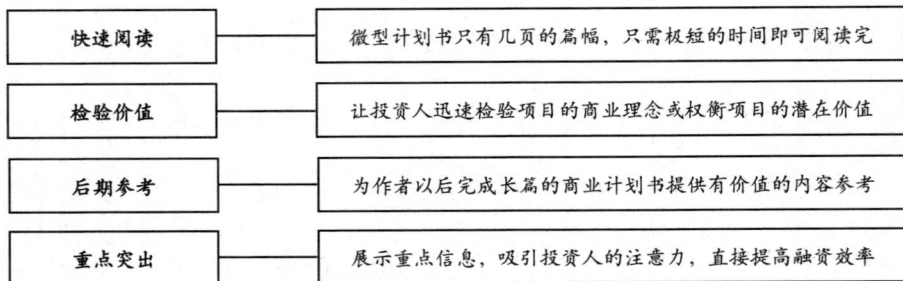

快速阅读	微型计划书只有几页的篇幅，只需极短的时间即可阅读完
检验价值	让投资人迅速检验项目的商业理念或权衡项目的潜在价值
后期参考	为作者以后完成长篇的商业计划书提供有价值的内容参考
重点突出	展示重点信息，吸引投资人的注意力，直接提高融资效率

◆ 图 2-2　微型计划书的特色价值

2.1.2 微型计划书的步骤内容

微型计划书的内容与商业计划书摘要大致相同，但是在细节侧重上有所不同，主要有如图 2-3 所示的 10 个方面内容。

◆ **图 2-3 微型计划书的内容**

与商业计划书摘要较为不同的内容主要在于财务计划方面，从投资人的角度而言，微型计划书的内容中必须要有较为详细的财务计划，才能够充分地考虑投资之后的回报问题。

图 2-4 所示为财务计划中的具体细节内容，可以在实际操作中根据具体情况选择部分细节进行说明。

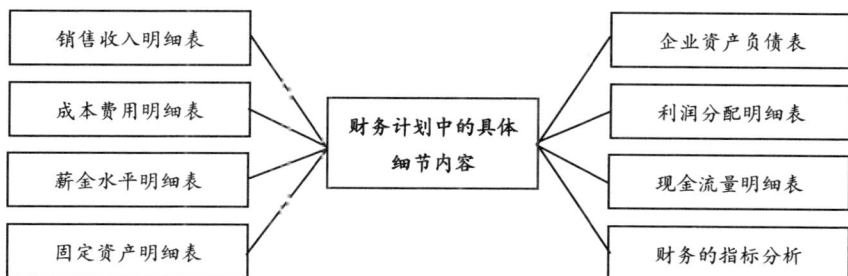

◆ **图 2-4 财务计划中的具体细节内容**

除了细节内容的区别之外，要想完成微型计划书，按照商业计划书的常规创作方式是行不通的。常规的商业计划书往往需要较长的一个创作时期，而微型计划书的完成只需几个小时。

为了达成快速完成的目标，微型计划书可以从图 2-5 所示的 5 个步骤进行框架建设，然后将内容填充完成。

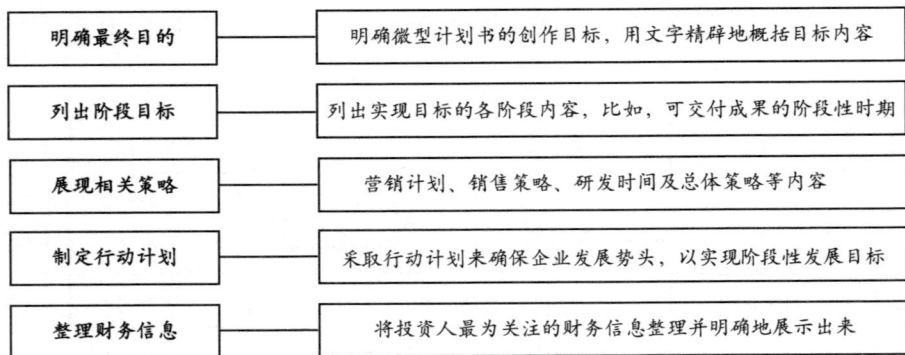

明确最终目的	明确微型计划书的创作目标，用文字精辟地概括目标内容
列出阶段目标	列出实现目标的各阶段内容，比如，可交付成果的阶段性时期
展现相关策略	营销计划、销售策略、研发时间及总体策略等内容
制定行动计划	采取行动计划来确保企业发展势头，以实现阶段性发展目标
整理财务信息	将投资人最为关注的财务信息整理并明确地展示出来

◆ **图 2-5　完成微型计划书的 5 个步骤**

2.1.3　微型计划书的实战模板

×× 企业创业投资微型计划书

一、公司介绍：企业组织形式、企业类型、公司的宗旨、公司简介资料、各部门职能和经营目标等；

二、团队说明：团队人员的组成、团队人员的质量、管理团队的完善、人员招聘与培训计划、人员管理制度等；

三、市场说明：市场现状及发展趋势、竞争对手分析、对手的优劣势分析、自身产品的优劣势分析等；

四、开发情况：项目的进展情况、影响力情况、盈利与亏损情况、预想计划的实行情况等；

五、产品内容：产品名称及概念、性能及特色、质量控制、价格、目前市场、产品规模、潜在市场等；

六、营销战略：销售计划、合销模式、执行战略、竞争策略、定价策略、渠道策略、整合传播策略等；

七、融资情况：出资情况、投资人信息、出资信息、项目融资需求、资金储备计划、资金偿还情况等；

八、财务计划：资金已有来源、资金预订来源、资金使用计划、行政管理费用、贷款计划等；

九、风险因素：市场风险、政策风险、资金风险等；

十、退出机制：股权退出、资金退出等。

　　微型计划书模板中的内容并不是全部需要涉及，商业计划书的创作者可以根据自身条件来合理安排各部分内容的轻重程度，突出重点内容，尽可能地将信息量减少，让投资人能够快速地阅读完信息。

2.2 工作计划书

　　与其他类型的商业计划书主要面向外部人员不同，工作计划书是运作企业的工具，其目标群体主要是企业内部人员。

　　图 2-6 所示为工作计划书的形成分析。

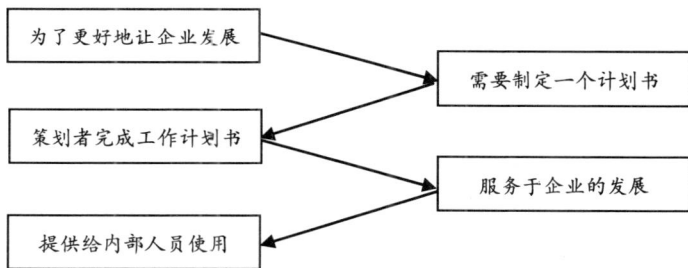

◆ 图 2-6　工作计划书的形成分析

　　工作计划书的要求和内容与其他商业计划书存在较大的不同，获得投资并不是工作计划书的重点，其目标是对企业数据、规定、计划等方面进行整理分析，并为企业内部人员提供一个明确的指导意见。

2.2.1　工作计划书的特色价值

　　作为商业计划书中唯一一类面向企业内部人员的计划书，工作计划书的特色

价值十分突出，在具体的企业发展运作中不可缺少。如图 2-7 所示，工作计划书
的特色价值主要体现在 4 个方面。

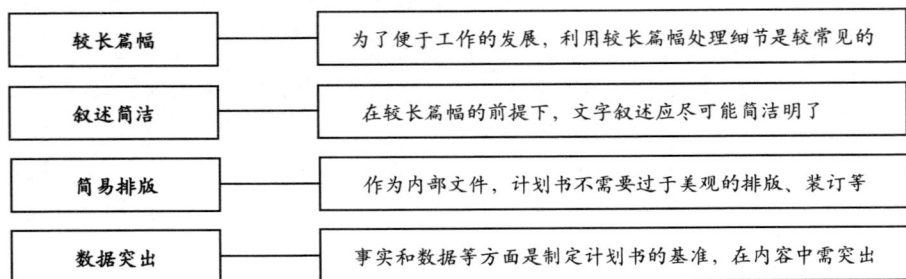

较长篇幅	为了便于工作的发展，利用较长篇幅处理细节是较常见的
叙述简洁	在较长篇幅的前提下，文字叙述应尽可能简洁明了
简易排版	作为内部文件，计划书不需要过于美观的排版、装订等
数据突出	事实和数据等方面是制定计划书的基准，在内容中需突出

◆ 图 2-7　工作计划书的特色价值

2.2.2　工作计划书的步骤内容

工作计划书的内容主要是一个企业在一段时期内的发展和工作计划，其中在
固定时期内需要完成的任务和应当达到的工作指标是中心内容。

为了使工作计划书的内容能够达到预期的效果，在制定工作计划书时需掌握
如图 2-8 所示的 5 个原则。

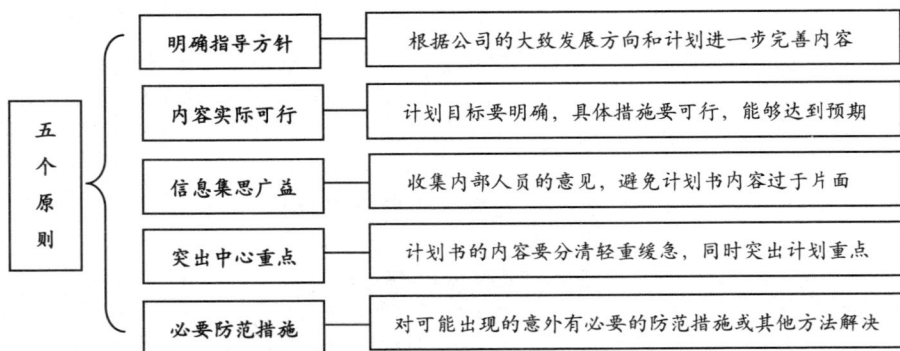

五个原则	明确指导方针	根据公司的大致发展方向和计划进一步完善内容
	内容实际可行	计划目标要明确，具体措施要可行，能够达到预期
	信息集思广益	收集内部人员的意见，避免计划书内容过于片面
	突出中心重点	计划书的内容要分清轻重缓急，同时突出计划重点
	必要防范措施	对可能出现的意外有必要的防范措施或其他方法解决

◆ 图 2-8　制定工作计划书时需掌握的五个原则

工作计划书的具体步骤内容与其他商业计划书不同，细节侧重的重点也不一
致，具体细节有如图 2-9 所示的 8 个方面内容。

在工作计划书的实际应用中，为了提高工作效率，计划书的具体内容并不需
要全部按照具体步骤进行，而是围绕如图 2-10 所示的 4 个方面进行即可，但内
容需要根据情况进行适当的细化。

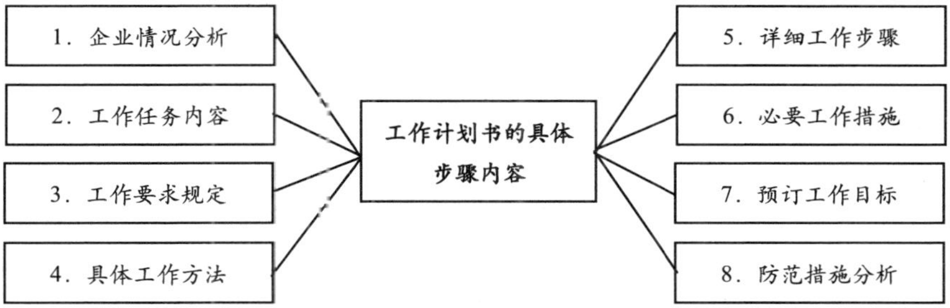

◆ 图2-9 工作计划书的具体步骤内容

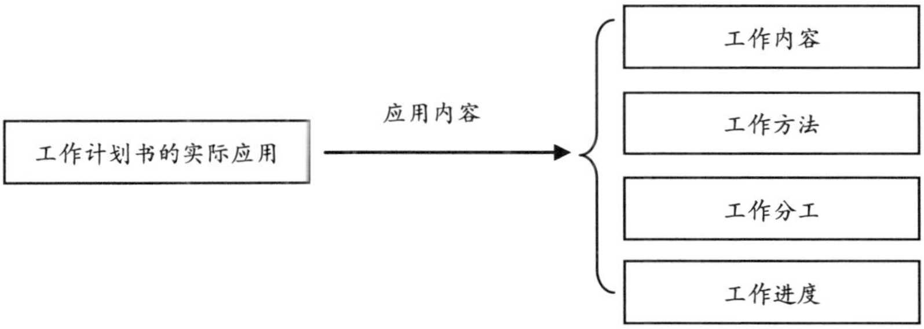

◆ 图2-10 工作计划书的实际应用内容

2.2.3 工作计划书的实战模板

××企业工作发展计划书

一、企业情况分析：企业组织形式、企业类型、公司的宗旨、公司简介资料、各部门职能和经营目标等；

二、工作任务内容：一类是针对岗位任务而进行的常规性、重复性任务，主要是以部门任务进行区分，比如，月度工作任务要求等。除此之外就是根据企业发展而制定的额外工作任务要求，工作计划的各个时期、各个阶段内容都不同；

三、工作要求规定：岗位规范、文件保管、工作汇报、形象要求、语言规范、会议要求、工作细节要求等；

四、具体工作方法：逐步完成法、先易后难法、细节观察法、工作实践法、访谈法、问卷调查法等；

五、详细工作步骤：目的分析、地点分析、顺序分析、人员分析、方法分析、制定工作流程等；

六、必要工作措施：提升企业人员水平、进行计划准备、各环节会议、具体细节探讨等；

七、预订工作目标：明确计划的最终目标是什么，可以在多长的时间内达成什么效果等；

八、防范措施分析：风险的界定、工作开展的细节要求、内控机制执行、岗位职能划分、管理流程清晰程度、资金使用的明细、管理框架体系、执行力度分析、风险文化建设等。

2.3 电子计划书

电子计划书就是商业计划书的电子版，随着网络的发展，互联网模式下的商业计划书以其便利性和快捷性深受大众喜欢。

图 2-11 所示为电子计划书的形成分析。

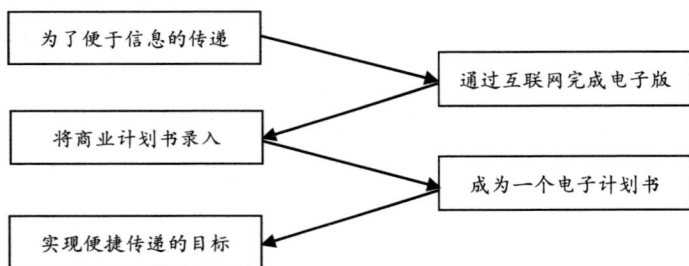

◆ 图 2-11　电子计划书的形成分析

专家提醒

在计算机应用已经普及的今天，电子版的商业计划书更适合大众的阅读习惯，目前市场上绝大部分的商业计划书都是以电子版的形式存在着。需要注意的是，电子版的商业计划书更容易被复制和传播，但不利于信息的保密。

2.3.1　电子计划书的特色价值

电子计划书的广泛应用在于其具备的特色价值符合大众的需求，目前互联网已经深入人心，大众习惯使用网络的方式来查看电子信息。

如图 2-12 所示，电子计划书的特色价值主要体现在 4 个方面。

◆ 图2-12　电子计划书的特色价值

2.3.2　电子计划书的步骤内容

电子计划书的详细步骤内容与商业计划书是一致的，但是与微型计划书存在一定的差异化，尤其是电子计划书上的内容摘要部分是微型计划书所没有的。电子计划书的页数一般在20页以上，具体的步骤内容如图2-13所示。

◆ 图2-13　电子计划书的具体步骤内容

在电子计划书的摘要部分，内容往往较为简洁。图2-14所示为某医疗器械公司的商业计划书执行摘要中的部分内容。

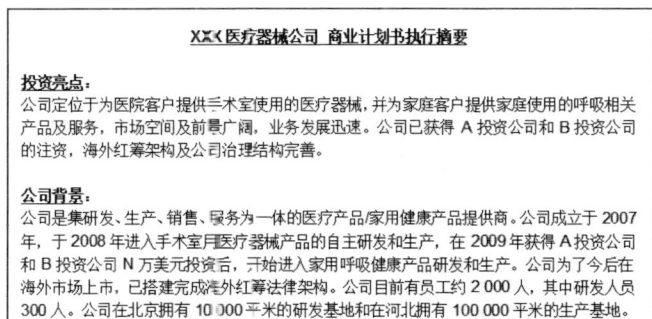

XXX医疗器械公司　商业计划书执行摘要

投资亮点：
公司定位于为医院客户提供手术室使用的医疗器械，并为家庭客户提供家庭使用的呼吸相关产品及服务，市场空间及前景广阔，业务发展迅速。公司已获得A投资公司和B投资公司的注资，海外红筹架构及公司治理结构完善。

公司背景：
公司是集研发、生产、销售、服务为一体的医疗产品/家用健康产品提供商。公司成立于2007年，于2008年进入手术室用医疗器械产品的自主研发和生产，在2009年获得A投资公司和B投资公司N万美元投资后，开始进入家用呼吸健康产品研发和生产。公司今后在海外市场上市，已搭建完成海外红筹法律架构。公司目前约员工2 000人，其中研发人员300人。公司在北京拥有10 000平米的研发基地和在河北拥有100 000平米的生产基地。

◆ 图2-14　某医疗器械公司的商业计划书执行摘要中的部分内容

2.3.3 电子计划书的实战案例

以"有 young3D 打印软件项目商业计划书"为例，对电子计划书的部分内容进行展示。图 2-15 所示为电子计划书的项目简介内容。

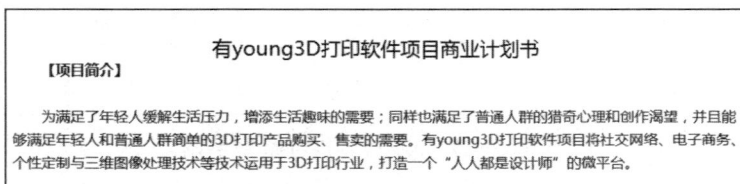

有young3D打印软件项目商业计划书

【项目简介】

为满足了年轻人缓解生活压力，增添生活趣味的需要；同样也满足了普通人群的猎奇心理和创作渴望，并且能够满足年轻人和普通人群简单的3D打印产品购买、售卖的需要。有young3D打印软件项目将社交网络、电子商务、个性定制与三维图像处理技术等技术运用于3D打印行业，打造一个"人人都是设计师"的微平台。

◆ 图 2-15　电子计划书的项目简介内容

产品特色往往是电子计划书中至关重要的内容，也直接决定能否获得投资人的投资兴趣。图 2-16 所示为电子计划书的产品特色内容。

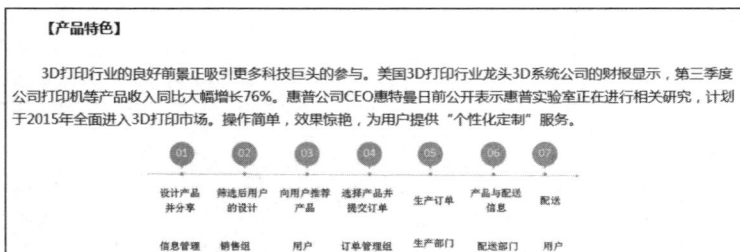

【产品特色】

3D打印行业的良好前景正吸引更多科技巨头的参与。美国3D打印行业龙头3D系统公司的财报显示，第三季度公司打印机等产品收入同比大幅增长76%。惠普公司CEO惠特曼日前公开表示惠普实验室正在进行相关研究，计划于2015年全面进入3D打印市场。操作简单，效果惊艳，为用户提供"个性化定制"服务。

01	02	03	04	05	06	07
设计产品并分享	筛选后用户的设计	向用户推荐产品	选择产品并提交订单	生产订单	产品与配送信息	配送
信息管理	销售组	用户	订单管理组	生产部门	配送部门	用户

◆ 图 2-16　电子计划书的产品特色内容

与产品特色同等重要的就是市场分析，产品的优秀并不能让产品在销售期直接产生销售利润，市场才是决定产品是否有销路的因素。图 2-17 所示为电子计划书的市场分析内容。

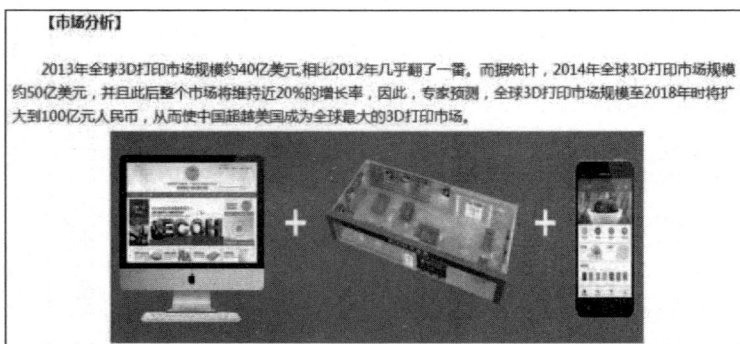

【市场分析】

2013年全球3D打印市场规模约40亿美元，相比2012年几乎翻了一番。而据统计，2014年全球3D打印市场规模约50亿美元，并且此后整个市场将维持近20%的增长率，因此，专家预测，全球3D打印市场规模至2018年时将扩大到100亿元人民币，从而使中国超越美国成为全球最大的3D打印市场。

◆ 图 2-17　电子计划书的市场分析内容

3
CHAPTER

商业计划书决定
创业的未来

3.1 商业计划书便于理清项目思路

商业计划书在实际的金融活动中的需求来源，根据目标的不同主要分为如图 3-1 所示的几个方面。

◆ 图 3-1　商业计划书的需求来源

在需求来源中，无论何种类型，都是与创作者直接相关的。商业计划书的制订便于创作者理清项目思路，从而在后期的具体实践中有的放矢。

3.1.1　严谨的计划书助力企业成长

一份完善的商业计划书能够帮助创作者分析计划实施过程中可能存在的主要影响因素，也就让商业计划书具备了行动指南的作用，其中最直接体现的意义就是能助力企业的成长。

对于中小型企业，尤其是正处于创业阶段的初级企业而言，一份严谨的商业计划书能帮助其减少在发展过程中犯错误的次数。图 3-2 所示为商业计划书助力企业成长的原因分析。

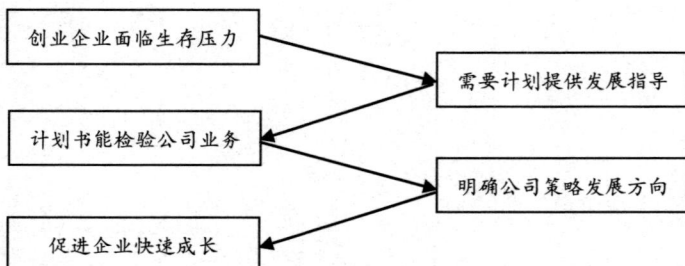

◆ 图 3-2　商业计划书助力企业成长的原因分析

3.1.2 后期计划调整或实施的基础

商业计划书往往能够成为企业后期计划调整的蓝本，也可以成为具体计划实施的支持工具。随着企业的发展，企业计划书需要进行不断的完善才能进一步适应发展需求，就可以在初期的商业计划书上进行内容延伸。

在具体的商业计划书的项目内容中，可以进行延伸的主要有如图 3-3 所示的 10 个方面的内容。

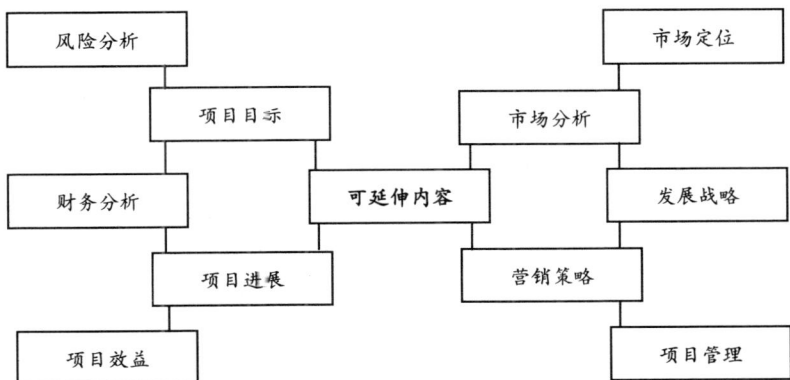

◆ 图 3-3　可以进行延伸的项目内容

专家提醒

在可延伸的内容中，财务计划的重要性十分突出，对于企业或团队而言，可以用于监控预算执行和未来的商业计划在具体实施中的细节调整。

3.2 商业计划书直接决定融资额度

商业计划书是获取风险投资的敲门砖，能直接决定融资额度的高低。从融资的角度出发，如图 3-4 所示，需要注意 3 个方面的关系问题。

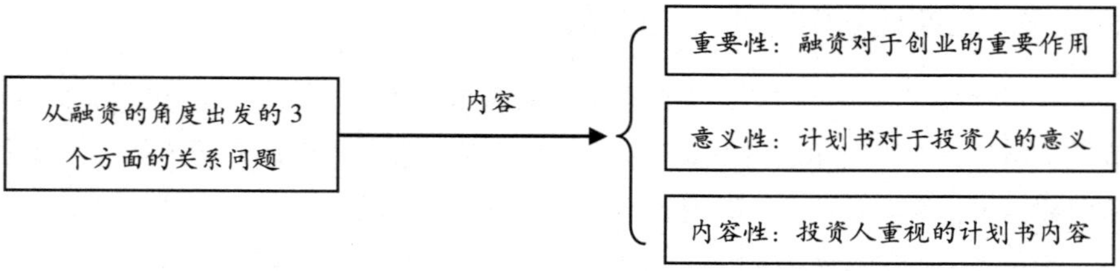

◆ 图 3-4　从融资的角度出发的 3 个方面的关系问题

3.2.1　重要性：融资对于创业的重要作用

融资是商业计划书的创作者通过各种方式，在金融市场中获得资金的行为与过程。对于创业型的企业而言，没有资金的支持，即使拥有优秀的项目，也很难快速实现盈利目标。

融资对于创业的重要作用，主要体现在如图 3-5 所示的 4 个方面。

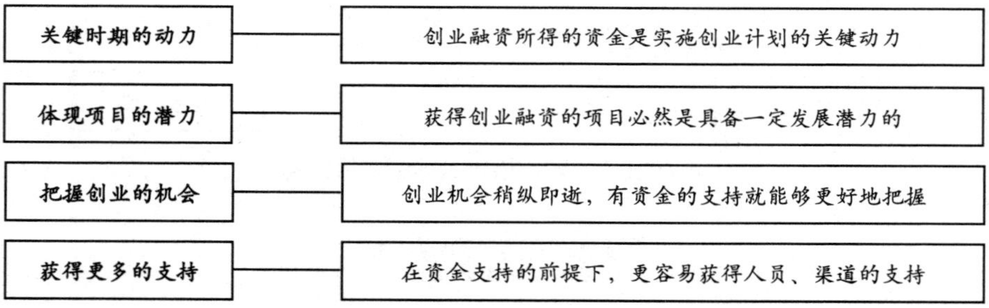

◆ 图 3-5　融资对于创业的重要作用的体现

3.2.2　意义性：计划书对于投资人的意义

对于投资人而言，计划书的意义直接体现在，这份计划书是否值得投资人与创业者进行进一步的协商与合作。投资人通过阅读计划书，了解项目内容、公司团队、营销策略、财务计划等方面，才能知道这份计划书是否符合投资人的需求。

除此之外，投资人还可以通过计划书来考察创业者的水平能力。图 3-6 所示为分析计划书对于投资人的意义。

商业计划书中涉及的信息具备一定的法律效益，而投资人往往有能力快速对内容进行严格审查，了解是否存在欺骗或让人误解的信息。当后期的投资失败时，如果失败因素在商业计划书中有所隐瞒，投资人就可以根据商业计划书进行索赔要求，甚至进行法律诉讼。

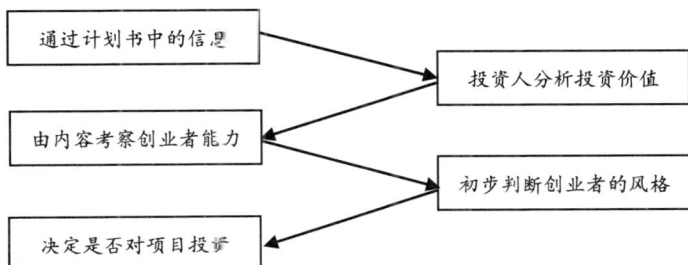

◆ 图 3-6　分析计划书对于投资人的意义

3.2.3　内容性：投资人重视的计划书内容

商业计划书要想打动投资人，必须提供给投资人最感兴趣的内容，尤其是直接影响投资人未来投资效益的信息。图 3-7 所示为投资人需要在商业计划书中了解的三大要点。

◆ 图 3-7　投资人需要在商业计划书中了解的三大要点

在商业计划书的内容中，由三大要点延伸的内容也是投资人重视的。图 3-8 所示为投资人关注的 8 个重点内容。

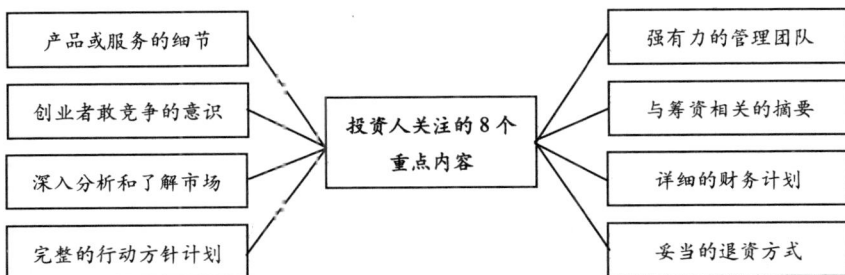

◆ 图 3-8　投资人关注的 8 个重点内容

3.3 计划书内项目风险的直接展示

在商业计划书中，除了资金的问题之外，风险也是直接决定融资成功与否的关键。能够让投资人放心的商业计划书，不能是没有风险分析的，同时创业者必须要展示出如何解决风险的思路和计划。

计划书中常见的项目风险主要有如图 3-9 所示的 8 种。

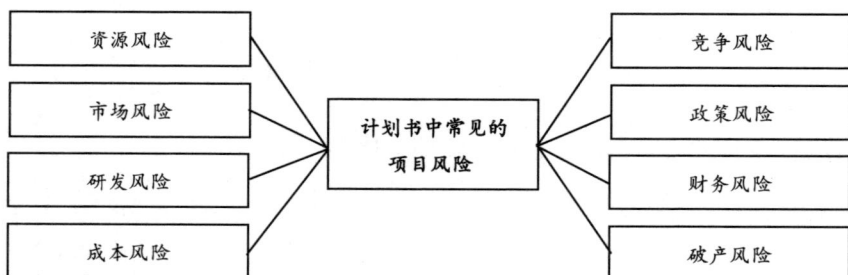

◆ **图 3-9 计划书中常见的项目风险**

3.3.1 资源风险

资源风险主要是指企业团队的人力资源风险，人力资源就是经营团体所需人员具备的能力，主要体现在如图 3-10 所示的 5 个方面。

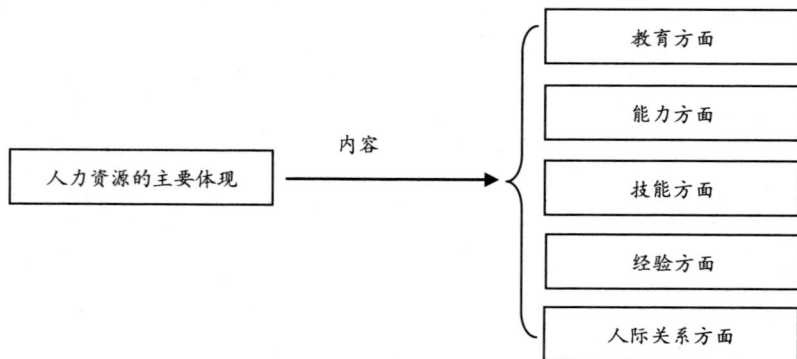

◆ **图 3-10 人力资源的主要体现内容**

在计划实施的过程中，资源风险是较为常见的风险方式之一。如图 3-11 所示，资源风险中需要关注的 3 个方面内容。

资源管理方面	资源缺乏或过剩、人员搭配不合理、战略机制不健全等问题
制度管理方面	制度的管理不善将导致人才流失、发展效率较低等问题出现
退出管理方面	人员退出机制的完善将降低退出时可能存在的权益纠纷

◆ 图 3-11　资源风险中需要关注的 3 个方面内容

3.3.2　市场风险

市场风险是指企业根据商业计划书的计划进行实践时，可能遇到的市场情况变化所带来的风险问题。

信任风险是市场风险的首先表现，图 3-12 所示为信任风险的来源分析。

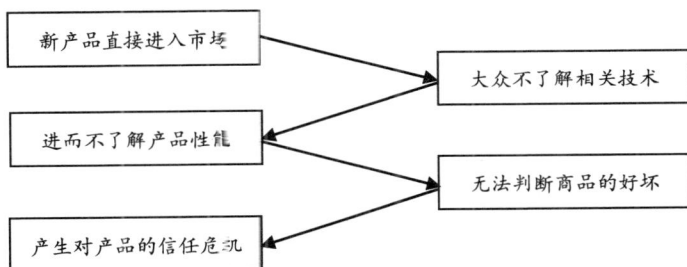

◆ 图 3-12　信任风险的来源分析

在市场风险中，除了信任风险，就是与产品直接相关的技术风险。在市场环境中，会有一些企业通过技术、生产工艺的模仿来生产类似的产品，从而占据市场获得利润。在商业计划书中，为了防止技术风险的出现，创业者主要有如图 3-13 所示的 3 种方法。

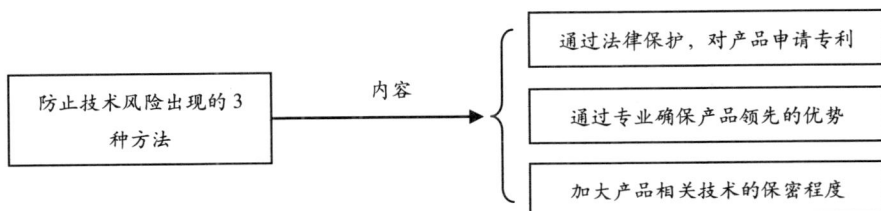

◆ 图 3-13　防止技术风险出现的 3 种方法

产品在市场中进行销售的过程中，也会出现一些与生产相关的风险。这种风险属于市场风险的一种，并且直接影响企业的后期发展潜力。图 3-14 所示为生产风险来源的 3 个方面的分析。

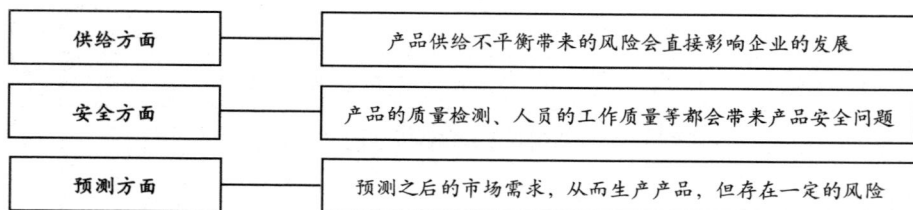

供给方面	产品供给不平衡带来的风险会直接影响企业的发展
安全方面	产品的质量检测、人员的工作质量等都会带来产品安全问题
预测方面	预测之后的市场需求，从而生产产品，但存在一定的风险

◆ 图 3-14　生产风险来源的 3 个方面的分析

3.3.3　研发风险

研发风险是必须在商业计划书中明确提出的内容之一，对于初创企业而言，产品的研发风险普遍较高。

图 3-15 所示为研发风险的内容分析。

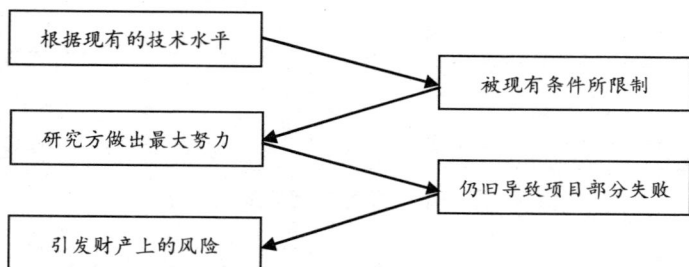

◆ 图 3-15　研发风险的内容分析

研发风险主要与项目的产品类型、表现形式、目标用户等因素直接相关，所以产生研发风险的情况较多。图 3-16 所示为研发风险的 3 种常见表现。

研发技术风险	产品供给不平衡带来的风险会直接影响企业的发展
研发竞争风险	产品的质量检测、人员的工作质量等都会带来产品安全问题
研发环境风险	预测市场需求，从根据需求生产产品，存在一定的生产风险

◆ 图 3-16　研发风险的 3 种常见表现

3.3.4 成本风险

成本风险是指商业计划书中的成本预算在实际运作中可能遇到的问题，从而影响到整个商业计划所带来的风险。

在商业计划书中，成本风险主要考虑两个方面的内容，如图 3-17 所示。

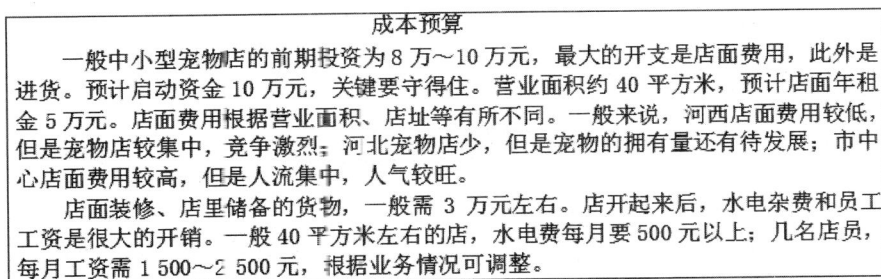

◆ **图 3-17 成本风险主要考虑两个方面的内容**

图 3-18 所示为某宠物店的商业计划书中的成本预算。成本风险直接与成本预算相关，预算内容越全面，预算金额越多，成本风险越低。

> **成本预算**
>
> 一般中小型宠物店的前期投资为 8 万～10 万元，最大的开支是店面费用，此外是进货。预计启动资金 10 万元，关键是守得住。营业面积约 40 平方米，预计店面年租金 5 万元。店面费用根据营业面积、店址等有所不同。一般来说，河西店面费用较低，但是宠物店较集中，竞争激烈；河北宠物店少，但是宠物的拥有量还有待发展；市中心店面费用较高，但是人流集中，人气较旺。
>
> 店面装修、店里储备的货物，一般需 3 万元左右。店开起来后，水电杂费和员工工资是很大的开销。一般 40 平方米左右的店，水电费每月要 500 元以上；几名店员，每月工资需 1 500～2 500 元，根据业务情况可调整。

◆ **图 3-18 某宠物店的商业计划书中的成本预算**

3.3.5 竞争风险

竞争风险是指根据竞争情况的不同所产生的不可预期的风险，主要有同行竞争风险、线下与线下销售竞争风险等。

先以同行竞争风险为例，凉茶是大众生活中较为常见的一种饮料，市场广阔，用户基础良好。对于创业企业而言，凉茶市场具备良好的创业基础，但是市场内的竞争风险较高。比如，王老吉和加多宝在凉茶领域的持续竞争，大量宣传资金的投入使其他品牌很难发展起来。

图 3-19 所示为王老吉与加多宝的海报宣传竞争。

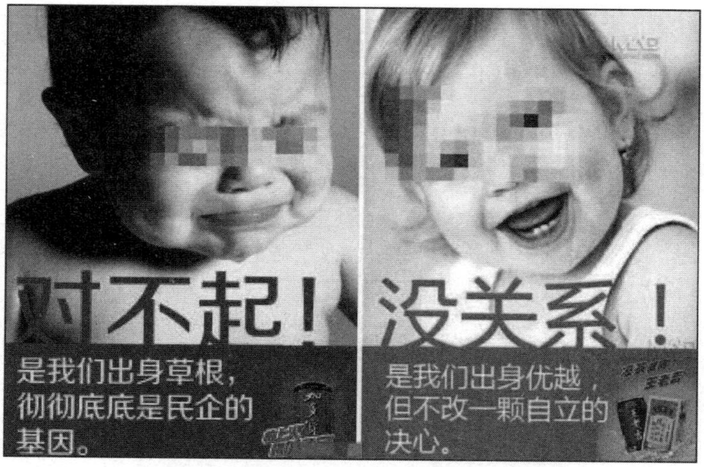

◆ 图3-19　王老吉与加多宝的海报宣传竞争

　　除了竞争风险，还有就是线下与线下销售的竞争风险。对于大部分商品而言，网络都为用户提供了购买途径。线上销售的出现已经降低了线下销售的影响力，所以产品必须明确采用何种销售方式进行销售，以避免销售效果不佳的情况产生。

专家提醒

　　竞争风险是创业者在计划书中需要详细说明的部分，往往也涉及店铺的选址、公司的长期发展策略，甚至是宣传所需费用的预算等方面。能够有效地避免竞争风险的出现，是商业计划书打动投资人的重要原因。

3.3.6　政策风险

　　政策风险是指关于市场的政策发生重大变化，比如，有重要举措、法规等出台，引发市场变动所带来的发展风险。

　　以打车领域为例，随着打车类APP的发展，市场急速扩大。国家迅速反应，在2014年7月推出针对打车软件的《交通运输部办公厅关于促进手机软件召车等出租汽车电召服务有序发展的通知》政策，该政策对打车类APP的发展产生重大影响，迫使原有的打车软件进行功能上的改革。

　　政策风险在实际表现中主要分为反向性政策风险和突变性政策风险两种，相关分析如图3-20所示。

两种风险	反向性政策风险	政策导向与原计划的企业发展战略不相符带来的风险
	突变性政策风险	根据实际情况而出台的相关政策带来的发展风险

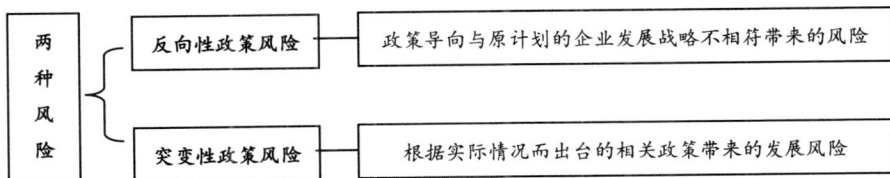

◆ 图 3-20 关于政策风险的两种表现的分析

3.3.7 财务风险

财务风险是指在一些特殊情况下，创业企业可能会因为丧失偿债能力而致使投资者收益下降的一种风险。

需要注意的是，无论商业计划书的内容多么详细，财务风险都是企业在财务管理过程中必须面对的一个实际问题。没有企业能够完全消除财务风险，但是可以通过有效的措施来降低风险，使风险影响力降至一个可控的范围内。

财务风险的产生原因，主要有如图 3-21 所示的 3 个方面。

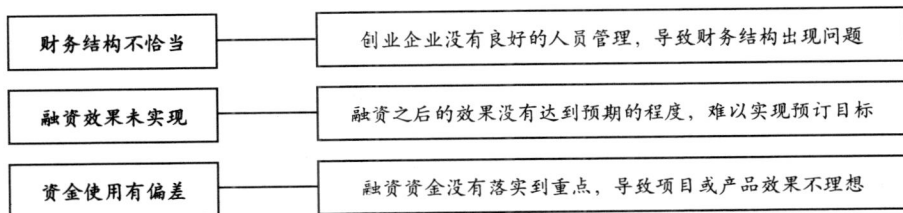

财务结构不恰当	创业企业没有良好的人员管理，导致财务结构出现问题
融资效果未实现	融资之后的效果没有达到预期的程度，难以实现预订目标
资金使用有偏差	融资资金没有落实到重点，导致项目或产品效果不理想

◆ 图 3-21 财务风险的产生原因

企业的财务风险可以一直存在于产品或项目的生产经营全过程中，根据风险来源的不同可以分为如图 3-22 所示的 4 种类型。

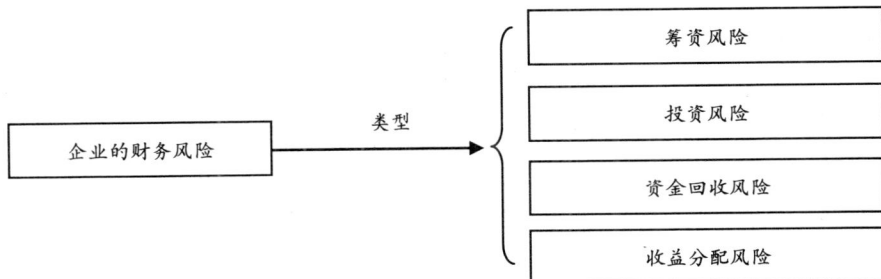

企业的财务风险	类型	筹资风险
		投资风险
		资金回收风险
		收益分配风险

◆ 图 3-22 企业的财务风险分为 4 种类型

3.3.8 破产风险

破产风险是企业风险无法被有效地解决而导致的最终效果，是其他诸多类型风险的综合作用结果。对于投资人而言，企业破产的直接结果就是遭受收益损失甚至本金损失。

为了防止破产情况的出现，创业公司需要根据实际需求进行融资，以免融资过多，导致资金使用出现问题之后无法及时补救。从企业运作而言，如图 3-23 所示，创业企业可以从 3 个方面入手控制融资导致的破产风险。

负债结构	保持债务的偿还期与企业现金流入的时间维持在对应程度
偿债能力	将负债总额控制在一定范围内，企业自身能够解决风险问题
把握时机	在适当的时候提高借贷额度，有效地控制负债的总额

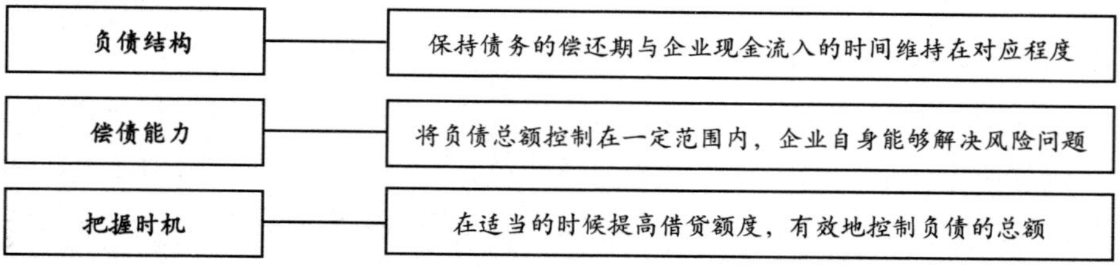

◆ 图 3-23 控制融资导致的破产风险的 3 个方面

让投资人一见倾心的调研内容

4.1 调研报告的独特意义

调研报告是商业计划书中内容的重要组成部分，也是投资人想要阅读的重要信息，直接影响到整个商业计划书的成败。

图 4-1 所示为调研报告的创作过程分析。

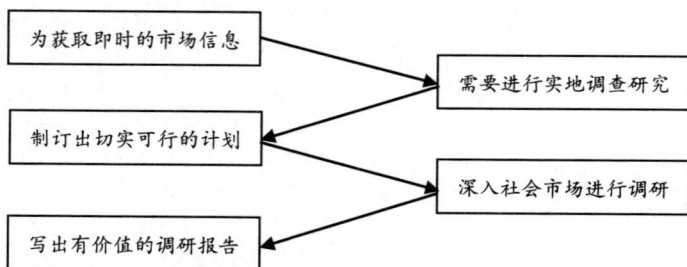

◆ **图 4-1　调研报告的创作过程分析**

图 4-2 所示为针对调研报告的实际意义进行分析的 3 个方面。

◆ **图 4-2　针对调研报告的实际意义进行分析的 3 个方面**

4.1.1　调研报告的自有特点

调研报告主要有 3 个特点，图 4-3 所示为调研报告特点的分析。

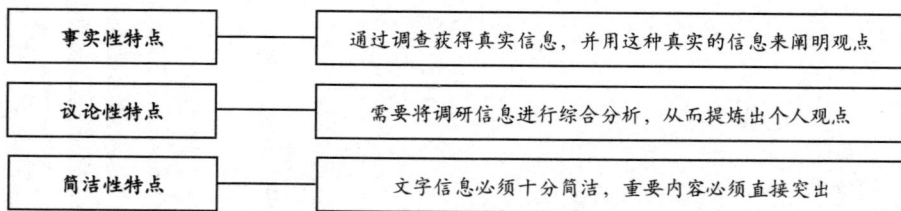

◆ **图 4-3　调研报告特点的分析**

调研报告的语言不一定是十分严肃的，也可以是生动活泼的，但是必须是符合群众性的生动而形象的语言，尽量少用网络语言或文字。在写作过程中需要注意使用一些浅显生动的比喻，目的是通过形象生动的方式来说服阅读对象接受道理。

4.1.2 调研挖掘的行业定位

在市场调研中，由调研行为挖掘的行业信息是十分重要的，直接影响到商业计划书的实际可行性。

在调研内容的表现方式中，图表是较为常见的一种方式。图4-4所示为智能终端行业未来发展的调研数据展示。

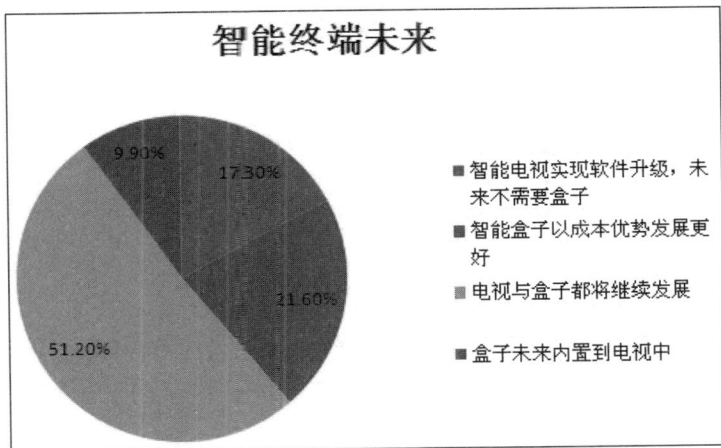

◆ 图4-4 智能终端行业未来发展的调研数据展示

专家提醒

在调研中，产品或项目所在行业的发展定位是最需要调研的内容，能够直接反映出产品或项目是否有发展潜力。比如，互联网属于朝阳产业，可预见在未来的发展中依旧会较有潜力，如果产品或项目与互联网有关，自然更容易获得投资人的认可。

4.1.3 调研内容的类型区分

根据产品或项目的不同，商业计划书中调研内容的目标也会不同，从而会产生多种不同类型的调研。

调研的类型根据创作者的需求可以进行改变，比如，侧重于产品对象或阅读对象等。图 4-5 所示为不同调研内容的类型。

产品对象类型	消费者调研报告、生产者调研报告等
项目范围类型	国际市场调研、全国市场调研、区域市场调研等
调查频率类型	固定频率调研、不固定频率调研等
产品行业类型	房地产行业、食品行业等

◆ 图 4-5　不同调研内容的类型

4.2 市场调研的前期任务

对于商业计划书的创作者而言，每一个优秀的计划书在最初都只是一张白纸，需要创作者不断地添加内容，才能够最终成型。要想更有效地完成市场调研，就需要进行前期任务的计划，并对相关的工作内容有一个完整认识。

市场调研的前期任务只要有 4 个方面需要思考，图 4-6 所示为前期任务的具体问题分析。

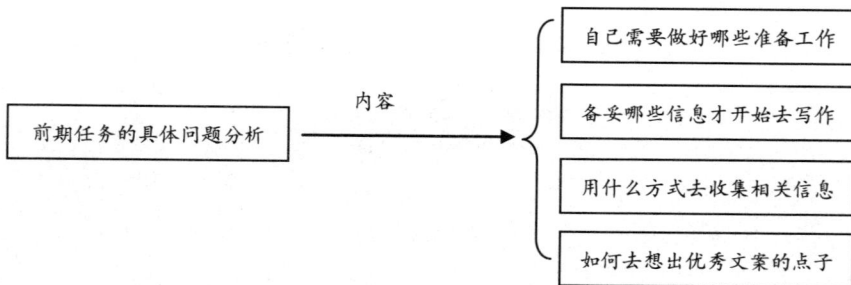

前期任务的具体问题分析	内容	自己需要做好哪些准备工作
		备妥哪些信息才开始去写作
		用什么方式去收集相关信息
		如何去想出优秀文案的点子

◆ 图 4-6　前期任务的具体问题分析

在市场调研的前期准备工作中，具体的步骤流程如图 4-7 所示。

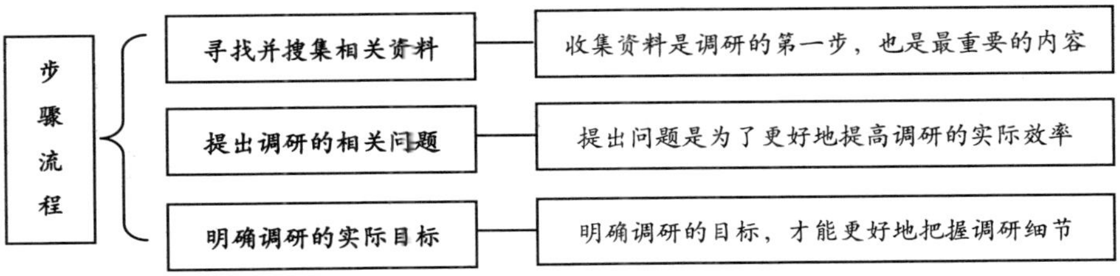

◆ 图4-7 具体的步骤流程

4.2.1 寻找并收集相关资料

对于商业计划书的创作者而言，需要在调研前期收集的资料类型有很多种，其中较常见的就是其他企业或产品的网络宣传信息。图4-8所示为市场调研所需的相关背景资料，主要有10种类型。

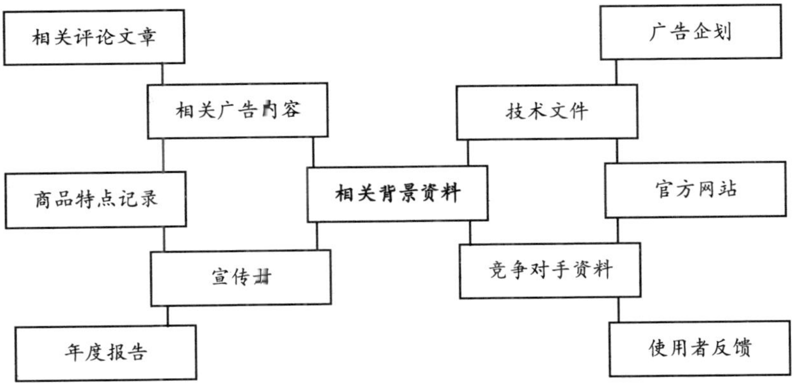

◆ 图4-8 市场调研所需的相关背景资料

专家提醒

在网络时代，从网络上搜索产品信息，并且进行分析整理是最为常见的写作技巧。花费一定的时间去阅读与产品或项目相关的市场信息，能够让调研为内容更真实并且更有效。

4.2.2 提出调研的相关问题

提出调研的相关问题是为了更好地完成调研过程，具体作用如图4-9所示。

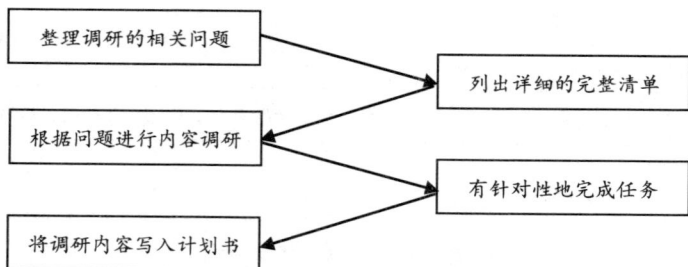

◆ 图4-9　提出调研的相关问题的具体作用

一般调研的内容主要是产品的功能和效果、项目的目标内容等，图4-10所示为调研者需要提出的与产品相关的问题。

◆ 图4-10　调研者需要提出的与产品相关的问题

4.2.3　明确调研的实际目标

调研内容的写作，根据目标的不同会有不同的创作方式，所以明确调研的实际目标十分重要。图4-11所示为某项目商业计划书中的调研内容。

几年来，整体旅游市场取得了持续快速的发展，2014年全年，湖北全省国内旅游人数4.69亿人次，比上年增长15.5%；国内旅游收入3 675.98亿元，增长17.4%。入境旅游人数277.07万人次，增长3.4%。国际旅游外汇收入12.39亿美元，增长1.6%。

具体到██████，从██████风景区管委会了解到的数据，██████不缺人气，2012年，游客量就达到50多万。每年除夕夜至正月初一凌晨，几个小时的时间，就有5万多人上山。同时，██████属于佛教文化旅游圣地，游客自主消费意愿较高，二次消费情况较为多见，旅游开发价值较大。

◆ 图4-11　某项目商业计划书中的调研内容

在图 4-11 中，调研内容主要是围绕项目的商业价值进行分析，希望通过对项目商业价值的展现，来打动投资人的心，从而获得投资金额。

除此之外，产品的价格等因素也是常见的市场调研内容。图 4-12 所示为某项目的产品价格调研。

竞争者产品价格（元）

花鸟市场大、中、小型盆景100元~1 000元

个体商贩中、小型盆景 50~500元

流动商贩小型盆景 50~200元

◆ 图 4-12　某项目的产品价格调研

4.3　调研报告的完成过程

在前期的准备工作完成之后，实际上的调研报告的完成过程主要分为 3 个环节，如图 4-13 所示，每个环节在实施过程中都需要把握细节。

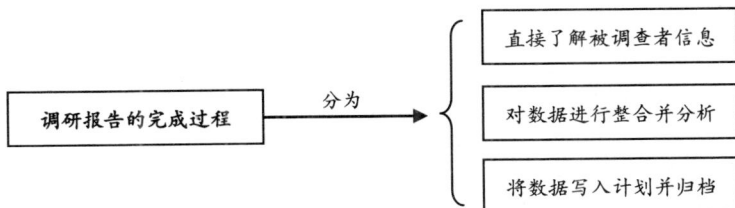

◆ 图 4-13　调研报告的完成过程

4.3.1　直接了解被调查者信息

直接了解被调查者的信息是一个分为前期任务、中期任务和后期任务的过程，具体的流程分析如图 4-14 所示。

除了进行约定访谈之外，常见的收集被调查者信息的方式还有线上或线下的问卷调查等。图 4-15 所示为问卷星官网的主页，这是免费的问卷调查平台。

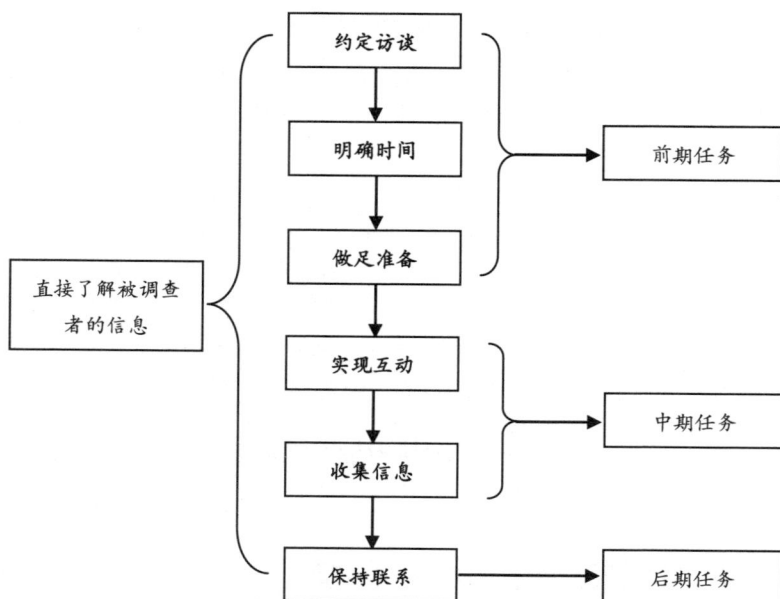

◆ 图 4-14　直接了解被调查者信息的过程

◆ 图 4-15　问卷星官网的主页

4.3.2　对数据进行整合并分析

整合分析就是在原有数据的基础上，创作者通过一定的思考方式得到的一些结论。图 4-16 所示为数据分析的具体表现。

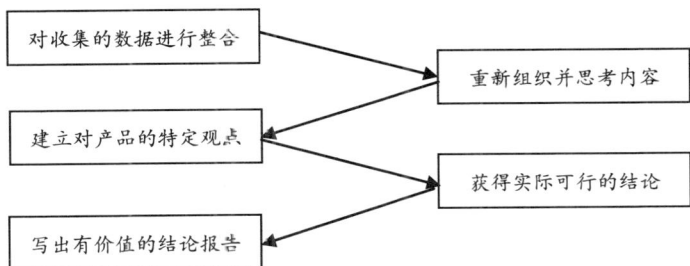

◆ 图 4-16　数据分析的具体表现

对数据进行整合并分析也能去除部分无价值的信息，从而将信息进行高度浓缩，尤其是对于关键资料而言，便于创作者在写作过程中快速查询信息。

4.3.3　将数据写入计划并归档

调研获得的数据往往较为复杂，对于商业计划书的写作者而言，采用的资料需要进行来源建档，以确保内容的清晰性和真实性。

在实际应用中，进行归档的数据主要分为 4 类，如图 4-17 所示。

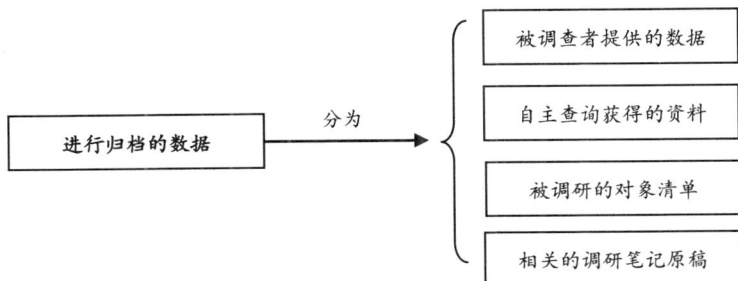

◆ 图 4-17　进行归档的数据主要分为 4 类

4.4 调研报告的实战案例

下面从行业、产品和环境 3 个方面，对实战案例进行展示和分析，了解调研报告的具体运作方式。

4.4.1 行业调研案例

行业调研的内容核心主要集中在 6 个方面，如图 4-18 所示。

◆ **图 4-18 行业调研的内容核心**

图 4-19 所示为某商业计划书中针对汽车行业进行的调研。

随着经济社会持续快速发展，群众购车刚性需求旺盛，我国汽车保有量继续呈快速增长趋势。截至2014年底，我国私家车保有量1.54亿辆，成为全球最大的汽车消费市场。2014年新注册汽车2 188万辆，保有量净增1 707万辆，两项指标均达历史最高水平。全国有35个城市的汽车保有量超百万辆，北京、成都、深圳、天津、上海、苏州、重庆、广州、杭州、郑州10个城市超过200万辆。全国平均每百户家庭拥有25辆私家车，其中北京每百户家庭拥有63辆，广州、成都等大城市每百户家庭拥有超过40辆。汽车保有量的不断攀升，给汽车销售市场带来了巨大的市场想象空间。

◆ **图 4-19 某商业计划书中针对汽车行业进行的调研**

如果商业计划书的内容较为重要，行业调研也可以作为单独的一个内容进行数据分析并收集，整理成单独的分析报告。图 4-20 所示为手机支付行业调研分析报告的部分目录。

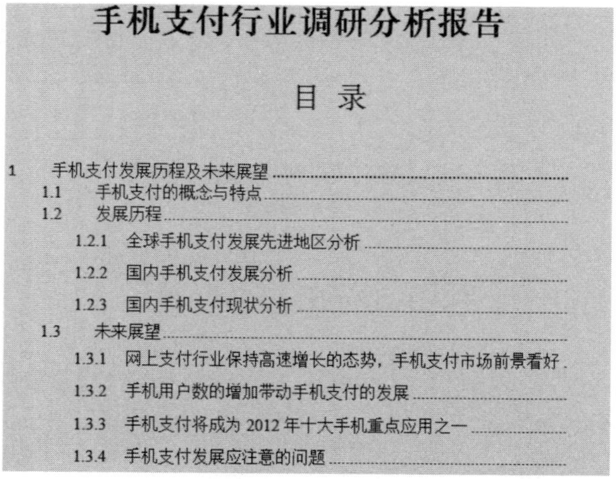

◆ **图 4-20 手机支付行业调研分析报告的部分目录**

4.4.2 产品调研案例

产品调研是指调研与商业计划书中产品有一定关系的对象，一般从市场占有率、价格、渠道等方面进行调研。

以手机产品的调查报告为例，调查对象是市场上具备一定影响力的手机产品。图 4-21 所示为需要调研的部分手机产品对象。

◆ 图 4-21 需要调研的部分手机产品对象

具体的调研内容分为价格、市场、用户喜爱程度等，可以对每一个调研内容都设计一份问卷调查，来进行数据收集，也可以针对某一款手机进行多个方面的数据收集。图 4-22 所示为酷派手机的调研界面。

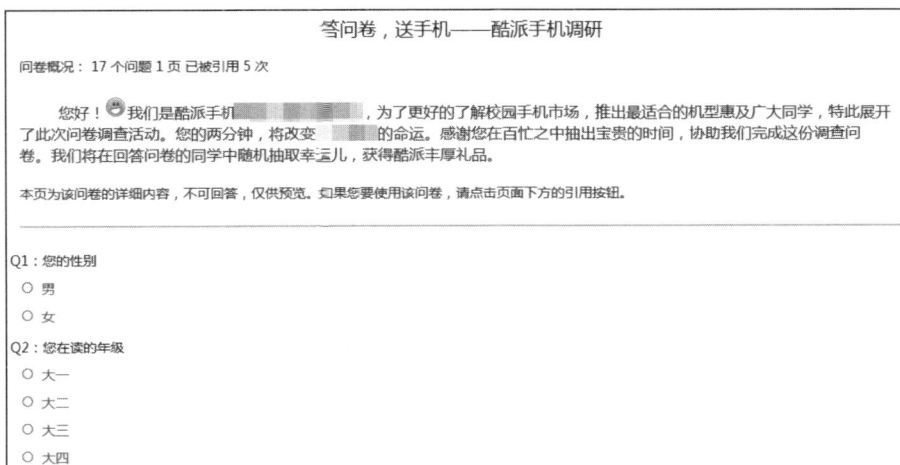

◆ 图 4-22 酷派手机的调研界面

4.4.3 环境调研案例

在商业计划书中的市场调研内容中，环境调研内容与行业和产品等内容同等重要。环境调研是指对影响产品或项目进行发展的外部因素所进行的调查，图 4-23 所示为部分外部因素。

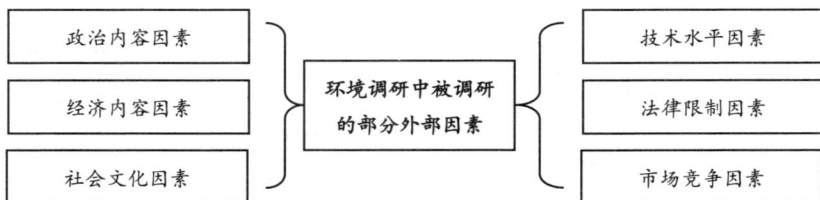

◆ 图 4-23　环境调研中被调研的部分外部因素

这些外部因素对产品或项目的发展会产生巨大的影响，所以对其进行深入细致的调查研究是非常有必要的。图 4-24 所示为骨灰盒产品的社会文化因素调研。

安徽专利真空骨灰盒商业计划书

　　在中国历史和中国文化中，殡葬是一个重要的内容，有非常深厚的文化内涵。中国崇尚孝道，民间传颂的"二十四孝"中就有"卖身葬父"、"闻雷泣墓"等很多孝子之丧的故事。中国人一般都希望用土葬的形式安葬遗体，称之为"入土为安"，因此土葬是中国人的主流葬法。改革开放以来，中国的经济及科技有了跨越式发展，在殡葬业方面，科技的应用也有了很大进步。但在人文殡葬方面却显得有些落后。在中国传统民间文化中，逝者就是"神"，骨灰盒是作为逝者最为敬重的归宿。

◆ 图 4-24　骨灰盒产品的社会文化因素调研

公司和产品的完美展现

5.1 全面介绍公司相关信息

投资人不可能对一个毫无了解的公司进行投资，所以商业计划书中的第一部分就是介绍公司和产品或者项目的信息。如图 5-1 所示，企业的相关信息主要分为 6 个方面进行展示。

◆ 图 5-1 企业的相关信息

5.1.1 具体真实的公司信息

对于投资人而言，公司的类型是首先接触的信息。目前国内的企业类型是根据经济类型进行区分的。如图 5-2 所示，主要有 8 种类型。

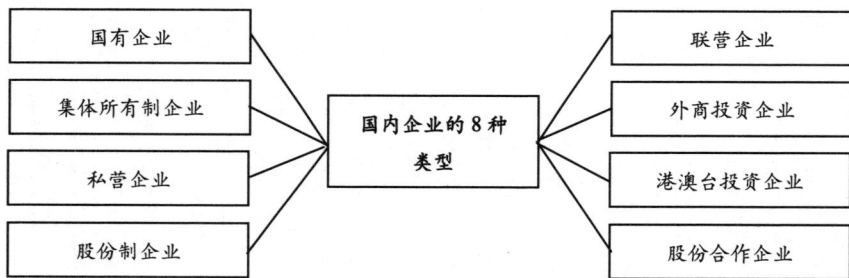

◆ 图 5-2 国内企业的 8 种类型

根据现代企业制度的组织形式而言，所有企业又分为有限责任公司和股份有限公司两种。

有限责任公司是指根据相关管理条例进行登记注册，由小部分股东出资设立，每个股东以相应的出资额对公司承担有限责任，公司则对其债务承担有全部责任的经济组织。

股份有限公司是指公司的资本为股份所组成的公司，每一位股东通过认购的相对应股份额度为限成为对公司承担责任的企业法人。

　　除了企业类型之外，投资人首先看到的企业基本信息就是企业的名称和经营的地点。图5-3所示为某餐饮店铺的商业计划书中企业的基本信息内容。

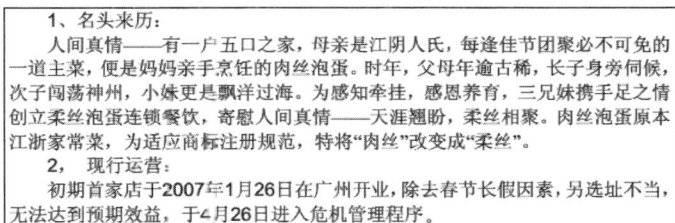

> 1、名头来历：
> 　　人间真情——有一户五口之家，母亲是江阴人氏，每逢佳节团聚必不可免的一道主菜，便是妈妈亲手烹饪的肉丝泡蛋。时年，父母年逾古稀，长子身旁伺候，次子闯荡神州，小妹更是飘洋过海。为感知牵挂，感恩养育，三兄妹携手足之情创立柔丝泡蛋连锁餐饮，寄慰人间真情——天涯翘盼，柔丝相聚。肉丝泡蛋原本江浙家常菜，为适应商标注册规范，特将"肉丝"改变成"柔丝"。
> 　　2、　现行运营：
> 　　初期首家店于2007年1月26日在广州开业，除去春节长假因素，另选址不当，无法达到预期效益，于4月26日进入危机管理程序。

◆ 图5-3　某餐饮店铺的商业计划书中企业的基本信息内容

5.1.2　公司宗旨与展示目标

　　公司宗旨是每一个公司都必须具备的内容，但是不一定会是以文字的形式表现出来。具体而言，公司宗旨就是关于企业存在的目的或应做出的某类型贡献的陈述，属于公司的经营理念。

　　公司宗旨的描述需要用最精练、清晰的语言来表达，如图5-4所示，主要涉及6个方面的内容。

获利能力		生产效率
外部追求	公司宗旨涉及的6个方面内容	企业氛围
产品质量		行为规范

◆ 图5-4　公司宗旨涉及的6个方面内容

　　图5-5所示为某公司的宗旨，通过文字的形式激励团队人员努力工作。

天 道酬勤
志存高远

◆ 图5-5　某公司的宗旨

公司目标与公司宗旨是一脉相承的，公司目标就是创造价值，实现其宗旨所要达到的预期成果。公司目标往往是以某一段时间为界限的，在某一段时间内要完成一个目标。图 5-6 所示为某餐饮店铺的商业计划书中企业的目标。

时间：2007年4月下旬选址，5月开业一家;6月~8月开业总共三家
B， 多店铺(一个大城市开三到五店)、
时间：2007年8月下旬在北京或上海选址，10月开业第一家外阜分店;11月~12月开业总共三家外阜分店
C， 经营管理理顺期：规范出品、科学管理
时间：2008年1月~6月
D，多城市造势，力争每个直辖市、特大城市、省会城市开设直营店，目标总计108家
时间：2008年初~2011年末

◆ 图 5-6　某餐饮店铺的商业计划书中企业的目标

5.1.3　公司过去发展与未来

公司的过去发展并不需要一定是一帆风顺的，只要按照时间顺序进行叙述即可。最简单的模式就是直接根据时间顺序进行展示，图 5-7 所示为长江电气公司的发展历程展示图。

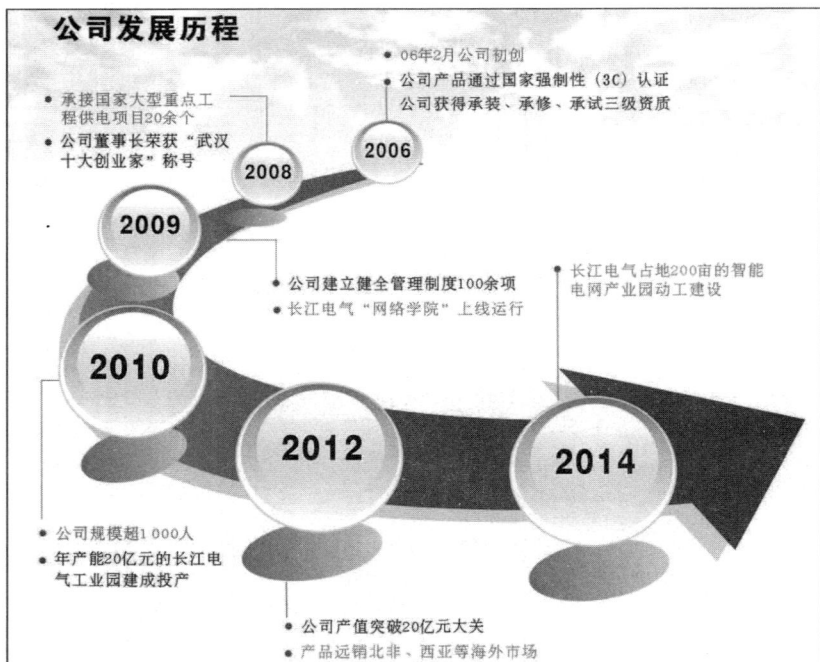

◆ 图 5-7　长江电气公司的发展历程展示图

在具体的创作中，这部分的内容可以直接以文字方式展示，也可以以图片的方式展示，无论展示的形式如何，如图 5-8 所示，内容主要涉及 5 个方面。

◆ 图 5-8 公司过去发展涉及的方面

在商业计划书中，还需要有公司对未来的展望内容，以便投资人了解公司的发展潜力。图 5-9 所示为某房地产行业公司的未来发展前景展望内容。

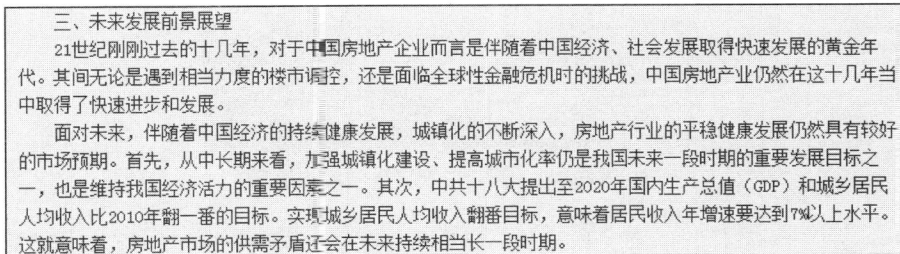

三、未来发展前景展望

21世纪刚刚过去的十几年，对于中国房地产企业而言是伴随着中国经济、社会发展取得快速发展的黄金年代。其间无论是遇到相当力度的楼市调控，还是面临全球性金融危机时的挑战，中国房地产业仍然在这十几年当中取得了快速进步和发展。

面对未来，伴随着中国经济的持续健康发展，城镇化的不断深入，房地产行业的平稳健康发展仍然具有较好的市场预期。首先，从中长期来看，加强城镇化建设、提高城市化率仍是我国未来一段时期的重要发展目标之一，也是维持我国经济活力的重要因素之一。其次，中共十八大提出至2020年国内生产总值（GDP）和城乡居民人均收入比2010年翻一番的目标。实现城乡居民人均收入翻番目标，意味着居民收入年增速要达到7%以上水平。这就意味着，房地产市场的供需矛盾还会在未来持续相当长一段时期。

◆ 图 5-9 某房地产行业公司的未来发展前景展望内容

5.2 产品信息的直接展示

对于投资人而言，在第一时间除了了解公司的信息之外，还会了解公司能提供什么样的产品与服务，以及这些产品与服务是否能解决消费者的现实生活问题，从而分析产品与服务的潜在价值。

产品信息的直接展示主要分为 4 个方面的内容，如图 5-10 所示。

◆ 图 5-10　产品信息的直接展示主要分为 4 个方面的内容

5.2.1　产品的卖点阐述

对于商业计划书中的公司产品而言，卖点是产品销售经营的关键要素，也是获得投资人认可的主要因素。只有卖点能把产品变成商品，实现获得利润的根本目标，卖点更是直接决定产品未来市场的生死。

图 5-11 所示为云南白药牙膏的卖点展示。

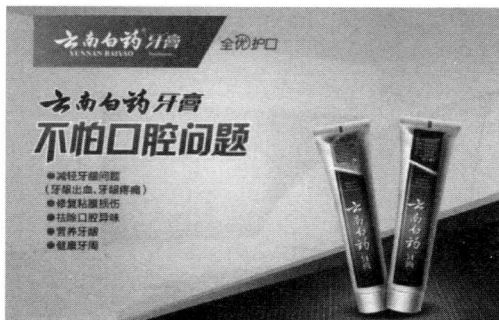

◆ 图 5-11　云南白药牙膏的卖点展示

从产品本身而言，卖点的来源主要有两个方面，都是商业计划书的创作者需要在计划书中进行深入分析的，相关内容如图 5-12 所示。

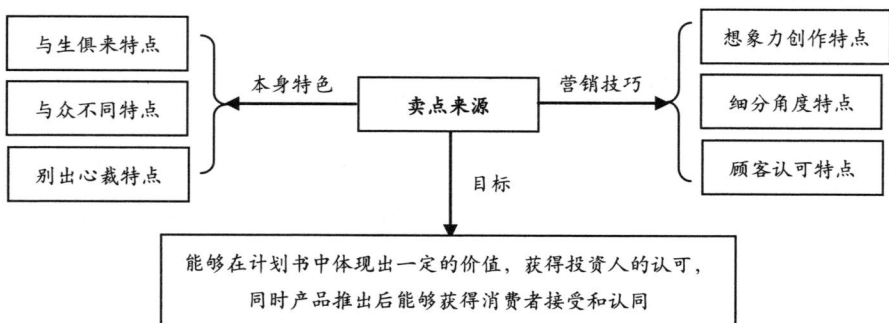

◆ 图 5-12　产品卖点来源的相关内容分析

5.2.2 产品的需求阐述

在创作计划书之前，首先要了解产品需求的对象，也就是受众群体。除了对产品潜在的受众有明确的选定之外，还有就是在撰写前，对产品目的、销售等每个环节的含义，都需要有较为准确地定义。

根据不同产品的要求不同，需求阐述的内容也会根据团队和产品的实际情况而确定不同的详细程度。比如，在互联网产品的需求阐述中会简化需要分析流程，重点分析目标用户的市场等。这种情况下，产品需求阐述的内容会得到极大的简化。

图 5-13 所示为产品的需求分析中各步骤的具体流程。

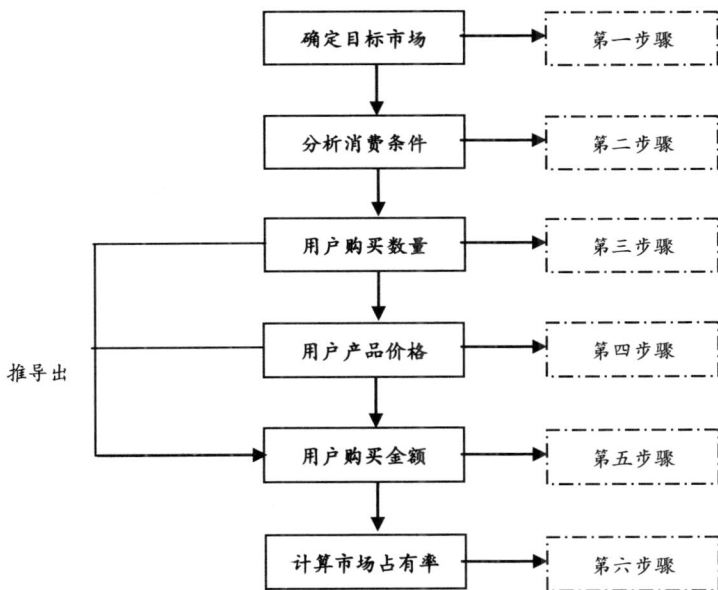

◆ 图 5-13　产品的需求分析中各步骤的具体流程

5.2.3 产品的服务阐述

产品服务阐述的内容往往与产品说明的内容是共同使用的，主要是向商业计划书的阅读者介绍产品的服务内容。图 5-14 所示为服务介绍中的 6 个方面内容。

图 5-15 所示为产品服务阐述中的内容分析。

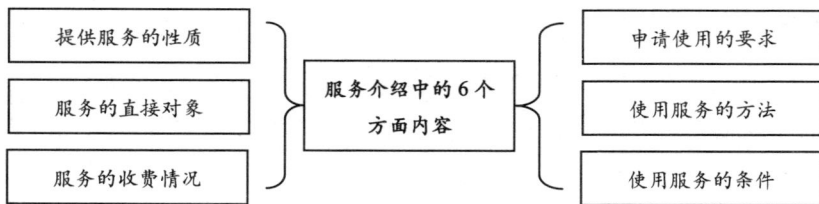

◆ 图 5-14　服务介绍中的 6 个方面内容

◆ 图 5-15　产品的服务阐述中的内容分析

5.2.4　产品的使用阐述

产品的使用阐述就是产品的使用手册或用户使用指南的内容，是常见的便捷式的产品信息集合体。

图 5-16 所示为某公司的产品使用说明书封面。

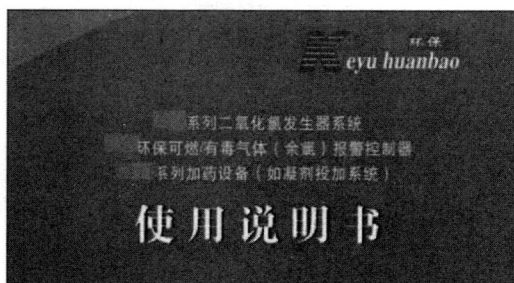

◆ 图 5-16　某公司的产品使用说明书封面

产品的使用说明阐述的内容，往往根据产品属性的不同而完成的难易程度不定。对于越复杂的产品，除了文字说明之外，还需要有图片说明，以便阅读者能够理解产品的使用方法。一般情况下，在产品的使用阐述中主要包括 4 个方面的内容，如图 5-17 所示。

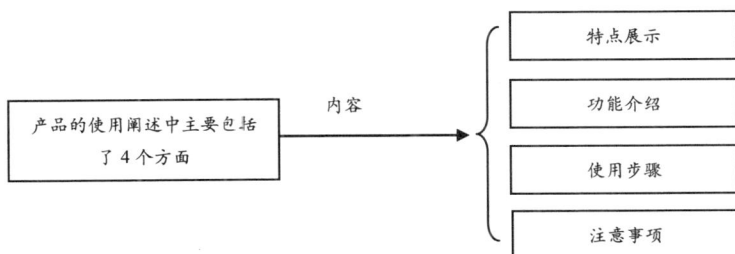

◆ 图 5-17 产品的使用阐述中主要包括了 4 个方面的内容

在产品的使用阐述中，最重要的内容就是使用步骤。图 5-18 所示为某食品机器的使用步骤。

产品使用步骤
1、××产品应放在稳固平面上，远离有影响的物体；
2、根据产品内部的××刻度，在本体内加入清水；
3、把××盘平稳地放在本体上；
4、将××食物放在蒸笼内；
5、盖好产品的盖子，插上电源。
温馨提示：
为了避免××在蒸煮过程中发生××情况，运作前在××的顶端，敲一个小孔，然后将其平稳放于蒸笼上。根据产品的标准××时间参考表，选择不同程度的××或者其他食物。

◆ 图 5-18 某食品机器的使用步骤

5.3 计划书中体现竞争力

直接展示产品的信息并不一定能够打动投资人，但如果在计划书中能够体现出一定的产品竞争力，那么投资人会更加认可产品。

如图 5-19 所示，计划书中的竞争力体现主要从 3 个方面进行。

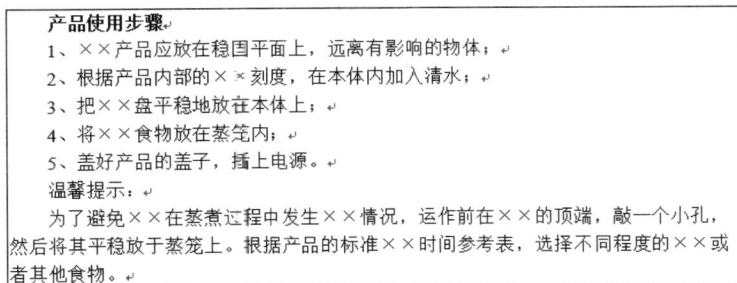

◆ 图 5-19 计划书中的竞争力体现

5.3.1　对产品进行开发评价

对产品进行开发评价就是将产品的价值突出表现出来，尤其是产品的需求说明、服务说明和使用说明等方面的特色。这种评价能够体现产品在销售时期的情况，便于投资人自主进行分析。

开发评价的内容主要分为 3 个阶段，图 5-20 所示为 3 个阶段的具体内容，创作者可以以产品为中心，分别对这 3 个阶段的内容进行逐步分析。

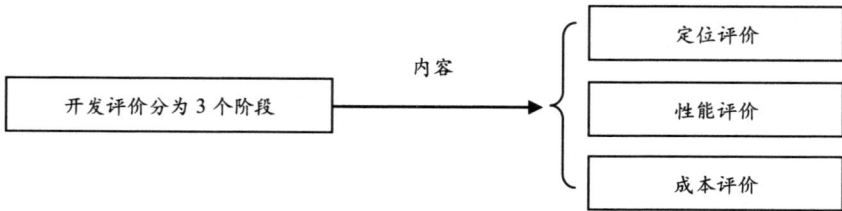

◆ 图 5-20　开发评价分为 3 个阶段

5.3.2　表达独特的市场价值

独特的市场价值就是产品进入市场之后，获得消费者认可的特色或特点。图 5-21 所示为多功能插座的展示图。这种插座与传统的插座相比，既节省了空间，又提供了更多的插座口，符合用户的需求，这就是产品的独特市场价值。

◆ 图 5-21　多功能插座的展示图

如图 5-22 所示，产品的独特市场价值主要从 4 个方面进行分析，创作者根据产品的实际特点选择不同切入点来完成分析即可。

◆ 图5-22　产品的独特市场价值主要可以从 4 个方面进行分析

5.3.3　市场份额的争取

市场份额的争取细节主要是指产品的市场营销推广等渠道的展示和分析，能够给投资人更大的信心，使其相信产品在未来的发展潜力。

目前产品的营销方式根据营销需求的不同，分为 4 种不同的方式。图 5-23 所示为产品的市场营销模式分析。

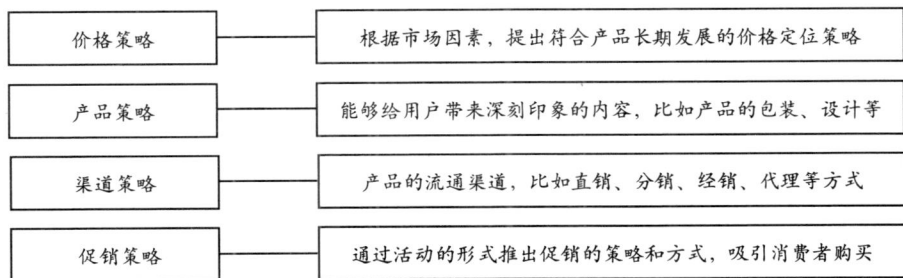

◆ 图 5-23　产品的市场营销模式分析

除了按照营销模式进行分析之外，还可以根据时间段来推出产品的营销策略。图 5-24 所示为某公司产品的营销策略。

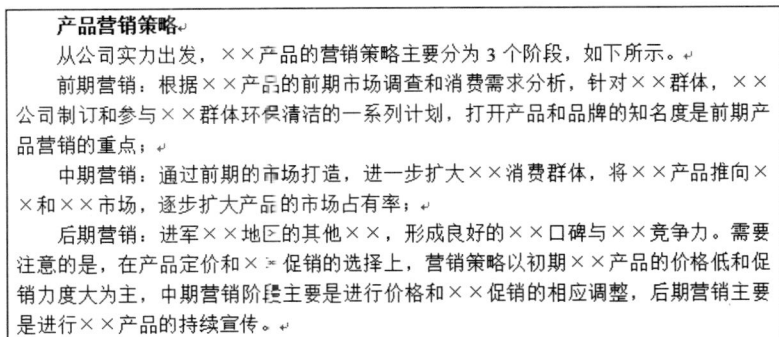

◆ 图 5-24　某公司产品的营销策略

6
CHAPTER

呈现给投资人想要
的团队

6.1 团队人员的特色展现

　　团队人员就是商业计划书的提交者，往往是由创业者组成，也有部分团队人员来自于成熟的企业。对于投资人而言，团队人员的价值甚至会比商业计划书本身的价值还要高，因为人才始终是投资人最为看重的。

　　一个优秀的团队是可以合理利用每一个成员的能力与技能来进行工作的，图6-1所示为团队的作用表现。

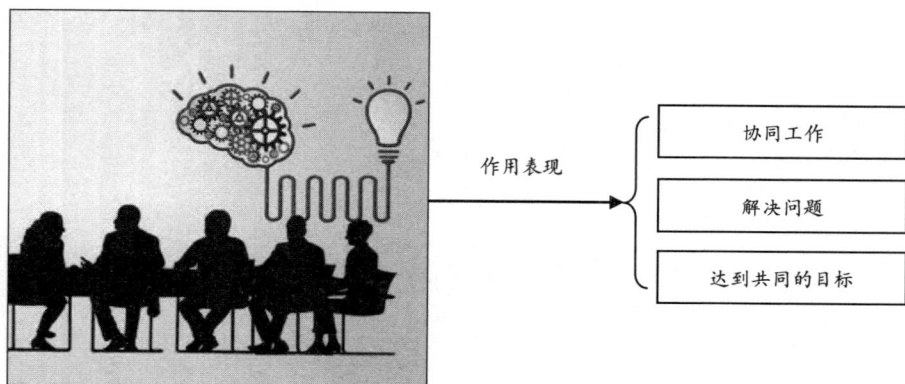

◆ 图6-1　团队的作用表现

　　在团队中，每一个人的特色和作用都是不同的。图6-2所示为关于团队人员的特色展现的3个方面内容。

◆ 图6-2　关于团队人员的特色展现的3个方面内容

6.1.1　团队整体的表现定位

　　一个团队的构成，主要分为5个方面的内容，分别是团队目标、团队人才、表现定位、成员权限和共同计划。

根据团队的目标和发展方向的不同，如图 6-3 所示，团队整体的表现定位可以分为 4 种类型。

◆ 图 6-3 **团队整体的表现定位**

在多种类型的团队中，最受投资人看重的是多功能型的团队，团队人员之间能够形成能力互补，更好地完成工作。

图 6-4 所示为多功能型团队的运作模式。

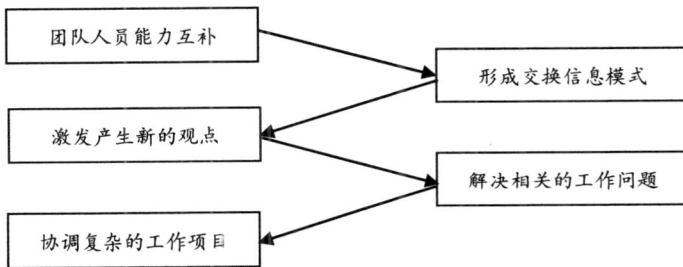

◆ 图 6-4 **多功能型团队的运作模式**

图 6-5 所示为某物流公司的商业计划书中展现的多功能型团队。

> 投资是一项经营人才的业务，我们要以最快的速度组建一支在物流领域具有专业知识的人才队伍，他们在（物流操作、物流营销、物流资讯收集、公共关系、人事管理等各种有影响的岗位上具有直接的技术与丰富的经验。我们要以最少的人数担任公司各类职务，这项工作要立即由人力资源部门着手办理，或先从组建人事部门开始。
>
> 我公司目前已有的人员从事过社会性物流，企业内部物流，物流的高级化操作，物流理论研究，物流的资本运作，有着丰富的实际经验。

◆ 图 6-5 **某物流公司的商业计划书中展现的多功能型团队**

6.1.2 团队人才的互补优势

在团队中，人才的互补优势直接建立并在不同人才的能力水平和能力方向上。图6-6所示为创业团队内人才的8种类型。

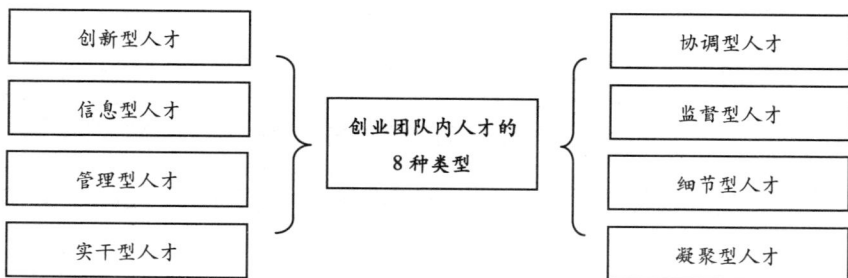

◆ 图6-6　创业团队内人才的8种类型

専家提醒

　　团队内的人员不一定同时具备这8种类型，但无论人才的类型属于哪种，人才之间的优点、缺点等方面进行互补促进，共同达成最终目标才是最为重要的。

以下所示为针对8种类型的人才进行优点与缺点的分析。

❶ 创新型人才

图6-7所示为对创新型人才优点与缺点的具体分析。

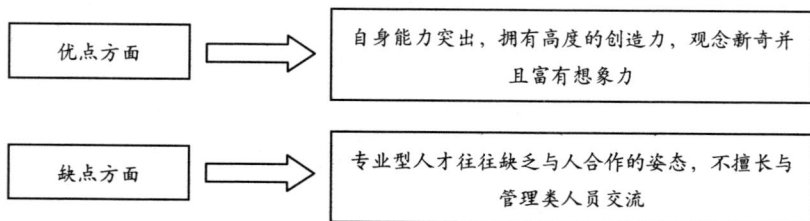

◆ 图6-7　对创新型人才优点与缺点的具体分析

❷ 信息型人才

图6-8所示为对信息型人才优点与缺点的具体分析。

| 优点方面 | ➔ | 与人交流，获取信息，同时通过网络等渠道进行信息收集工作 |

| 缺点方面 | ➔ | 缺乏严谨的工作态度，需要在一个稳定的团队中才能发挥作用 |

◆ 图 6-8　对信息型人才优点与缺点的具体分析

❸ 管理型人才

图 6-9 所示为对管理型人才优点与缺点的具体分析。

| 优点方面 | ➔ | 管理者具备突出的组织能力、一般较有自我约束力、习惯于将想法变成现实 |

| 缺点方面 | ➔ | 不赞同冒进型发展，对没把握的事情不感兴趣，求稳为主 |

◆ 图 6-9　对管理型人才优点与缺点的具体分析

❹ 实干型人才

图 6-10 所示为对实干型人才优点与缺点的具体分析。

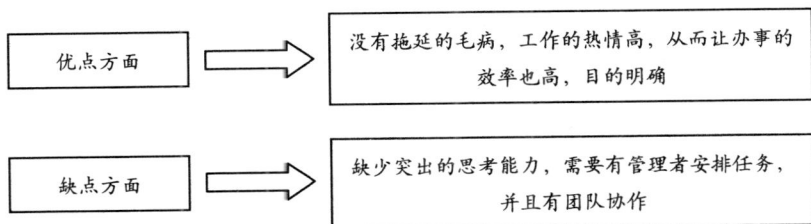

| 优点方面 | ➔ | 没有拖延的毛病，工作的热情高，从而让办事的效率也高，目的明确 |

| 缺点方面 | ➔ | 缺少突出的思考能力，需要有管理者安排任务，并且有团队协作 |

◆ 图 6-10　对实干型人才优点与缺点的具体分析

❺ 协调型人才

图 6-11 所示为对协调型人才优点与缺点的具体分析。

| 优点方面 | ⟹ | 帮助管理者管理团队的人才，能够有效地引导不同技能和个性的人，为同一个目标服务 |

| 缺点方面 | ⟹ | 在拓展业务、创造力等方面往往较弱，类似于管理者的人才 |

◆ **图6-11　对协调型人才优点与缺点的具体分析**

❻ 监督型人才

图6-12所示为对监督型人才优点与缺点的具体分析。

| 优点方面 | ⟹ | 监督者必须是不会过分热情、也不易情绪化的一类人，具备较强的批判能力 |

| 缺点方面 | ⟹ | 不太擅长于激励人员等方面，在团队工作中主要是起到辅助发展的作用 |

◆ **图6-12　对监督型人才优点与缺点的具体分析**

❼ 细节型人才

图6-13所示为对细节型人才优点与缺点的具体分析。

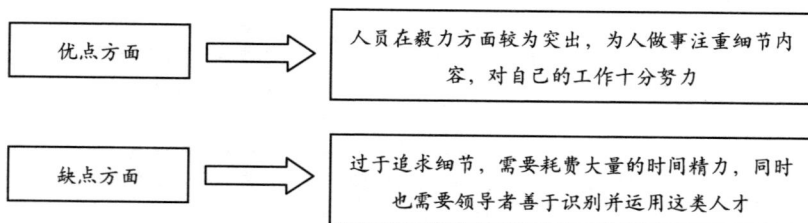

| 优点方面 | ⟹ | 人员在毅力方面较为突出，为人做事注重细节内容，对自己的工作十分努力 |

| 缺点方面 | ⟹ | 过于追求细节，需要耗费大量的时间精力，同时也需要领导者善于识别并运用这类人才 |

◆ **图6-13　对细节型人才优点与缺点的具体分析**

❽ 凝聚型人才

图6-14所示为对凝聚型人才优点与缺点的具体分析。

◆ 图 6-14　对凝聚型人才优点与缺点的具体分析

6.1.3　团队能力的全面性

团队能力的全面性就是指团队的协作能力，是以团队合作为基础，进而形成团队精神，达到能力互补，并促使团队效率提升的一种能力。

在团队中，强调的工作模式是协同型，为了达成这个目标，团队的工作氛围十分重要，直接影响团队的二作效果。图 6-15 所示为提升团队协作能力的 4 种方式的内容。

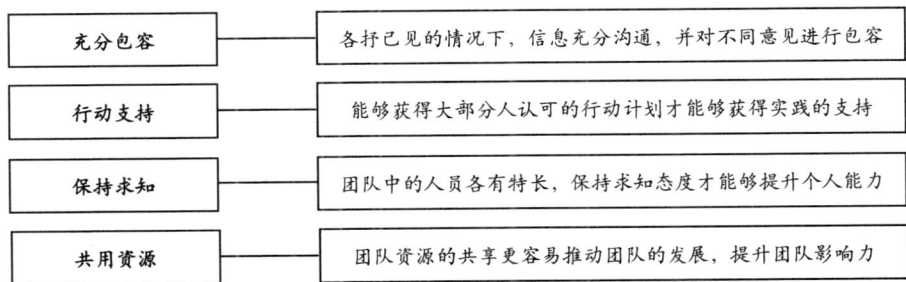

◆ 图 6-15　提升团队协作能力的 4 种方式的内容

如图 6-16 所示，在团队的共同发展中还需要把握 10 个基本要素。

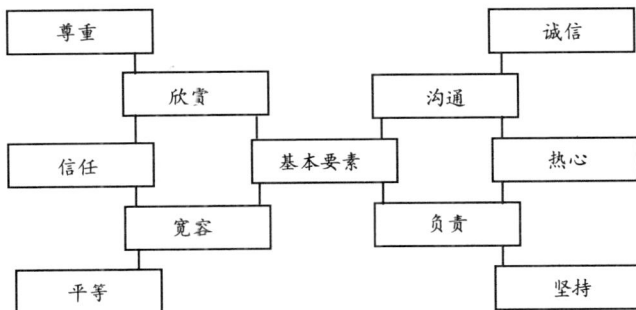

◆ 图 6-16　在团队的共同发展中还需要把握 10 个基本要素

6.2 团队模式的管理介绍

下面根据具体的团队案例来分析商业计划书中的团队模式的管理介绍，介绍的内容主要分为 4 个方面。图 6-17 所示为管理介绍的实际内容。

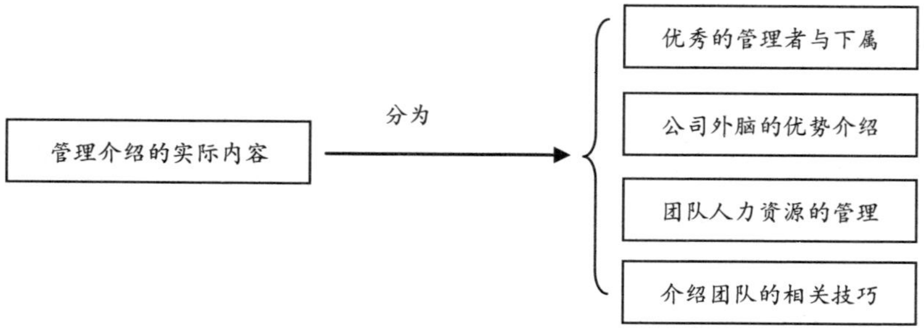

◆ **图 6-17　管理介绍的实际内容**

6.2.1　优秀的管理者与下属

在介绍管理者和下属时，重点突出是十分有必要的，没有特色的内容是无法吸引投资人的。图 6-18 所示为商业计划书中对人员进行实际介绍时需要涉及的相关方面。

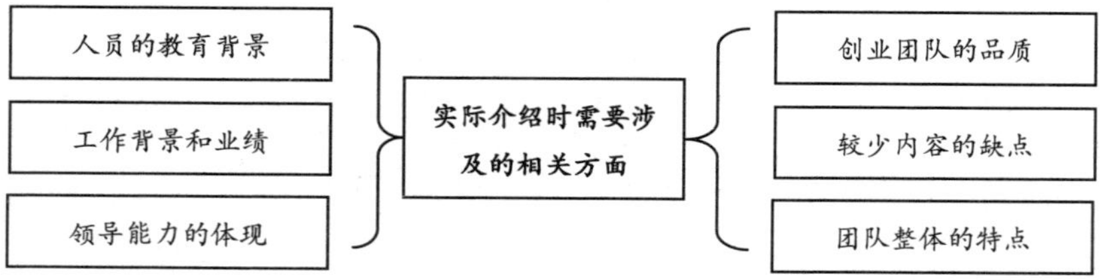

◆ **图 6-18　实际介绍时需要涉及的相关方面**

进行实际介绍时，往往也可以采用图片的方式来起辅助的作用，用于展示信息，通过直观展示的模式来让投资人更轻松地了解团队信息。图 6-19 所示为商业计划书中简单的团队介绍内容。

在对团队中的关键性人物进行介绍时，可以采用逐个介绍的方式。通常情况下团队中的关键人物不超过 3 个，大公司中的团队关键人物也不超过 6 个，便于投资人获取有效信息。

◆ 图6-19 商业计划书中简单的团队介绍内容

图6-20所示为商业计划书中对团队关键人物的介绍。

◆ 图6-20 商业计划书中对团队关键人物的介绍

6.2.2 公司外脑的优势介绍

公司外脑是指除了内部人员之外，企业特意寻找的有利于公司发展的智囊人物或者智囊机构。公司外脑能够解决公司的缺点，提升公司的竞争力。通过外脑的资源，公司能够拥有优秀的人才队伍，实现长期发展的战略计划。

较为常见的公司外脑主要有 6 种类型，如图 6-21 所示。

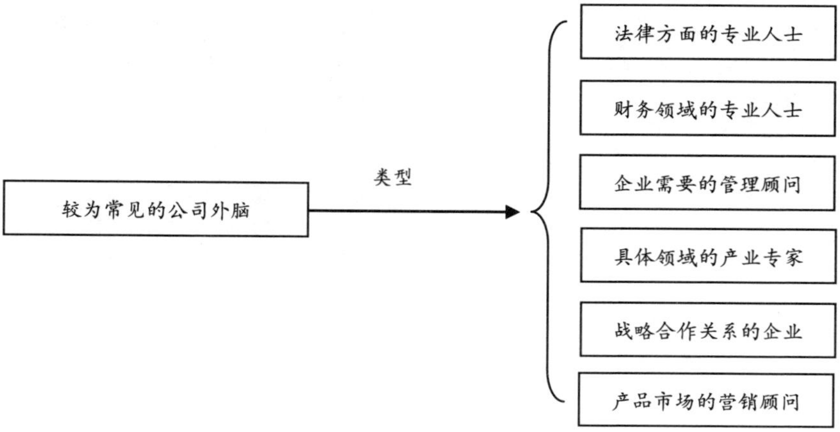

◆ 图 6-21　较为常见的公司外脑类型

图 6-22 所示为远卓管理顾问公司的官方主页，这就属于公司外脑类型中的管理顾问类型。

◆ 图 6-22　远卓管理顾问公司的官方主页

6.2.3 团队人力资源的管理

在团队中，人力资源的管理是介绍团队时必不可少的内容。如图 6-23 所示，主要分为 6 个方面的内容。

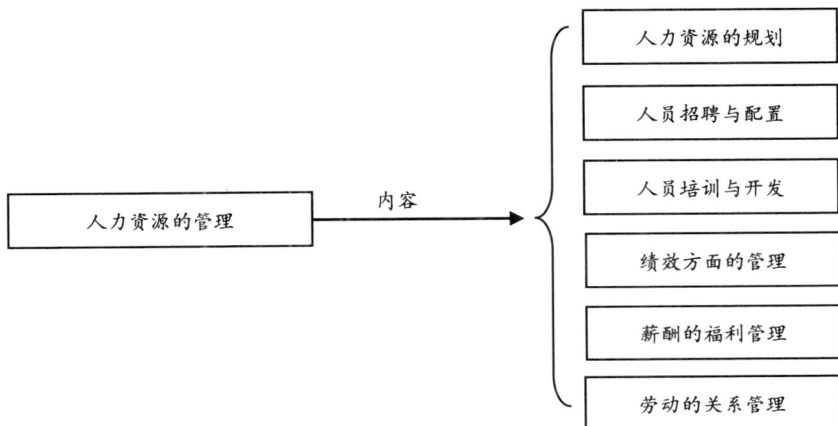

◆ 图 6-23 人力资源的管理内容

除了人力资源的管理之外，投资人也十分看重企业对人员的激励和约束机制。创作者在编写计划书时就需要将具体的激励和约束机制内容罗列出来，图 6-24 所示为部分常见的激励与约束机制内容。

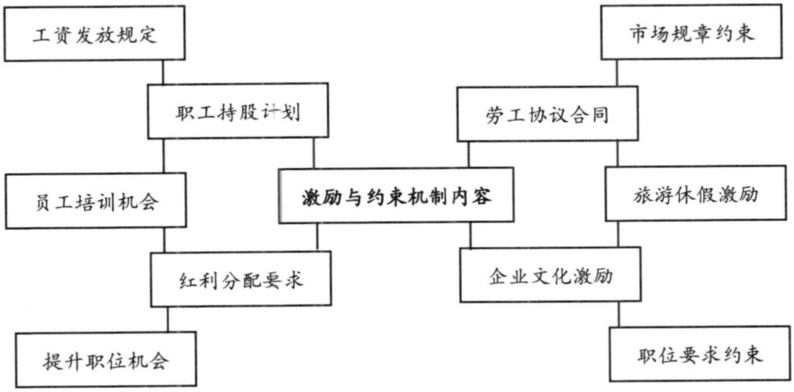

◆ 图 6-24 部分常见的激励与约束机制内容

6.2.4 介绍团队的相关技巧

在商业计划书中介绍团队时，可以采用 3 种不同的介绍技巧，分别是文字介绍、图文介绍和图解介绍。

图 6-25 所示为商业计划书中的文字介绍模式。

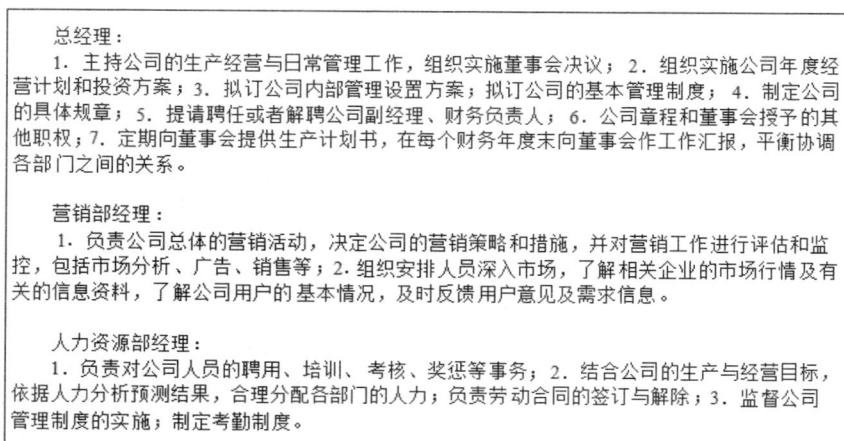

> **总经理：**
> 　1．主持公司的生产经营与日常管理工作，组织实施董事会决议；2．组织实施公司年度经营计划和投资方案；3．拟订公司内部管理设置方案；拟订公司的基本管理制度；4．制定公司的具体规章；5．提请聘任或者解聘公司副经理、财务负责人；6．公司章程和董事会授予的其他职权；7．定期向董事会提供生产计划书，在每个财务年度末向董事会作工作汇报，平衡协调各部门之间的关系。
>
> **营销部经理：**
> 　1．负责公司总体的营销活动，决定公司的营销策略和措施，并对营销工作进行评估和监控，包括市场分析、广告、销售等；2．组织安排人员深入市场，了解相关企业的市场行情及有关的信息资料，了解公司用户的基本情况，及时反馈用户意见及需求信息。
>
> **人力资源部经理：**
> 　1．负责对公司人员的聘用、培训、考核、奖惩等事务；2．结合公司的生产与经营目标，依据人力分析预测结果，合理分配各部门的人力；负责劳动合同的签订与解除；3．监督公司管理制度的实施；制定考勤制度。

◆ **图 6-25　商业计划书中的文字介绍模式**

文字介绍的优势就是详细具体，但是文字内容过于烦琐，所以比文字介绍更实用的介绍模式是图文介绍。图 6-26 所示为商业计划书中的图文介绍模式。

◆ **图 6-26　商业计划书中的图文介绍模式**

除了文字介绍和图文介绍之后，更简洁的介绍方式就是图解介绍，是以介绍职位的相关设置信息为主。图 6-27 所示为商业计划书中的图解介绍模式。

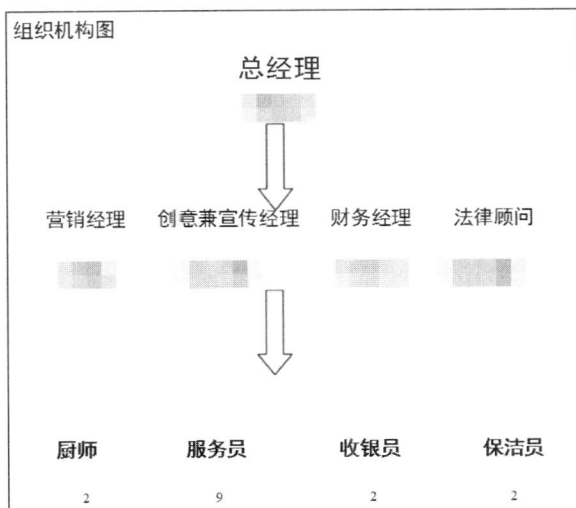

◆ 图 6-27　商业计划书中的图解介绍模式

6.3 具体的工作模式分析内容

在长达数十页的商业计划书中，创作者往往也会对具体的工作模式进行分析，并向投资人展示相关内容。图 6-28 所示为具体的工作模式分析内容的 3 个方面。

◆ 图 6-28　具体的工作模式分析内容的 3 个方面

6.3.1　工作内容相关分析

撰写工作分析除了能够更好地说服投资人之外，也对企业自身的发展有一定帮助。图 6-29 所示为具体的工作内容分析的流程。

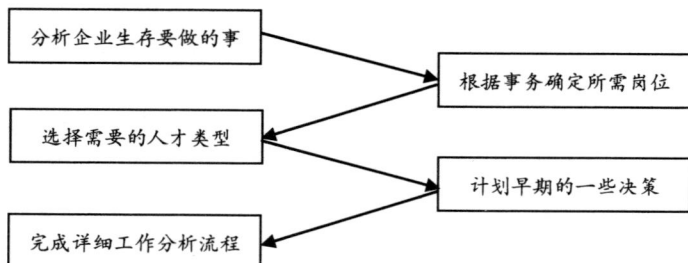

◆ 图 6-29　具体的工作内容分析的流程

工作分析的内容类似一个企业发展的指南书，内容核心围绕 6 个方面进行，如图 6-30 所示。

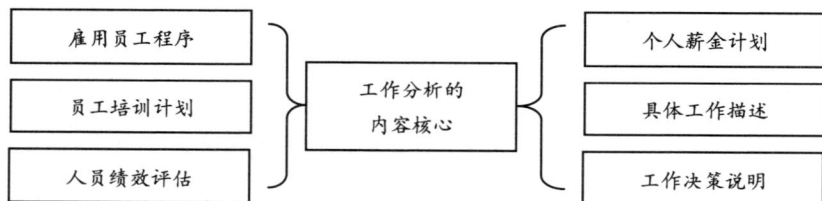

◆ 图 6-30　工作分析的内容核心

6.3.2　工作内容实质描述

工作内容的实质描述，是让投资人深入了解企业运作模式的一个方面。内容的描述往往根据企业定位的不同而不同，但是流程基本一致。图 6-31 所示为工作内容实质描述的流程图。

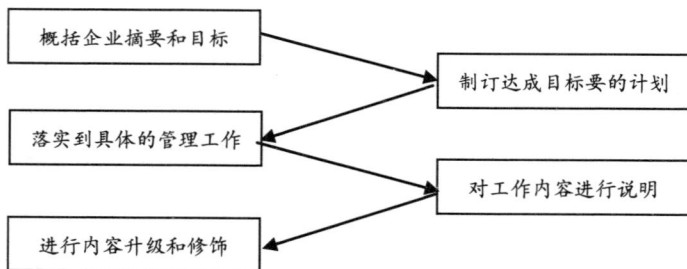

◆ 图 6-31　工作内容实质描述的流程图

专家提醒

工作内容的描述中，语言应当清楚、直接、简单，能够让阅读者快速了解企业的具体工作内容情况。为了全面地展现内容，工作内容的描述往往由管理者或者专业的顾问来完成。

6.3.3 工作本身具体说明

工作说明是用来让员工明白具体的工作是什么，也是让投资人了解企业发展的未来潜力。在工作说明中主要分为多个重点，图 6-32 所示为工作说明中的重点内容展示。

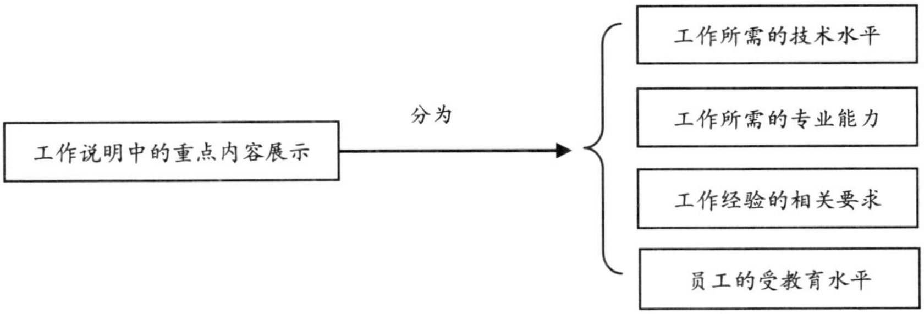

◆ 图 6-32　工作说明中的重点内容展示

专家提醒

根据企业工作内容的不同，工作的具体说明的详细程度也不是不一样的。比如，某个职位的出差要求、报告频率，或者某个渠道的资金投入使用情况等方面详细不一。

盈利模式要打动投资人

7.1 盈利模式的全面分析介绍

盈利模式就是企业或团队如何获得利润的方式,如图 7-1 所示,盈利模式主要与 3 个方面的内容直接相关。

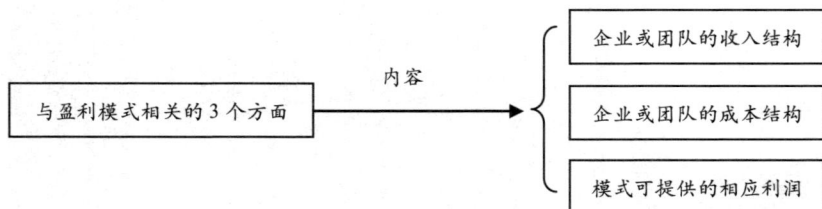

◆ 图 7-1　与盈利模式相关的 3 个方面内容

在市场经济中,盈利模式普遍被认为是企业或团队整合已有资源及合作者的资源,从而打造的一种实现利润、获得利润、分配利润的商业架构。

在本节中,盈利模式的全面分析介绍主要分为 4 个方面的内容,图 7-2 所示为各部分的具体内容。

◆ 图 7-2　各部分的具体内容

7.1.1　盈利模式的类型

根据初创企业和成熟企业的分类,盈利模式可以大致分为两种简单的类型,分别是自发的企业盈利模式和自主的企业盈利模式。图 7-3 所示为两种盈利模式的内容分析。

对于初创企业而言,盈利模式往往是自发的,根据企业的定位而自然形成,而随着企业的发展,盈利模式才会被明确地逐步建立起来。两种盈利模式的特点区分明显,图 7-4 所示为自发的盈利模式的特点展示。

| 自发的盈利模式 | 随着企业的发展而自然形成的，并没有建立明确的盈利模式 |
| 自主的盈利模式 | 针对盈利亏损的情况总结，进行调整和设计的明确盈利模式 |

◆ 图 7-3　两种盈利模式的内容分析

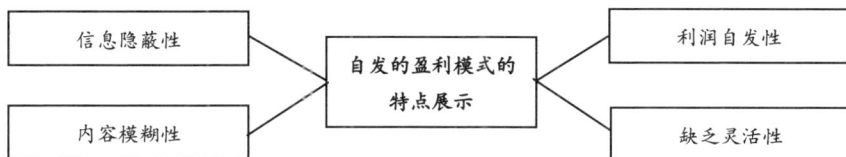

信息隐蔽性

内容模糊性

自发的盈利模式的
特点展示

利润自发性

缺乏灵活性

◆ 图 7-4　自发的盈利模式的特点展示

图 7-5 所示为自主的盈利模式的特点展示。

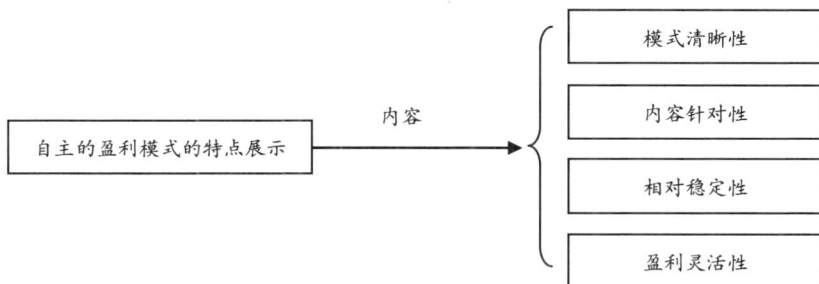

自主的盈利模式的特点展示　内容

模式清晰性

内容针对性

相对稳定性

盈利灵活性

◆ 图 7-5　自主的盈利模式的特点展示

7.1.2　传统模式的盈利

在传统模式中，企业盈利的方式大多类似，主要集中于少数的几种模式。以家乐福零售连锁超市为例，图 7-6 所示为家乐福超市的实体店铺。

◆ 图 7-6　家乐福超市的实体店铺

家乐福零售连锁超市的传统盈利模式主要分为 5 种类型，都是以超市为中心，图 7-7 所示为传统盈利模式的类型分析。

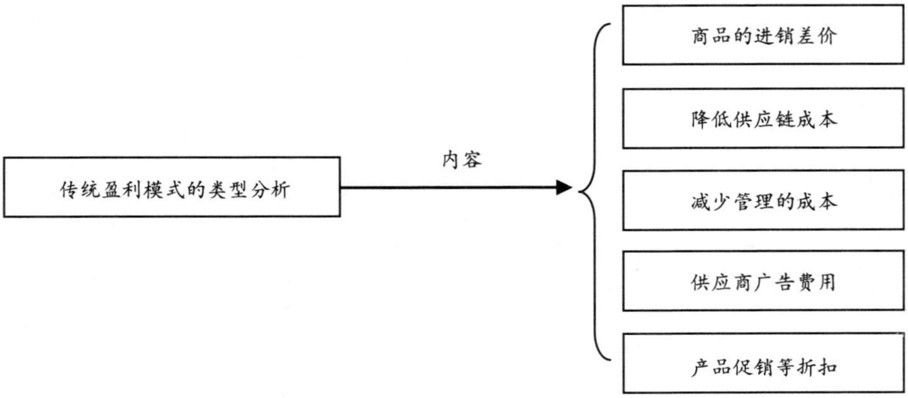

◆ 图 7-7　传统盈利模式的类型分析

专家提醒

　　尽管传统盈利模式依旧属于大众生活中常见的盈利模式，但是随着互联网化的加强，对于企业而言，传统盈利模式在未来的生活中的影响力会逐渐降低。互联网带来的企业盈利模式将是未来的主流盈利模式。

7.1.3　电商模式的盈利

　　电商就是电子商务，是指通过电子交易的方式来完成相关工作，向用户提供产品和服务。与传统的商务模式相比，电商模式就是将原有的商业活动环节进行互联网化的结果。

　　电商模式的盈利模式主要有 6 种类型，图 7-8 所示为不同盈利模式的具体内容分析。

　　在多种模式中，O2O 模式是融合传统营销模式优点和互联网营销模式优点的一种盈利方式，在未来的发展中其影响力有极大的提升空间。图 7-9 所示为淘宝电商的线下实体店与线上平台打造的 O2O 模式概念图。

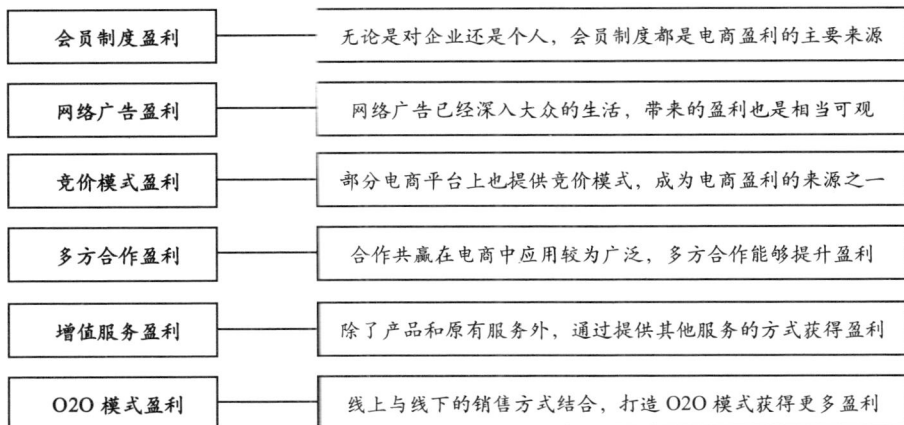

◆ 图 7-8　不同盈利模式的具体内容分析

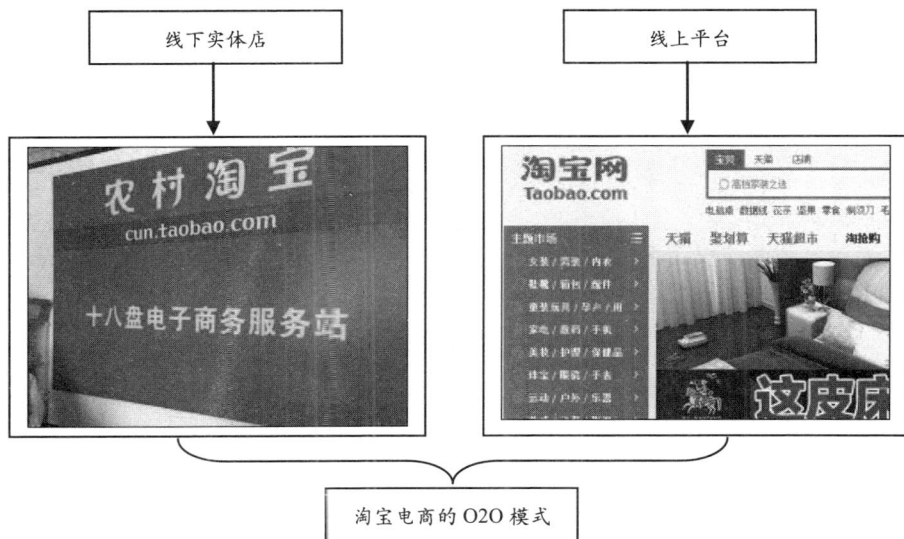

◆ 图 7-9　淘宝电商的 O2O 模式概念图

7.1.4　团购模式的盈利

在盈利模式中，还有一种较为常见的模式就是团购。团购模式的核心就是薄利多销，当产品或服务的对象达到一定的预订数量时，商家就以低于正常水平的价格将产品或服务提供给消费者。

团购模式的成功，促使了互联网商业模式的改变，目前大部分电商平台上都会有团购模式，并作为产品营销的主要方式之一。

团购模式根据线上运作和线下运作的不同，分为两种模式。图 7-10 所示为线上团购和线下团购两种模式的内容分析。

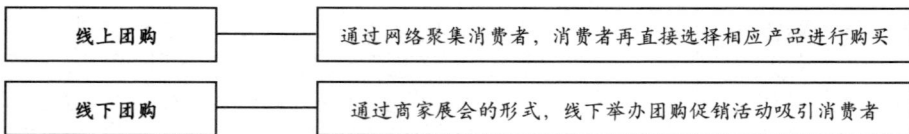

线上团购	通过网络聚集消费者，消费者再直接选择相应产品进行购买
线下团购	通过商家展会的形式，线下举办团购促销活动吸引消费者

◆ 图 7-10　不同团购模式的内容分析

图 7-11 所示为团购领域中较有影响力的美团网的官方主页。

◆ 图 7-11　团购领域中较有影响力的美团网的官方主页

7.2　常见的盈利中心点

尽管盈利模式的表现形式各有不同，但是对于企业或团队而言，盈利的中心点是固定的，主要有如图 7-12 所示的 6 种盈利中心点。

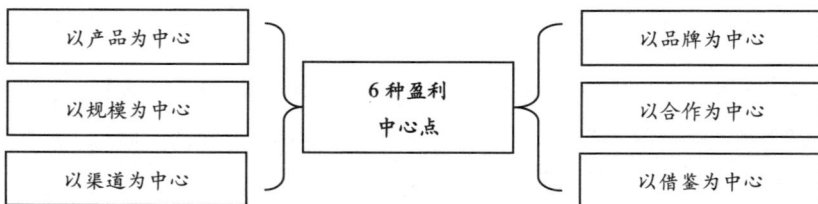

◆ 图 7-12　6 种盈利中心点

7.2.1　以产品为中心获得盈利

以产品为中心，就是致力于产品的质量、创新、性价比等方面的改进，通过提供更好地产品满足用户需求，从而获得更多的盈利。

图 7-13 所示为 iPhone 6 手机的宣传图，重点突出了比之前系列的苹果手机界面更大、厚度更薄的产品效果。

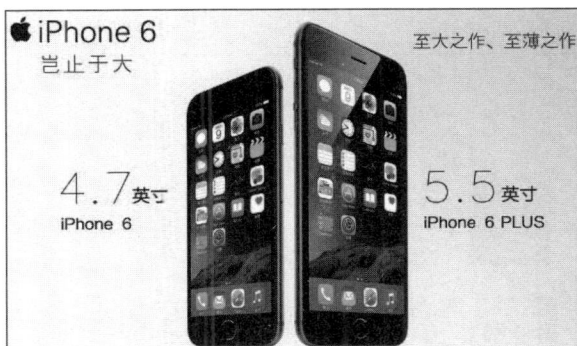

◆ 图 7-13　iPhone 6 手机的宣传图

7.2.2　以规模为中心获得盈利

拓展产品的规模，比如，线上与线下的结合，同时实现跨行业发展等战略，打造更大的产品规模，实现更大的销售利润。

图 7-14 所示为乐视超级汽车的相关图片，这是乐视集团进军汽车领域之后推出的产品。

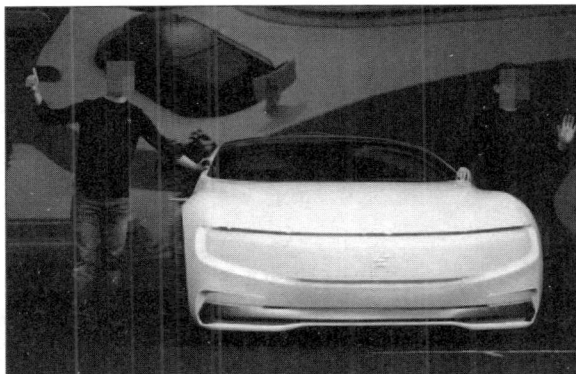

◆ 图 7-14　乐视超级汽车的相关图片

7.2.3　以渠道为中心获得盈利

在传统渠道中，多级分销商会减少商家的利润，而互联网打造的新兴网络渠道减少了传统销售的复杂程度，从而提高了盈利水平。

图 7-15 所示为当当网平台上《三体》书籍的商品搜索界面，其中标注的"当当自营"就是表示此类商品由当当网直接销售给用户，而不是分级销售。通过这种方法，当当网节省了资源和开支，提高了产品盈利。

◆ 图 7-15　当当网平台上《三体》书籍的商品搜索界面

7.2.4　以品牌为中心获得盈利

善于利用品牌的影响力，也是提升盈利的一个方法。对于已经形成品牌效应的企业而言，品牌能够使产品的销售变得更容易。

图 7-16 所示为六个核桃的产品海报，其打造的"经常用脑、多喝六个核桃"的品牌诉求深受大众认可。

◆ 图 7-16　六个核桃的产品海报

7.2.5 以合作为中心获得盈利

合作共赢是常见的扩大产品影响力的手段，也是提升产品盈利的重要方式。两个或多个品牌将各自的产品通过某个销售卖点联合起来，达到以原有的销售方式无法达到的盈利效果。

图 7-17 所示为高露洁与狮王两个品牌的联合营销海报。

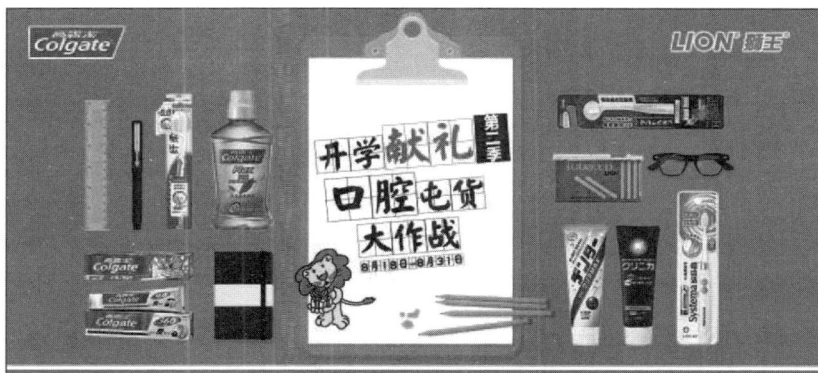

◆ 图 7-17 高露洁与狮王两个品牌的联合营销海报

7.2.6 以借鉴为中心获得盈利

借鉴产品设计在互联网时代是较为常见的，尤其是对于初创企业而言，学习其他产品的优点并转化为己有，同样是获得盈利的一种方式。需要注意的是，在借鉴的同时，产品必须有一定的创新体现。

图 7-18 所示为某款产品在设计上的借鉴表现。

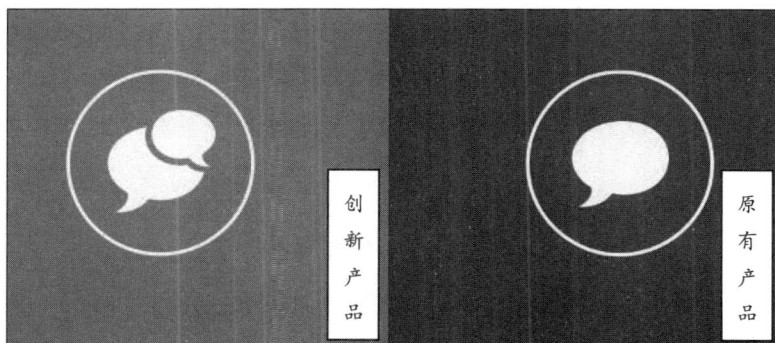

◆ 图 7-18 某款产品在设计上的借鉴表现

7.3 计划书中盈利模式的落地

盈利模式必须要直接清楚地展示在商业计划书中，才能够获得投资人的关注，越详细、真实的盈利模式越容易获得投资人的认可。

在商业计划书中盈利模式的写作技巧具体分析如图7-19所示，主要分为3个方面的内容。

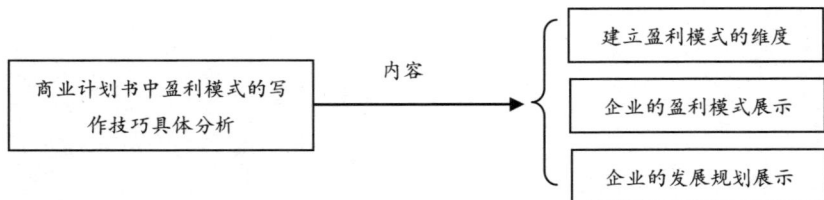

◆ 图 7-19　商业计划书中盈利模式的写作技巧具体分析

7.3.1　建立盈利模式的维度

对于商业计划书的创作者而言，如果对于公司或团队的盈利模式并没有深刻的认识，就可以从建立盈利模式的多个维度方面逐步进行分析，并根据实际情况创作出相关内容。

图7-20所示为建立企业盈利模式的4个维度内容。

◆ 图 7-20　建立企业盈利模式的四个维度内容

7.3.2　企业的发展计划展示

体现企业的发展计划是推出企业盈利模式的基础条件，没有长期的发展计划展示，盈利模式就属于空穴来风。

图 7-21 所示为某商业计划书中的发展计划的相关内容。

第一个阶段：市场调研，分析问卷，了解客户需求；

第二个阶段：确定货源，开发客户；

第二个阶段：进驻淘宝商城，实体店开张；

第三个阶段：宣专推广；

第四个阶段：网店及实体店进入正轨运营；

第五个阶段：开发自己的网站；

第六个阶段：将网店做大做强；

◆ 图 7-21　某商业计划书中的发展计划的相关内容

7.3.3　企业的盈利模式展示

企业的盈利模式以企业的发展计划为基础，具体盈利内容根据企业类型的不同而不同。以网络店铺为例，图 7-22 所示为某网络店铺的商业计划书中的盈利模式分析内容。

买一件应季的衣服，采用传统的途径解决问题，需要空出专门的时间，到商业区进行逛，挑，试，买几个动作，当然如果后续不满意还要加上退货的环节，从这个方面来说，要买这件衣服所花的除了标签上标的价格之外，还要花费时间成本，交通成本等等，劳心劳力；而相对于网购，单击鼠标，半个小时完成挑选对比，除了不能试穿，全部搞定，可以安心等待衣服上门，而且价格绝对是要比商城里便宜得多（因为不必支付商城的物业，人员，广告等等成本的均摊）。可谓既省时间，又省金钱。

同时令顾客担忧的依然是信誉问题，因此我们的营销模式将采用实体店加网店同时运营，这样我们网店在网上的信誉将得到极大提高。

◆ 图 7-22　某网络店铺的商业计划书中的盈利模式分析内容

8
CHAPTER

赢得客户融资的
营销策略

8.1 市场营销策略分析

市场营销策略的重点在于产品上市前期对市场的分析，并根据相关条件推导出适用的营销策略。市场营销策略是企业的管理与运营过程中至关重要的一部分，相关分析如图 8-1 所示。

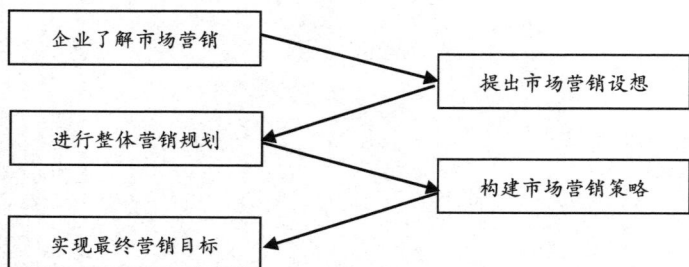

◆ 图 8-1 市场营销策略的内容分析

8.1.1 市场营销的形式特色

市场营销的目标是为了满足消费者或用户的直接需求，从而根据市场条件来提供商相应的产品或服务的活动，市场营销策略分析的内容以市场营销为核心，其内容特点主要分为 6 个方面，如图 8-2 所示。

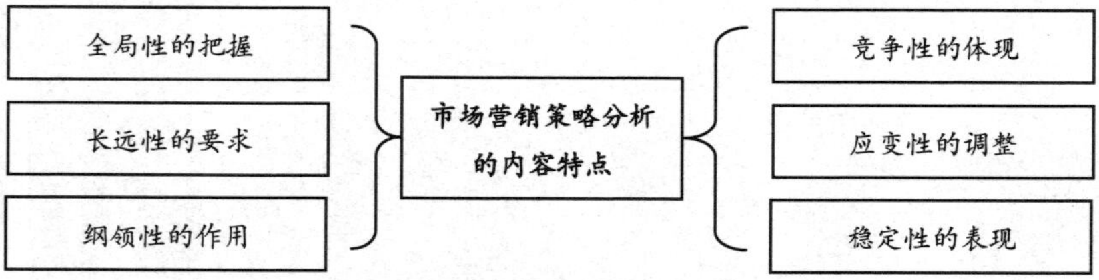

◆ 图 8-2 市场营销策略分析的内容特点

在市场营销策略的分析中，需要涉及具体时间的规划、营销策略的调整以及可能存在的激烈竞争等因素。

8.1.2 策略分析的内容展示

在商业计划书中，市场营销策略的内容展示主要分为 3 个步骤，图 8-3 所示为各个步骤的主要内容。

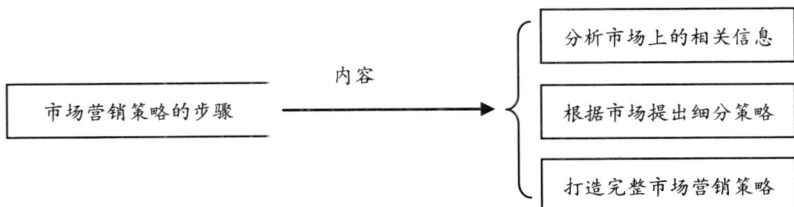

图 8-3　各个步骤的主要内容

❶ 分析市场上的相关信息

分析市场上的市场结构、消费者及竞争者的相关信息，来确定营销的目标和长期计划。图 8-4 所示为分析市场信息的作用。

◆ 图 8-4　分析市场信息的作用

❷ 根据市场提出细分策略

对于需要通过商业计划书进行融资的企业或团队而言，往往没有足够的资本对整个市场进行营销，而是选择细分的产品市场作为突破口进行市场。在市场营销策略分析中，创作者就需要向投资人清晰地展示企业或团队的市场细分策略。

图 8-5 所示为市场细分策略中常见的内容重点。

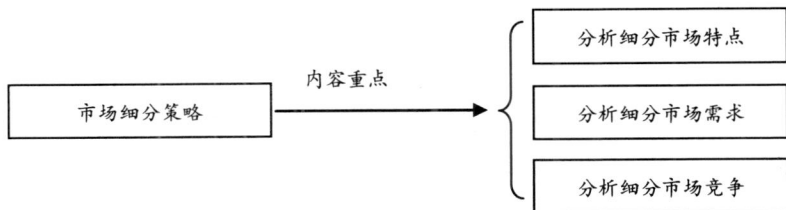

◆ 图 8-5　市场细分策略中常见的内容重点

❸ 打造完整市场营销策略

在完整的市场营销策略中，涉及多个细分的营销策略领域，比如，产品策略、价格策略、渠道策略和促销策略等，这些细分的营销策略组成了完整的市场营销策略。在商业计划书的具体内容中，还包括企业或团队对产品质量、包装、价格、广告、销售渠道等方面的优化组合说明。

创作完整的市场营销策略时，还需要对管理方面的内容进行要求，这是其他营销策略所不需要的。图 8-6 所示为市场营销策略的管理分析。

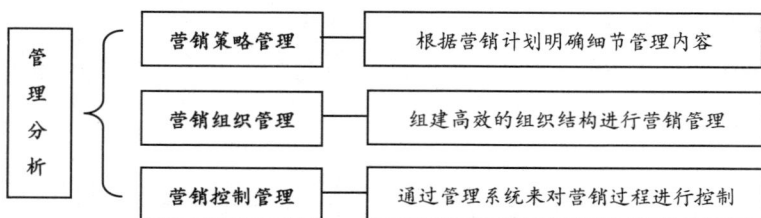

◆ 图 8-6　市场营销策略的管理分析

8.1.3　市场营销策略的案例

图 8-7 所示为市场营销策略中，分析市场上的相关信息的案例内容。

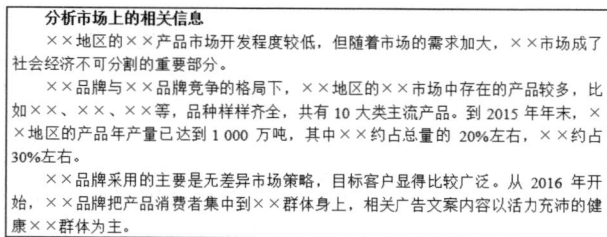

分析市场上的相关信息
××地区的××产品市场开发程度较低，但随着市场的需求加大，××市场成了社会经济不可分割的重要部分。
××品牌与××品牌竞争的格局下，××地区的××市场中存在的产品较多，比如××、××、××等，品种样样齐全，共有 10 大类主流产品。到 2015 年年末，××地区的产品年产量已达到 1 000 万吨，其中××约占总量的 20% 左右，××约占 30% 左右。
××品牌采用的主要是无差异市场策略，目标客户显得比较广泛。从 2016 年开始，××品牌把产品消费者集中到××群体身上，相关广告文案内容以活力充沛的健康××群体为主。

◆ 图 8-7　分析市场上的相关信息

图 8-8 所示为市场营销策略中，根据市场提出细分策略的案例内容。

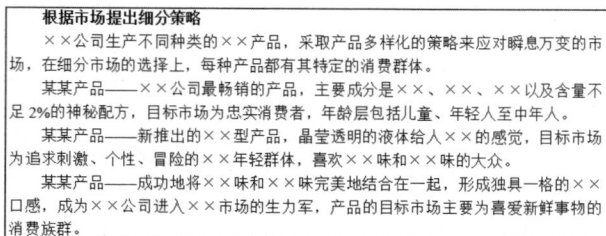

根据市场提出细分策略
××公司生产不同种类的××产品，采取产品多样化的策略来应对瞬息万变的市场，在细分市场的选择上，每种产品都有其特定的消费群体。
某某产品——××公司最畅销的产品，主要成分是××以及含量不足 2% 的神秘配方，目标市场为忠实消费者，年龄层包括儿童、年轻人至中年人。
某某产品——新推出的××型产品，晶莹透明的液体给人××的感觉，目标市场为追求刺激、个性、冒险的××年轻群体，喜欢××味和××味的大众。
某某产品——成功地将××味和××味完美地结合在一起，形成独具一格的××口感，成为××公司进入××市场的生力军，产品的目标市场主要为喜爱新鲜事物的消费族群。

◆ 图 8-8　根据市场提出细分策略

图 8-9 所示为市场营销策略中，打造完整市场营销策略的案例内容。

打造完整市场营销策略

××公司的定价策略普遍采用××模式定价，将××或××、××等合理搭配，适当调低价格，达到促销产品的目的，同时也使××速度得到大大提高。

××策略较典型的是××套餐，总之就是给消费者一点小恩小惠，用优惠让利诱惑消费者，吸引消费者不断地购买，继而提高顾客的××速度，提升产品的营业额，最终目的就是增强竞争力。

××公司的广告定位非常明确，或者是针对××，或者是针对××，广告画面清新明丽，通过表演者的表演传达出××信息。在营销策略上，××运用多种灵活的促销方式来拓展××市场，比如说节日促销，或者在生日宴会上促销等。

◆ 图 8-9 打造完整市场营销策略

8.2 竞争营销策略分析

竞争营销策略主要是针对竞争对手的信息进行对比分析，从而提出产品的差异化方面来获得市场，进而准出适合自身发展的营销策略。图 8-10 所示为竞争营销策略的相关内容分析。

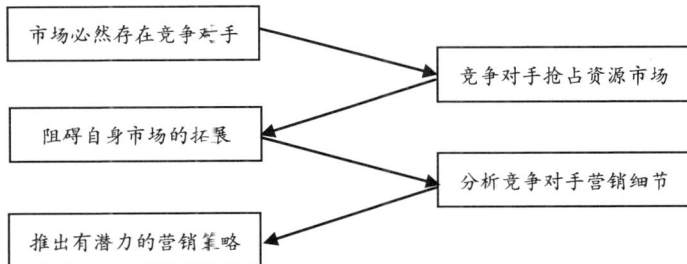

◆ 图 8-10 竞争营销策略的相关内容分析

8.2.1 竞争营销的形式特色

在竞争对手的类型方面，行业或团队根据发展定位的不同而存在不同的竞争对手。图 8-11 所示为竞争对手的 4 个主要来源。

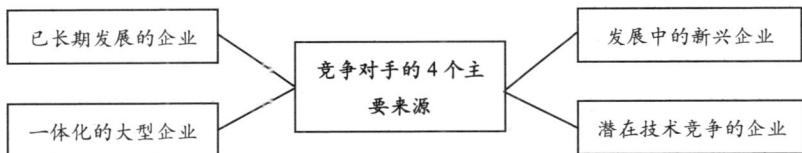

◆ 图 8-11 竞争对手的 4 个主要来源

竞争营销策略的内容核心在于对对手的营销方式进行分析、了解对手的策略，从而制定符合自身企业或产品的发展之路。图 8-12 所示为竞争营销策略分析的内容特点。

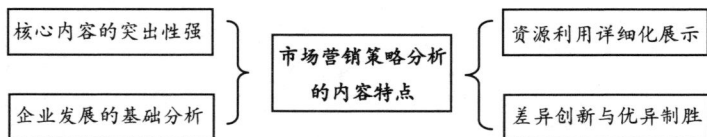

◆ **图 8-12　竞争营销策略分析的内容特点**

8.2.2　策略分析的内容展示

在商业计划书中，竞争营销策略的内容展示主要分为 3 个步骤，图 8-13 所示为各个步骤的主要内容。

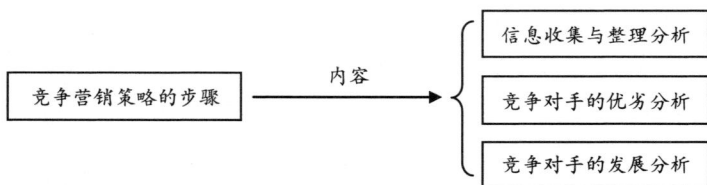

◆ **图 8-13　各个步骤的主要内容**

❶ 信息收集与整理分析

竞争营销策略中主要的内容来源就是收集信息，通过信息再进行具体分析。图 8-14 所示为收集竞争对手相关信息的主要来源。

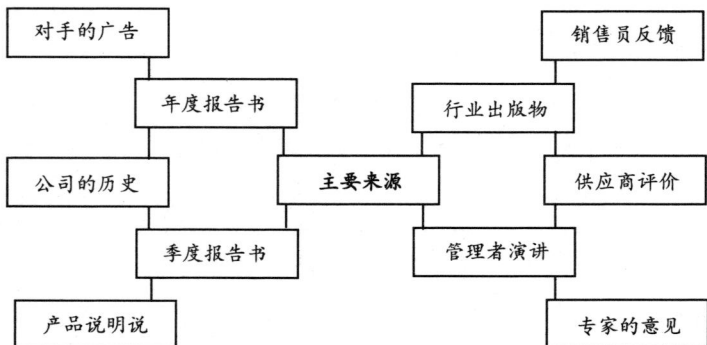

◆ **图 8-14　收集竞争对手相关信息的主要来源**

❷ 竞争对手的优劣分析

竞争对手的优劣分析就是将对手的产品进行分解分析，提炼出其优势和劣势，从而更好地指导自身企业的发展。

图 8-15 所示为竞争对手的优劣分析内容重点。

```
                                    ┌─────────────────┐
                                    │ 竞争对手的销售额 │
                                    ├─────────────────┤
                                    │ 竞争对手的市场份额 │
┌─────────────────┐    内容重点      ├─────────────────┤
│ 竞争对手的优劣分析 │ ──────────→     │ 对手企业的现金流量 │
└─────────────────┘                 ├─────────────────┤
                                    │ 企业设备能力的利用 │
                                    ├─────────────────┤
                                    │ 对手产品的创新投资 │
                                    └─────────────────┘
```

◆ 图 8-15　竞争对手的优劣分析内容重点

❸ 竞争对手的发展分析

预测竞争对手的发展，能够让自身企业的发展占据制高点，从而有效地把握产品市场的发展趋势，实现产品先发制人的效果。竞争对手的发展分析是商业计划书中不被重视的内容，但是其直接影响力企业或团队的未来发展的实际效果。

图 8-16 所示为竞争对手的发展分析中的核心内容。

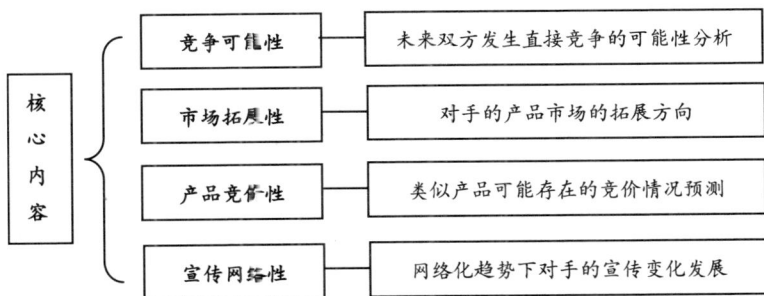

```
      ┌── 竞争可能性 ── 未来双方发生直接竞争的可能性分析
核心   │── 市场拓展性 ── 对手的产品市场的拓展方向
内容   │── 产品竞价性 ── 类似产品可能存在的竞价情况预测
      └── 宣传网络性 ── 网络化趋势下对手的宣传变化发展
```

◆ 图 8-16　竞争对手的发展分析中的核心内容

8.2.3　竞争营销策略的案例

图 8-17 所示为竞争营销策略中，信息收集与整理分析的案例内容。

信息收集与整理分析

为了更全面地了解和分析对手的竞争战略，××企业根据××行业的自身实际，选定了竞争规模、技术创新、市场开拓、人力资源、持续盈利、偿债能力、资产运营、持续发展等八个方面的内容进行比较分析，重点搜集相关信息，并通过数值的方式表现，直接判断目前状况。

在主要的八个方面内容分析中，每个方面又分为 3 ～ 6 个不同的指标，通过这些细化的最重要的比较内容，能够全面涵盖各个领域的竞争力对比点，最终实现的数据搜集目标明确。

通过对竞争对手半年的数据信息搜集，比较的结果显示，八个指标中××能力与××能力的分值，都是 25 分，同时××能力与××能力相对较弱，只维持在较低的分数水平上。

◆ **图 8-17　信息收集与整理分析的案例内容**

图 8-18 所示为竞争营销策略中，竞争对手的优劣分析的案例内容。

竞争对手的优劣分析

从相关数据的反馈进行具体分析，××公司与××公司的差距主要体现在××与××管理上。

除此之外，××方面的不足更体现在××业务方面，直接影响产品利润。目前，××地区几乎 50%的高端××品种都被××公司所垄断。××公司生产的××系列品牌，仅在××地区的中、低端市场有一定的销售额。此外，在××产品方面，××企业与××公司的实力差距相当明显。

◆ **图 8-18　竞争对手的优劣分析**

图 8-19 所示为竞争营销策略中，竞争对手的发展分析的案例内容。

竞争对手的发展分析

尽管目前××公司并没有直接和××等公司进行正面竞争，但是随着对手的发展趋势，未来很有可能会碰撞。

对手主要的发展趋势分析如下所示：

××企业中几乎所有的成品××站都已由××网络相连，其××方面的成本已经降到了最低。另外，随着科技的进步，三大××公司在未来的每年中，××销售量会达到各自产量的 1.5 倍以上，发展速度十分惊人。

××公司的信息化程度相当高，基本实现了××与××便捷服务，其中××业务的直接成品利润高达 80%，同时××业务等概念已经基本成熟。

随着市场发展趋势的明显化，竞争对手必将在未来的几年内开拓××市场，和××企业进行直接竞争，对于××企业而言，要做好防御准备。

◆ **图 8-19　竞争对手的发展分析**

$\boxed{8.3}$ 产品促销策略分析

产品促销策略的核心在于促销活动的形式，促销是为了达成促进某种商品或服务销售的目标，而进行降价等的活动，根据促销策略的不同而分为多种促销活动。

图 8-20 所示为推出产品·足销策略的相关原因分析。

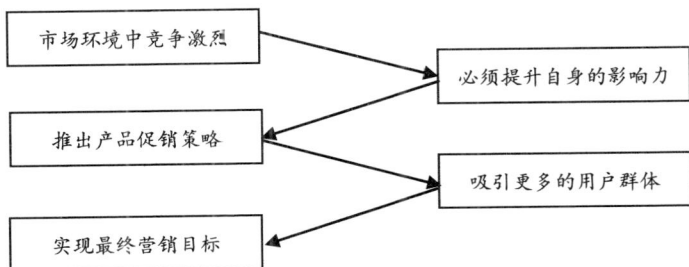

◆ 图 8-20　推出产品促销策略的相关原因分析

8.3.1　产品促销的形式特色

促销的形式有很多种，图 8-21 所示为常见的产品促销模式。

◆ 图 8-21　常见的产品促销模式

并不是所有的企业都会采用产品促销的方式来推动企业的影响力，但是在如

图 8-22 所示的 10 个行业中，采用产品促销的方式是非常常见的。在商业计划书中，创作者可以根据行业的特点来确定是否提出产品促销的策略。

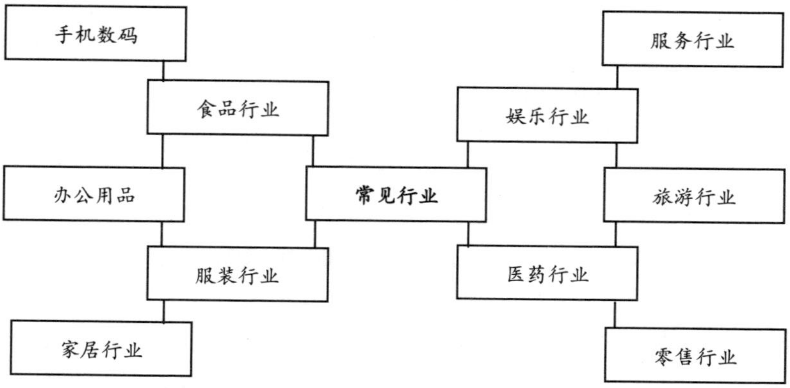

◆ 图 8-22　采用产品促销方式的常见的 10 个行业

8.3.2　策略分析的内容展示

根据产品的特性而定，在商业计划书中的产品促销策略可以进行详细表述也可以一笔带过。如果是详细表述，那么从全面性的要求出发，还需要对产品的促销活动具体细节进行简单说明。如图 8-23 所示，促销活动内容包括 5 个方面信息。

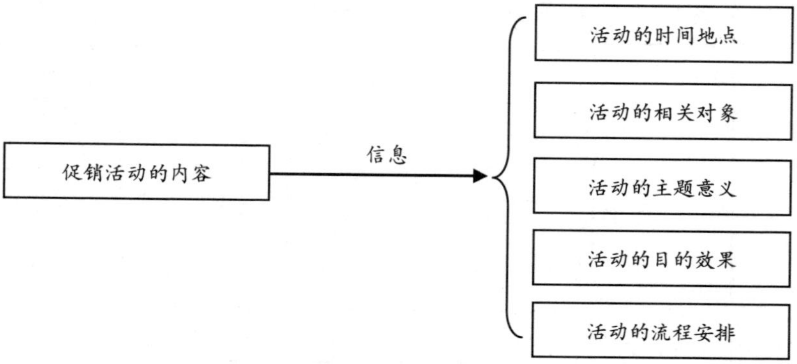

◆ 图 8-23　促销活动内容需要包括 5 个方面信息

8.3.3　产品促销策略的案例

图 8-24 所示为产品促销策略中，活动的流程安排的案例内容。

活动的流程安排的案例内容

1、××购物可参加此次幸运顾客免单抽奖活动，幸运者能够成为××商城的免单者，享受商城购物不花钱的幸运之旅。请您在当天活动结束之后，登录商城网站或关注商城微信公众号，查询是否中奖；

2、凡在活动期间在××超市及××超市购物金额满 38 元以上（包含 38 元）的用户均于参加。消费金额每增加 50 元可以增加一次抽奖机会，获得送出的礼物，最多限抽三次；

3、凡在××百货及××超市参加本次活动，在专柜购买满 500 元以上（包含 500 元），均可以立减 200 元，满 1 000 元立减 500 元，以此类推，多买多减。单张收银小票不能累计，只可在同一专柜累积消费金额。

◆ 图 8-24　活动的流程安排

图 8-25 所示为某公司的促销广告宣传海报。

◆ 图 8-25　某公司的促销广告宣传海报

8.4 广告营销策略分析

通过广告对企业或产品进行宣传，是较为常见的一种营销策略。图 8-26 所示为广告营销策略的相关内容分析。

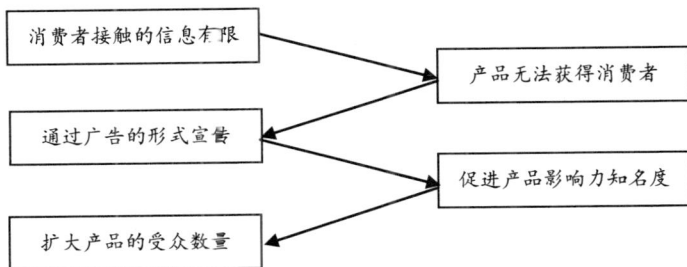

◆ 图 8-26　广告营销策略的相关内容分析

8.4.1 广告营销的形式特色

企业或产品的广告营销根据广告目标的不同，而分为了多种不同类型的广告。图 8-27 所示为与企业或产品相关的营销广告类型。

◆ **图 8-27 与企业或产品相关的营销广告类型**

在商业计划书中，广告营销策略的内容主要围绕 3 个中心点进行，图 8-28 所示为中心点的内容说明。

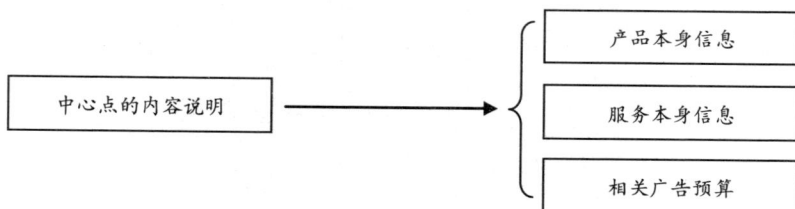

◆ **图 8-28 中心点的内容说明**

8.4.2 策略分析的内容展示

图 8-29 所示为广告营销策略的内容中需要包括的 5 个方面信息。

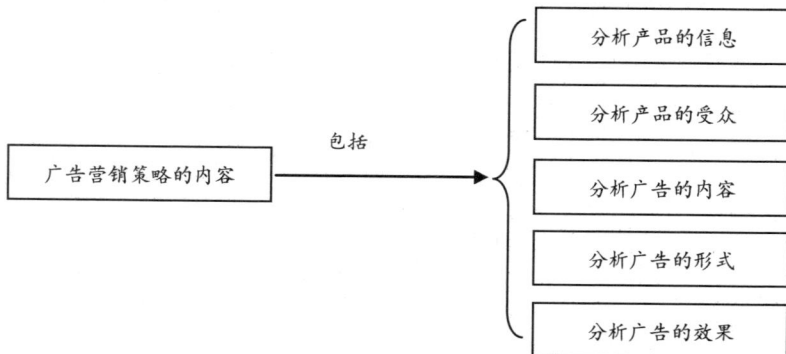

◆ **图 8-29 广告营销策略的内容中需要包括的 5 个方面信息**

在具体的营销广告中，为了符合用户的需求和阅读习惯，还需要注意如图 8-30 所示的 4 个写作要求。

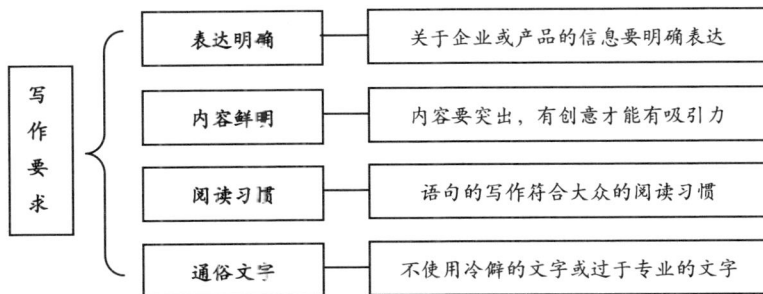

◆ 图 8-30　营销广告的 4 个写作要求

8.4.3　广告营销策略的案例

图 8-31 所示为广告营销策略中，分析产品的信息的案例内容。

分析产品的信息
产品信息分析上，××集团的产品主要有六大特色，如下所示。
1. 为××用户提供无限的创造空间；
2. 适合不同性别的孩子；
3. 产品没有时间限制；
4. 容易吸引孩子的注意力；
5. 无数种游戏方式；
6. 提升孩子的创造能力；

◆ 图 8-31　分析产品的信息

图 8-32 所示为广告营销策略中，分析产品的受众的案例内容。

分析产品的受众
　　××产品的消费者和使用者很多情况下分离的，特别是适合 15 岁以下儿童的××产品，主要由家长购买，由孩子使用。目标受众定位为购买力较强的 30 岁左右，受过良好教育、有稳定工作、收入较高的人群。
　　重点分析消费群体，其生活独立、自主，可以支配自己的收入，疼爱孩子，关爱孩子的成长和未来，愿意为孩子投入金钱和时间。这些人是××产品消费的主要对象，其作用主要是作为礼物，××公司的产品符合礼物的相关需求。
　　从综合出发，××产品既要投孩子们所好，也要赢得其父母的心。

◆ 图 8-32　分析产品的受众

图 8-33 所示为广告营销策略中，分析广告的内容的案例内容。

图 8-34 所示为广告营销策略中，分析广告的形式的案例内容。

分析广告的内容

为了吸引××的注意力，广告内容可以根据每一款××产品的附加故事入手，比如，西游记有洞穴、沙丘等各种各样的场景；星球大战系列有星战基地和战斗机等。

在××广告的具体内容上，可以推出的故事系列包括寻宝、探险、科幻、王子公主，也能以赛车、基地、球类活动等策略性的布置为主的广告展示。

◆ 图8-33　分析广告的内容

分析广告的形式

××公司的广告创意主要分为三个方面的内容：第一是根据季节的不同，推出每一季的不同系列，直接将产品特性展现在广告中；第二可以和一些儿童节目联手开展比赛；第三开发符合当地特色的××产品，减少代入感。

◆ 图8-34　分析广告的形式

图 8-35 所示为广告营销策略中，分析广告的效果的案例内容。

分析广告的效果

广告效果预测主要是检验广告活动是否取得了预期效果，根据相关反馈信息可以进行以后的广告策划。在具体的内容上，主要设定以下标准：

1．广告是否开发了新的受众需求市场，对原有市场进行了扩容；

2．广告是否激发潜在的用户的购买欲望，有效地引导购买行为；

3．广告是否提升了自身企业在销售市场中的直接占有率。

◆ 图8-35　分析广告的效果

8.5 推广营销策略分析

产品的营销与推广往往是作为一个整体的，在商业计划书中，如果没有体现推广的渠道分析信息，那么在实际中的营销计划就无法获得有效地实现，这样的商业计划书也就不可能获得投资人的认可。

图 8-36 所示为推广营销策略中常见的 3 种渠道推广方式。

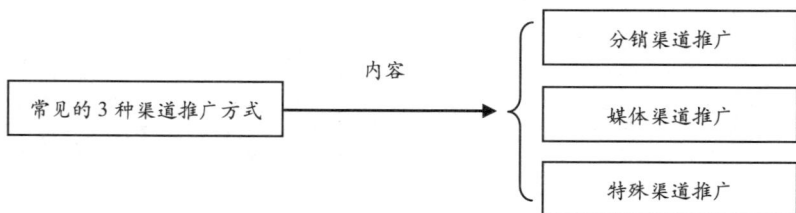

◆ 图8-36　常见的 3 种渠道推广方式

8.5.1　分销渠道推广

分销渠道是指产品在销售的过程中，需要直接或间接经过的途径。图 8-37

所示为分销渠道概念的相关分析。

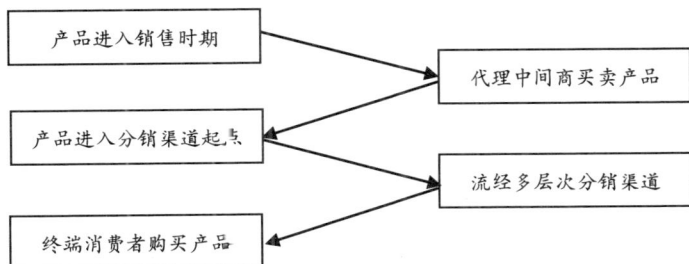

◆ 图 8-37　分销渠道概念的相关分析

在商业计划书中，确定和选择分销的渠道推广模式是核心内容。在分销渠道推广的内容中，需要充分考虑到产品本身的特点、市场容量的大小和需求面的宽窄等问题。图 8-38 所示为常见的分销渠道推广类型。

◆ 图 8-38　常见的分销渠道推广类型

图 8-39 所示为推广营销策略中，分销渠道推广的案例内容。

本地多层次合作分销
作为依托××资源的××市场，本地××是项目成功的关键。从实际情况而言，本地××的购买热情不高，出现观望情绪。选择本地分销方案的模式，在接下来的××过程中，要加大对××的优惠力度，要从××价格、××位置、××宣传等多方面给予资源支持，强化本地××的信心。
异地多层次合作分销
在××阶段，对××项目的××宣传基本都以××地区为主，包括下辖的××客户。根据分销的需求，在接下来的××过程中，开始采用××的模式，即由××部派出××团队，在××地区设立接待处，并执行分销推广。
与其他公司合作分销
在××部门进行××销售的基础上，通过引进××公司合作销售，首先选择××、××等地区销售，在合作分销的过程中，要注意避免中间环节，并由××部进行统一的管理协调。

◆ 图 8-39　分销渠道推广

8.5.2　媒体渠道推广

媒体渠道推广的方式是最为常见的推广，图 8-40 所示为媒体渠道推广概念的相关分析。

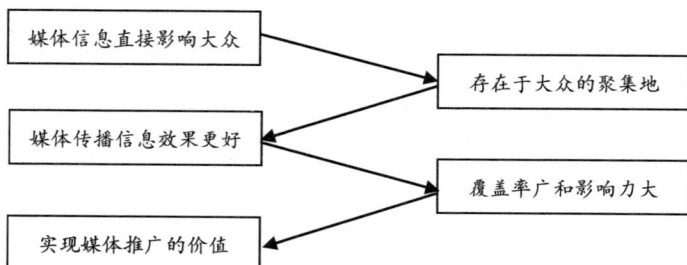

◆ 图 8-40　媒体渠道推广概念的相关分析

　　在目前的媒体渠道中，可用于推广的渠道主要分为传统媒体渠道和互联网媒体渠道两种类型，其中互联网媒体渠道是未来的主流推广方式。图 8-41 所示为常见的互联网渠道推广方式。

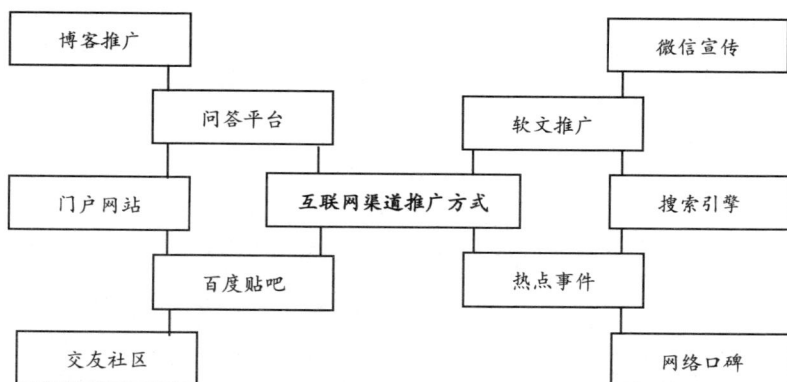

◆ 图 8-41　常见的互联网渠道推广方式

　　媒体渠道推广如果按照承载信息的介质进行分类，如图 8-42 所示，可以分为 6 种类型。

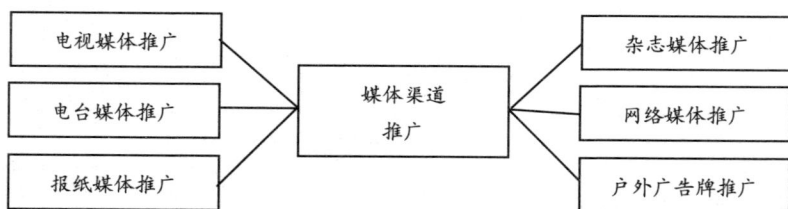

◆ 图 8-42　媒体渠道推广的 6 种类型

图 8-43 所示为推广营销策略中，媒体渠道推广的案例内容。

媒体渠道推广

1．网络推广媒体

优点：互联网与三大传统媒体不同之处显而易见，在形式上集三大传统媒体的诸多优势为一体，属于新时期的数字化媒体。效果上具有全球性、时效长、开放性、互动性、即时性等优势特点。

2．电视广告媒体

优点：媒体信息传递比较迅速，广告信息的覆盖面较广，内容的普及性强，易于受众接受。

3．杂志广告媒体

优点：广告的对象较为明确，大众的选择性强，形式印刷精美，内容信息比较有稳定性，同时在受众方面　使于阅读和保存。

4．报纸广告媒体

优点：报纸在版面上往往篇幅较多，信息的承载量也较大，文字功能方面的解释能力比较突出，对于大众而言，其可信任程度高，具有权威性。

◆ **图 8-43　媒体渠道推广**

8.5.3　APP 渠道推广

在企业或产品的渠道推广中，越来越明显的一个趋势就是利用 APP 应用程序进行精准化的信息推广。用户在访问 APP 时，广告信息就直接展示出来，这种方式不容易激起用户的反感。

图 8-44 所示为农产品销售领域的企业 APP 的相关界面。

◆ **图 8-44　农产品销售领域的企业 APP 的相关界面**

9
CHAPTER

严谨思维呈现真实
情况的财务计划

9.1 财务计划的全面分析

财务计划是企业或团队对相关资金的使用、经营的收支及财务的成果等方面信息进行整合的书面文件。

财务计划并不是无中生有的，必须根据已有的条件基础来完成。商业计划书的创作者在完成财务计划之前，需要对相关的企业或团队信息有一定的认识。图9-1所示为财务计划创作前须知的6个方面内容。

◆ 图9-1　财务计划创作前须知的6个方面内容

财务计划对于企业或团队的发展是有一定指导作用的，图9-2所示为财务计划的作用分析。

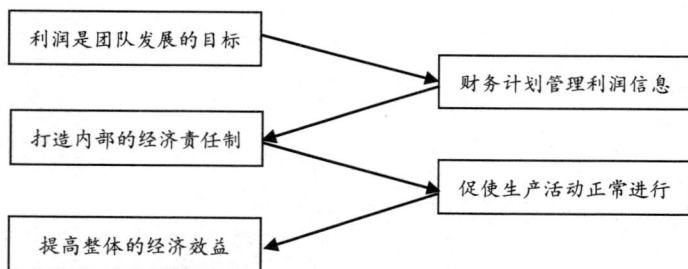

◆ 图9-2　财务计划的作用分析

9.1.1　财务计划的内容步骤

在整个财务计划的创作内容中，尽管财务计划的核心重点根据企业的情况不同而有所不同，但主要有编制计划报表、确认所需资金、预测资金流向、建立财务系统和信息反馈设置5个要素。

下面针对这些内容要素进行简单的分析，对各要素在财务计划中所起的作用进行了解认识。

❶ 编制计划报表

图 9-3 所示为对编制计划报表相关内容的具体分析。

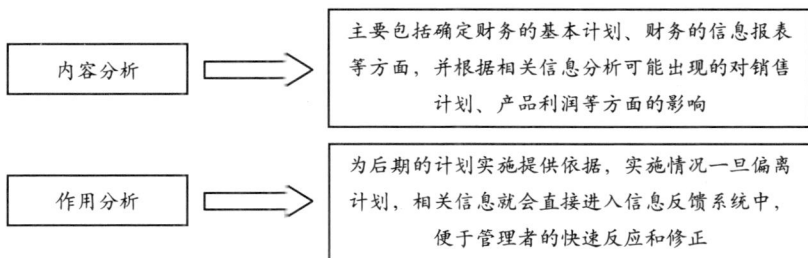

内容分析	⟹	主要包括确定财务的基本计划、财务的信息报表等方面，并根据相关信息分析可能出现的对销售计划、产品利润等方面的影响
作用分析	⟹	为后期的计划实施提供依据，实施情况一旦偏离计划，相关信息就会直接进入信息反馈系统中，便于管理者的快速反应和修正

◆ 图 9-3　对编制计划报表相关内容的具体分析

❷ 确认所需资金

图 9-4 所示为对确认所需资金相关内容的具体分析。

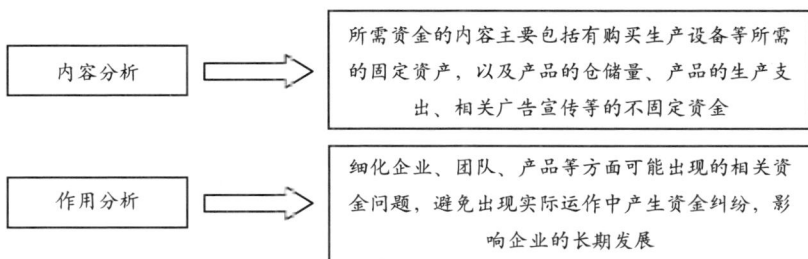

内容分析	⟹	所需资金的内容主要包括有购买生产设备等所需的固定资产，以及产品的仓储量、产品的生产支出、相关广告宣传等的不固定资金
作用分析	⟹	细化企业、团队、产品等方面可能出现的相关资金问题，避免出现实际运作中产生资金纠纷，影响企业的长期发展

◆ 图 9-4　对确认所需资金相关内容的具体分析

❸ 预测资金流向

图 9-5 所示为对预测资金流向相关内容的具体分析。

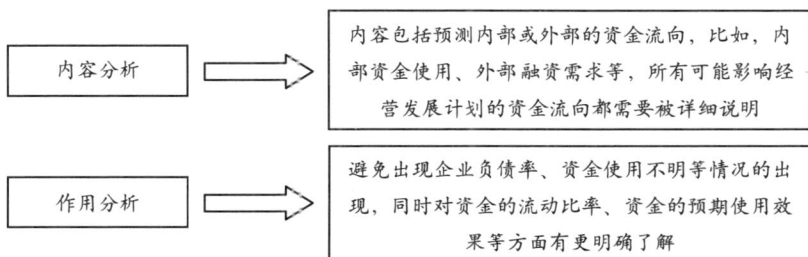

内容分析	⟹	内容包括预测内部或外部的资金流向，比如，内部资金使用、外部融资需求等，所有可能影响经营发展计划的资金流向都需要被详细说明
作用分析	⟹	避免出现企业负债率、资金使用不明等情况的出现，同时对资金的流动比率、资金的预期使用效果等方面有更明确了解

◆ 图 9-5　对预测资金流向相关内容的具体分析

❹ 建立财务系统

图 9-6 所示为对建立财务系统相关内容的具体分析。

| 内容分析 | ➡ | 财务系统是根据财务的相关要求来设立的运作体系，主要内容包括人员安排、职位要求、管理权限、财务支出流入等信息 |
| 作用分析 | ➡ | 财务系统能够为企业或团队的发展提供指导作用，通过精准、清晰的财务信息来引导管理者提出正常的决策 |

◆ **图9-6　对建立财务系统相关内容的具体分析**

❺ 信息反馈设置

图 9-7 所示为对信息反馈设置相关内容的具体分析。

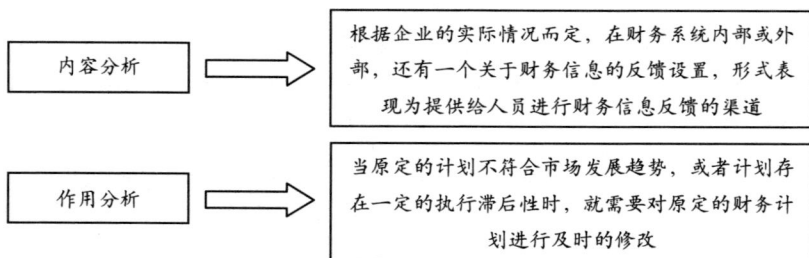

| 内容分析 | ➡ | 根据企业的实际情况而定，在财务系统内部或外部，还有一个关于财务信息的反馈设置，形式表现为提供给人员进行财务信息反馈的渠道 |
| 作用分析 | ➡ | 当原定的计划不符合市场发展趋势，或者计划存在一定的执行滞后性时，就需要对原定的财务计划进行及时的修改 |

◆ **图9-7　对信息反馈设置相关内容的具体分析**

9.1.2　内容中要体现的问题

在财务计划中，创作者需要尽可能地细化财务相关的问题，并提出明确的解决方法，从而打动投资人的投资信心。

图 9-8 所示为常见的财务计划内容中要体现的问题。

产品规模问题	常见的财务计划内容中要体现的问题	产品价格问题
企业发展问题		团队人才问题
产品生产问题		财务预算问题

◆ **图9-8　常见的财务计划内容中要体现的问题**

图 9-9 所示为问题的具体内容分析。

产品规模问题	企业或团队的产品在固定时间内的产量与销量问题
企业发展问题	企业的生产扩张、渠道建设、进军其他市场等问题
产品生产问题	产品生产的原料费用、设备费用、人工费用等问题
产品价格问题	产品的零售定价、批发定价、渠道定价等类型问题
团队人才问题	技术人才、操作人才、管理人才等人员的相关问题
财务预算问题	关于人员、产品、渠道、宣传等整体成本预算问题

◆ **图 9-9 问题的具体内容分析**

9.1.3 编制计划的四种方式

在具体的财务计划的编制方式中，常见的主要有 4 种方式，根据企业的实际需求而定，比如，不同规模、不同发展时期的企业所需要的财务计划，在形式上就会存在明显的不同。

图 9-10 所示为常见的编制计划的方式。

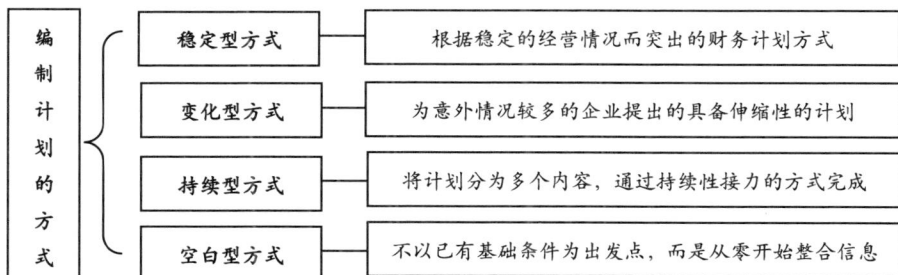

编制计划的方式	**稳定型方式**	根据稳定的经营情况而突出的财务计划方式
	变化型方式	为意外情况较多的企业提出的具备伸缩性的计划
	持续型方式	将计划分为多个内容，通过持续性接力的方式完成
	空白型方式	不以已有基础条件为出发点，而是从零开始整合信息

◆ **图 9-10 常见的编制计划的方式**

9.1.4 创作计划的四个原则

为了使财务计划的内容能够达到预期的效果，在制定财务计划时需掌握如图 9-11 所示的 4 个原则。

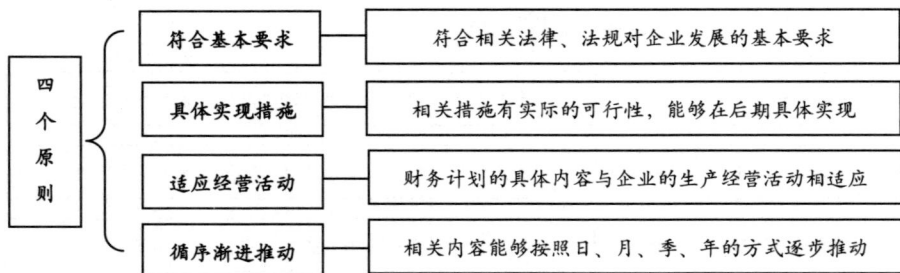

◆ 图 9-11　创作计划的四个原则

9.2 财务计划内容的实际意义

　　财务计划是商业计划书中的重要内容，也是投资人最关注的内容之一。图 9-12 所示为财务计划内容的 4 个方面的实际意义。

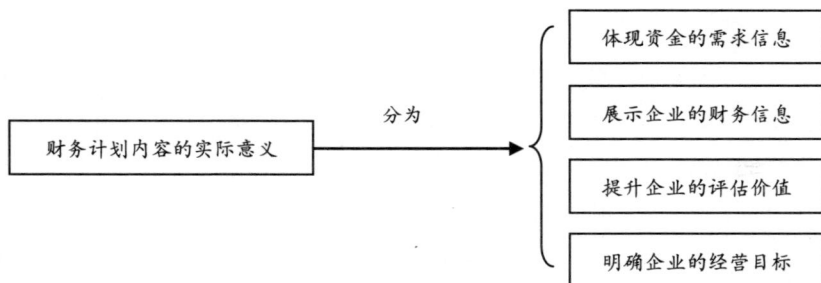

◆ 图 9-12　财务计划内容的 4 个方面的实际意义

9.2.1　体现资金的需求信息

　　图 9-13 所示为财务计划中体现资金需求信息的内容分析。

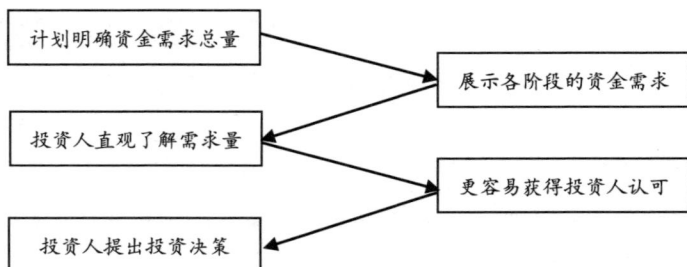

◆ 图 9-13　财务计划中体现资金需求信息的内容分析

专家提醒

对于初创企业的商业计划书而言，在商业计划书中将资金的需求信息进行分阶段展示是很有必要的。因为投资人更希望能逐渐地投入资金，以便更好地了解资金投入效果，而不是在一开始就将资金全部融入。

9.2.2 展示企业的财务信息

财务信息能够为投资人提供多角度的参考价值，图 9-14 所示为投资人能从财务信息中了解的多个方面。

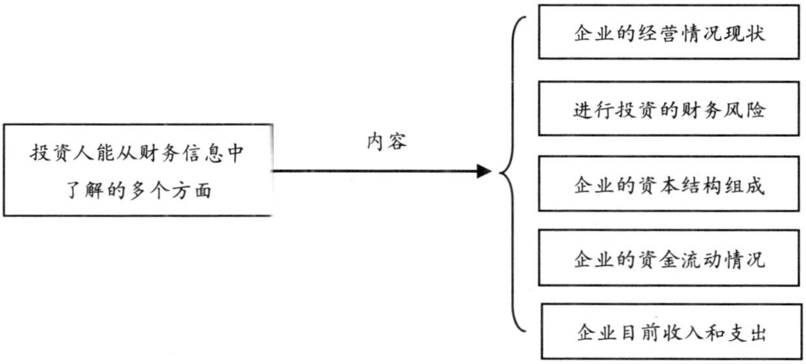

◆ 图 9-14 投资人能从财务信息中了解的多个方面

专家提醒

投资人需要从多个方面的信息入手，通过整合信息来全面认识企业或团队的情况，并直接了解和预测投资所带来的相关价值，同时也为了规避投资之后产生的财务风险问题。

9.2.3 提升企业的评估价值

企业的评估价值是指对企业的价值进行分析和评估，具体的运作上是将企业作为单独的个体，根据企业已拥有的资源条件以及盈利水平等方面，结合其他影响因素，来进行的综合性评估。

优秀的财务计划书能够为企业的评估价值加分，图 9-15 所示为财务计划能提升企业的评估价值的分析。

◆ 图 9-15　财务计划能提升企业的评估价值的分析

9.2.4　明确企业的经营目标

商业计划书中的财务计划也为企业的发展明确了方向和重点，所以财务计划往往也是企业的经营计划任务书中的重要内容。图 9-16 所示为某企业的经营计划任务书封面内容。

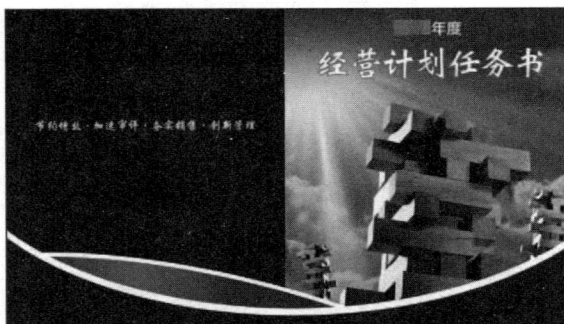

◆ 图 9-16　某企业的经营计划任务书封面内容

财务计划更好地促进了企业的长期经营发展，图 9-17 所示为明确企业发展的方向和重点所带来的相关优势分析。

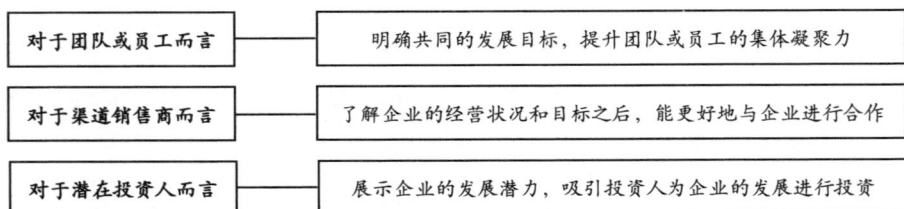

◆ 图 9-17　明确企业发展的方向和重点所带来的相关优势分析

9.3 财务计划的不同类型案例

财务计划根据核心目标的不同可以分为多种类型，图 9-18 所示为商业计划书中不同类型的财务计划。

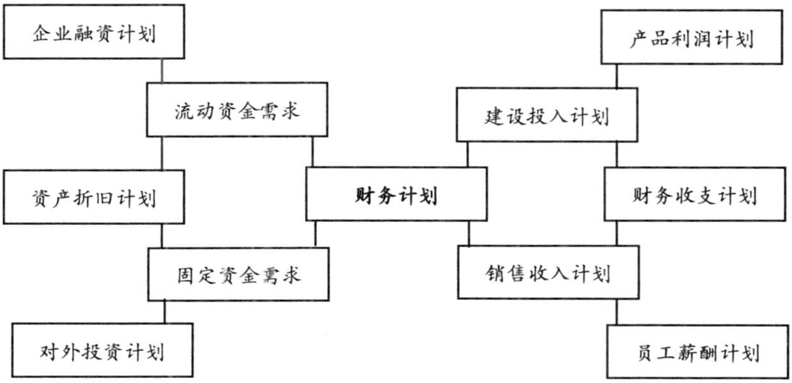

◆ **图 9-18 商业计划书中不同类型的财务计划**

在诸多类型的财务计划中,最为常见的主要有3种类型,分别是建设投入计划、固定资金需求计划和流动资金需求计划。

9.3.1 计划书中财务建设投入计划案例

图 9-19 所示为某企业的商业计划书中的建设投入计划案例内容。

为了适应市场需求，____将扩大生产规模，计划投入总额 5 310.61 万元，主要投入为加工厂房及新引进一批先进技术设备。作为项目建设资金，主要投入费用表（见下表）：

项目建设投入明细表　　　　　　单位：万元

序号	工程或费用名称	建筑工程费	设备及工器具购置费	其他费用	合计
1	工程直接费用	3 205	1 500		4 705
2	建设其他费用			352.72	352.72
3	基本预备费			252.89	252.89
4	建设投资合计	3 205	1 500	605.61	5 310.61

◆ **图 9-19 某企业的商业计划书中的建设投入计划案例内容**

9.3.2　计划书中固定资金需求计划案例

固定资产的类型主要包括建筑、场地、设备、车辆、工具等，属于价值达到相关标准的非货币性资产。图9-20所示为某企业的商业计划书中固定资金需求计划案例内容。

项目	具体	金额（元）	比例
房租	公司所在地	10万/年	51.3%
固定资产购置	办公用品，车，电器设备等	5万	25.6%
商品采购	日用品，摆设品等	2万	10.25%
人力资源	员工薪酬，培训管理费等	0.5万/月	2.6%
市场推广宣传	自制宣传单等	2万	10.25%

◆ 图9-20　某企业的商业计划书中固定资金需求计划案例内容

9.3.3　计划书中流动资金需求计划案例

流动资金的内容与固定资金的内容不同，流动资金又称为营业周转资金，主要是指现有资金、材料购买资金、支出资金、应收资金、证券资金、预订付款资金、风险资金、储备资金等。

图9-21所示为某企业的商业计划书中流动资金需求计划案例内容。

序号	项目	最低周转天数	周转次数	3	4	5～10
	流动资金估算表					单位：万元
				| 年份		
1	流动资产			231.50	312.25	312.25
1.1	应收账款		24	44.48	60.45	60.45
1.2	存　货			151.58	210.50	210.50
1.2.1	原辅材料		12	56.77	73.43	73.43
1.2.2	备品备件		6			
1.2.3	在产品		18	44.83	66.12	66.12
1.2.4	产成品		24	39.98	55.95	55.95
1.3	周转现金		12	35.45	41.31	41.31
2	流动负债			11.50	17.25	17.25
2.1	应付账款		12	11.50	17.25	17.25
3	流动资金			220.00	295.00	295.00

◆ 图9-21　某企业的商业计划书中流动资金需求计划案例内容

10
CHAPTER

详述风险问题与解决方法

10.1 风险问题的全面分析

风险问题在商业计划书中，主要是指因为多种不确定因素而导致的可能出现的资金损失。图 10-1 所示为 3 种主要的不确定因素的类型。

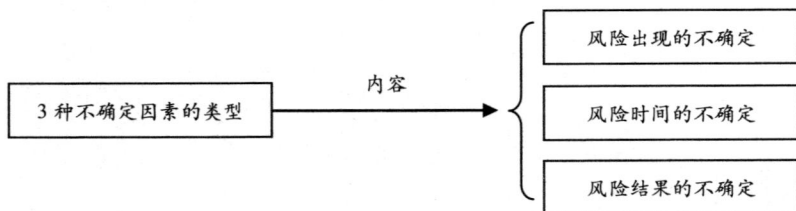

◆ 图 10-1　3 种主要的不确定因素的类型

图 10-2 所示为商业计划书中提出风险解决方法的原因分析。

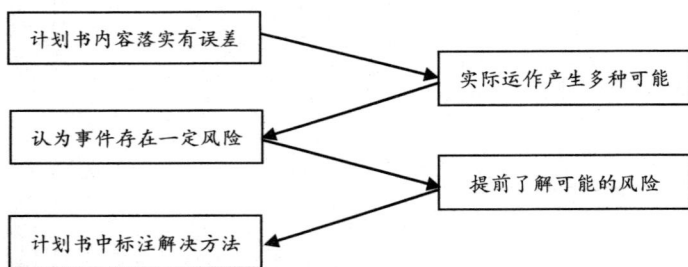

◆ 图 10-2　商业计划书中提出风险解决方法的原因分析

在商业计划书中，风险问题主要涉及 5 个方面的因素。图 10-3 所示为 5 个方面因素的内容展示。

◆ 图 10-3　5 个方面因素的内容展示

10.1.1　风险因素

风险因素是指能够使项目或计划产生意外风险损失的因素，往往是造成财产损失的直接或间接原因。风险因素越多，能够产生损失的可能性越大，同时导致的后果会越严重。

风险因素根据性质内容的不同，主要是分为有形的因素和无形的因素，具体分析如下。

❶ 有形的因素

由项目本身发展或项目内容直接导致的因素，这种因素是有实质内容体现的，能够直接引起计划落实时风险事故的发生或增加风险后果程度的因素。

以工程项目计划的执行为例，图 10-4 所示为工程项目在计划落实时的诸多有形风险因素。

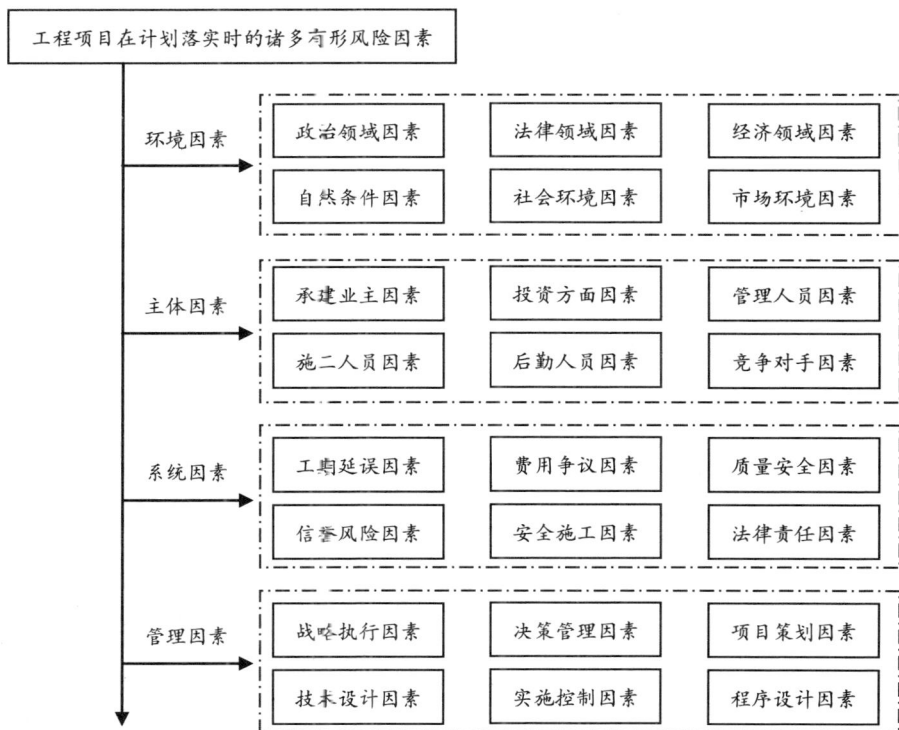

工程项目在计划落实时的诸多有形风险因素

环境因素
政治领域因素　法律领域因素　经济领域因素
自然条件因素　社会环境因素　市场环境因素

主体因素
承建业主因素　投资方面因素　管理人员因素
施工人员因素　后勤人员因素　竞争对手因素

系统因素
工期延误因素　费用争议因素　质量安全因素
信誉风险因素　安全施工因素　法律责任因素

管理因素
战略执行因素　决策管理因素　项目策划因素
技术设计因素　实施控制因素　程序设计因素

◆ 图 10-4　工程项目在计划落实时的诸多有形风险因素

❷ 无形的因素

无形的因素主要是指人的道德和心理因素，具体体现为人的行为所导致的项目风险问题。

以工程项目计划的执行为例，图 10-5 所示为工程项目在计划落实时的诸多无形风险因素。

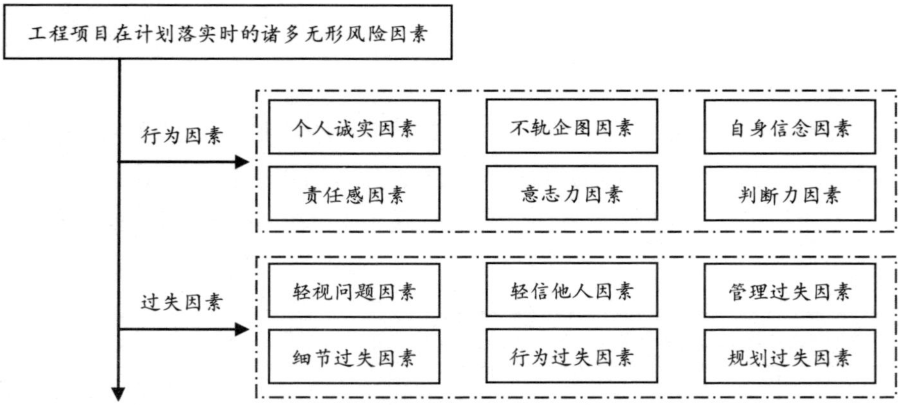

◆ 图 10-5　工程项目在计划落实时的多无形风险因素

10.1.2　风险事件

风险事件是指落实计划的过程中不可预期的意外事件，与风险因素的内容不同，但是造成的损失后果是类似的。

图 10-6 所示为常见的风险事件类型。

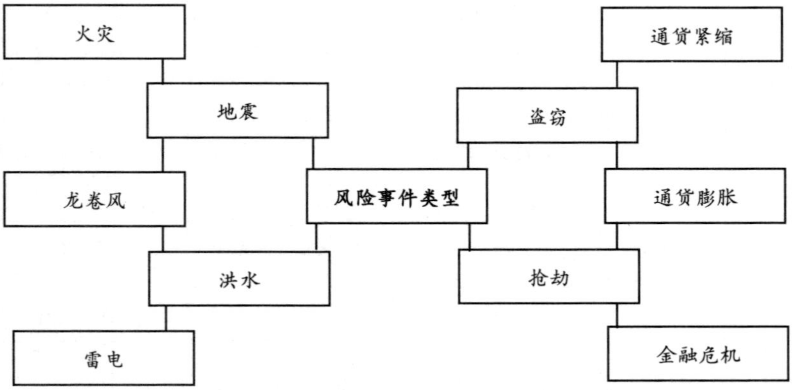

◆ 图 10-6　常见的风险事件类型

风险事件往往是财产损失的直接媒介物或直接原因，正因为有风险事件的存在，风险才能从可能性存在变成现实中存在。

10.1.3 风险损失

风险损失是指与计划相关的经济价值的减少，一般通过失去数量不等的货币来衡量损失的大小。

对于企业而言，根据风险损失的对象不同，可以将风险损失分为两种形态，分别是直接的企业损失和间接的企业损失。

图 10-7 所示为地震导致的企业厂房内建筑损失，这种特殊情况属于直接的企业损失。

◆ 图 10-7　地震导致的企业厂房内建筑损失

间接的企业损失与直接损失有关，是指因为直接损失而引起的其他方面的损失。图 10-8 所示为常见的企业间接损失。

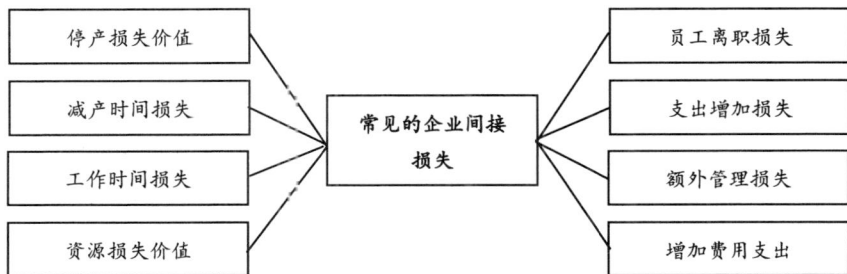

◆ 图 10-8　常见的企业间接损失

10.1.4 风险管理

风险管理是对风险情况预测和管理的过程，图 10-9 所示为对风险管理流程的图解。

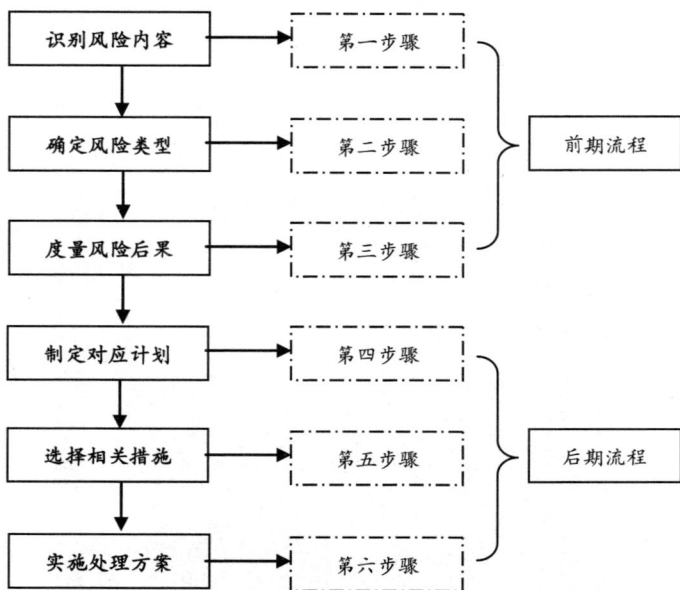

◆ 图 10-9 对风险管理流程的图解

在风险管理中，风险损失是被重点关注的内容，商业计划书中将风险损失分为 3 个类别，图 10-10 所示为风险损失的各类别内容。

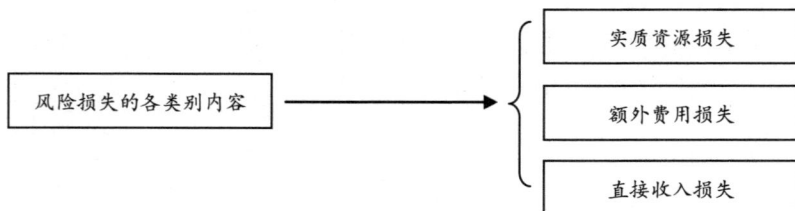

◆ 图 10-10 风险损失的各类别内容

10.1.5 管理目标

在风险管理中，其目标主要有 3 个方面，图 10-11 所示为具体目标内容的信息分析。

发生前降低损失可能性	分析并管理损失风险，从细节出发，降低损失的可能性
发生时稳定损失的情况	发生风险时减少人员的恐慌心理，稳定风险损失的情况
发生后减少实际的损失	通过良好的风险发生后的管理执行机制，减少实际的损失

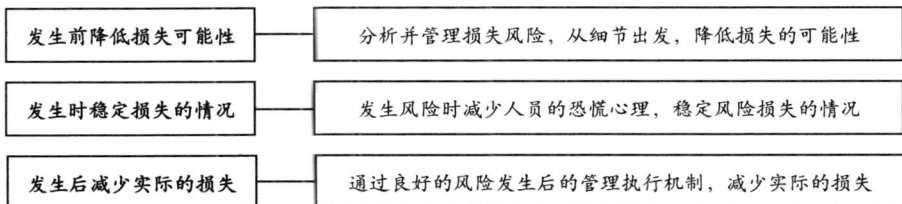

◆ 图 10-11　具体目标内容的信息分析

10.2 风险问题的多角度分类

在商业计划书中，风险问题根据角度的不同可以进行多种分类，图 10-12 所示为风险问题中常见的 4 种分类。

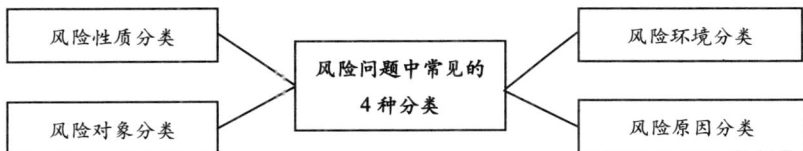

◆ 图 10-12　风险问题中常见的 4 种分类

10.2.1　风险性质分类

按照风险性质进行分类，可以将风险分为两种。图 10-13 所示为两种风险的内容分析。

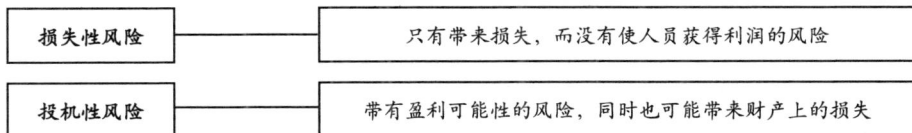

损失性风险	只有带来损失，而没有使人员获得利润的风险
投机性风险	带有盈利可能性的风险，同时也可能带来财产上的损失

◆ 图 10-13　两种风险的内容分析

专家提醒

在投机性风险中，最典型的代表就是个人买卖股票过程中存在的风险问题。股票带来的风险包括盈利、赔本、不赔不赚三种情况，因为风险后果的不确定性较突出，所以这种就属于投机性风险。

10.2.2　风险对象分类

按照风险对象进行分类，可以将风险分为四种。图 10-14 所示为四种风险的内容分析。

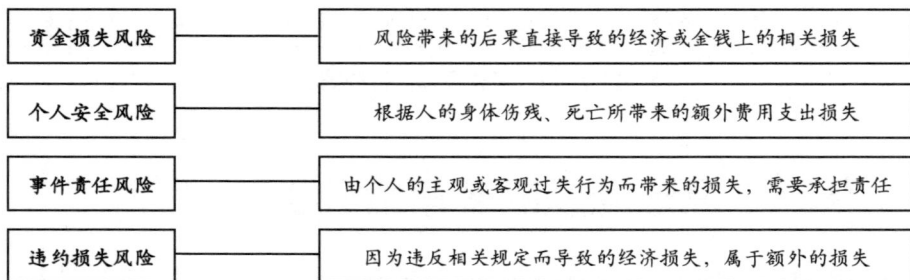

资金损失风险	风险带来的后果直接导致的经济或金钱上的相关损失
个人安全风险	根据人的身体伤残、死亡所带来的额外费用支出损失
事件责任风险	由个人的主观或客观过失行为而带来的损失，需要承担责任
违约损失风险	因为违反相关规定而导致的经济损失，属于额外的损失

◆ **图 10-14　四种风险的内容分析**

10.2.3　风险环境分类

按照风险环境进行分类，可以将风险分为两种，分别是自然环境风险和社会环境风险。图 10-15 所示为自然环境风险的 3 种体现。

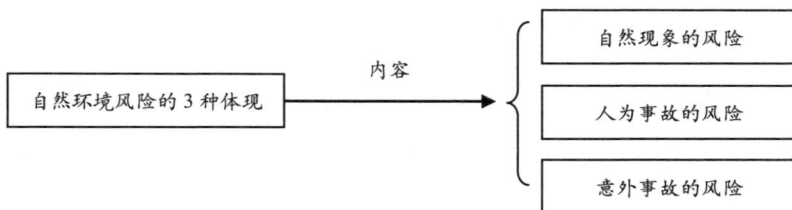

自然环境风险的 3 种体现 —— 内容 —— 自然现象的风险 / 人为事故的风险 / 意外事故的风险

◆ **图 10-15　自然环境风险的 3 种体现**

图 10-16 所示为社会环境风险的 3 种体现。

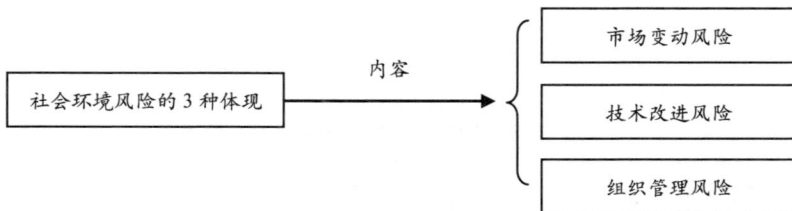

社会环境风险的 3 种体现 —— 内容 —— 市场变动风险 / 技术改进风险 / 组织管理风险

◆ **图 10-16　社会环境风险的 3 种体现**

风险环境的分类是最常见的分类方式，比如，社会环境风险中的市场变动风险，其包括的消费者市场规模、消费者爱好、消费者购买能力等方面的变动，都直接影响商业计划书的实际执行，所以是投资人最为关注的。

10.2.4 风险原因分类

按照风险原因进行分类，可以将风险分为五种。图 10-17 所示为五种风险的内容分析。

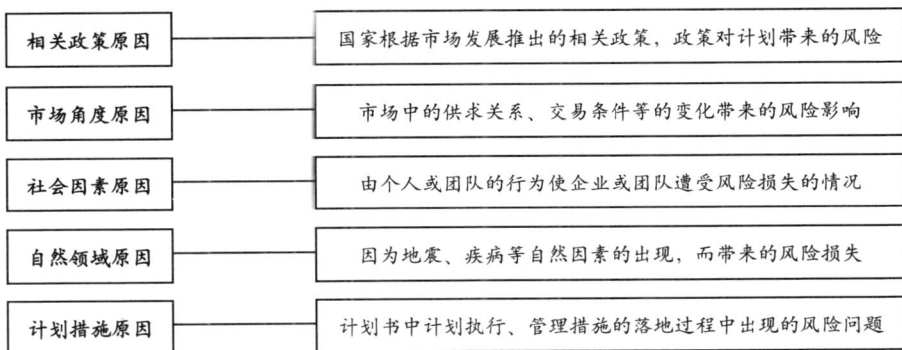

相关政策原因	国家根据市场发展推出的相关政策，政策对计划带来的风险
市场角度原因	市场中的供求关系、交易条件等的变化带来的风险影响
社会因素原因	由个人或团队的行为使企业或团队遭受风险损失的情况
自然领域原因	因为地震、疾病等自然因素的出现，而带来的风险损失
计划措施原因	计划书中计划执行、管理措施的落地过程中出现的风险问题

◆ 图 10-17　五种风险的内容分析

10.3 风险问题的解决措施

对于投资人而言，风险问题的解决措施与内容同等重要。如果商业计划书的创作者在每一条风险后都提供相对应的解决措施，那么既体现了团队的管理能力和控制能力，也进一步让投资人更有投资的兴趣和信心。

图 10-18 所示为针对风险问题提出解决措施的 5 个方面。

```
行业风险的解决措施                           执行风险的解决措施

市场风险的解决措施        针对风险问题提出
                      解决措施的方面

政策风险的解决措施                           技术风险的解决措施
```

◆ 图 10-18　针对风险问题提出解决措施的 5 个方面

风险问题的解决措施根据风险对象的不同而不同，在商业计划书中，需要根据企业或团队的自身情况而确定相对应的解决措施。

10.3.1 行业风险的解决措施

行业风险的解决措施主要从 3 个方面入手，图 10-19 所示为具体的解决措施的内容。

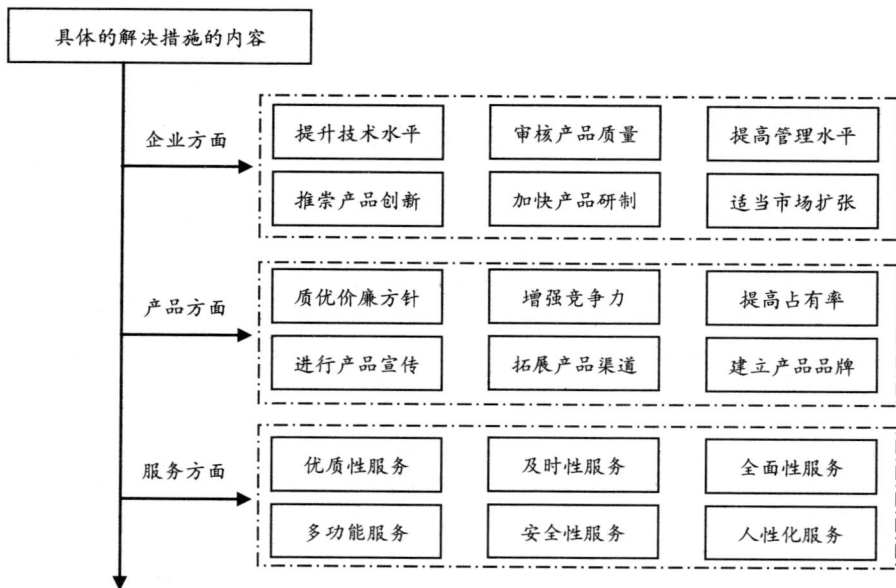

◆ 图 10-19　具体的解决措施的内容

针对行业中的相关风险问题，商业计划书的创作者根据实际情况向投资人展示直接的解决措施，通过企业、产品和服务等方面的信息来说服投资人认可企业或团队，从而实现吸引投资人进行投资的目标。

图 10-20 所示为某商业计划书中的行业风险信息的展示。

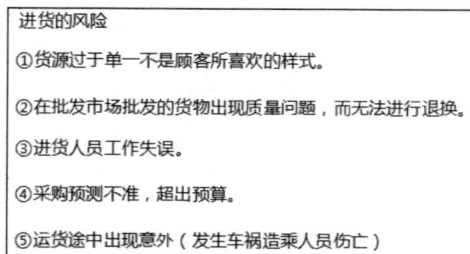

◆ 图 10-20　某商业计划书中的行业风险信息的展示

图 10-21 所示为某商业计划书中关于行业风险的解决措施的信息展示。

1．向一些大型的批发商进货需要有强大的议价能力，力争将批发价压到最低，同时要与批发商建立好关系，在关于调换货的问题上要与批发商说清楚，以免日后起纠纷；并找一些网下不常见或不曾流通市场的产品，以找到廉价、质量好、稳定的货源渠道，不仅找唯一的一家，我们可以寻找相关的相对独特的产品进行销售，并自己创新一些新的产品。

2．可以用一个极低的价格吃下，然而转到网上销售，利用网上销售的优势，利用地域或时空差价获得足够的利润。

3．购物后，通知双方的联系方式，根据约定的方式进行交易，可以选择见面交易，也可以通过汇款、邮寄的方式交易，在路上物品时时监控。

◆ 图 10-21 某商业计划书中关于行业风险的解决措施的信息展示

10.3.2 市场风险的解决措施

要解决市场风险，需要企业或团队建立一套实用性强的市场信息反馈机制。图 10-22 所示为关于市场信息反馈机制的内容分析。

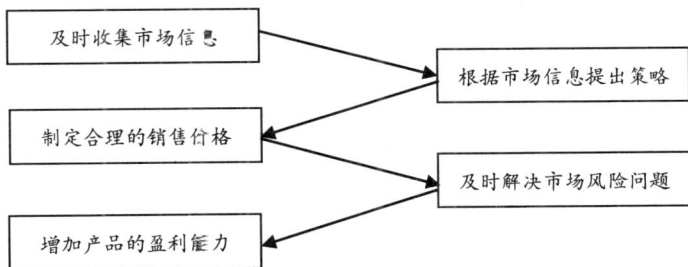

◆ 图 10-22 关于市场信息反馈机制的内容分析

具体的解决措施还需要根据市场的实际情况而定，图 10-23 所示为某商业计划书中市场风险信息的展示。

市场风险
市场价格波动。随着潜在进入者与行业内现有竞争对手两种竞争力量的逐步加剧，各公司会采取"价格战"策略打击竞争对手，因而引起公司产品价格波动，进而影响公司收益。

销售不足。公司客户主要是各地区交通主管部门、交通运输公司，在市场进入方面很可能会遭遇区域壁垒——即地方保护主义的限制。

◆ 图 10-23 某商业计划书中市场风险信息的展示

图 10-24 所示为某商业计划书中关于市场风险的解决措施的信息展示。

市场风险对策

　进一步提高产品质量，降低产品成本，提高产品综合竞争力，增强产品适应市场变化的能力；

　加快对新产品的开发进度和加强对交通行业信息化领域前沿技术的研究与探索，增强市场应变能力，丰富产品结构；

　建立一套完善的市场信息网络体系，制定合理的销售价格，增强公司盈利能力；

　寻求各地交通管理部门及有关信息技术公司的支持；

实施品牌战略。

◆ 图 10-24　某商业计划书中关于市场风险的解决措施的信息展示

10.3.3　政策风险的解决措施

政策风险的解决措施往往是针对相应的政策，提出适应政策的企业发展方式，确保企业发展的方向正确性。

国家政策是为了保障市场行业的正确发展而推出的规定，是企业在发展过程中不能违背的原则。商业计划书的创作者在计划书中，必须对企业或产品可能涉及的政策进行全面展示和分析，如果是为了获得投资而隐瞒信息，最终企业会被法律所制裁。

图 10-25 所示为某商业计划书中政策风险信息的展示。

政策风险

　在 21 世纪的今天，电子商务的发展已成为信息时代经济活动的技术手段和方法，并进入 Internet 最广阔的应用领域。经济危机也会给我们带来风险，市场变幻莫测，政府也会做出决策来应对市场的风起云涌，预测政府的宏观和微观政策。

◆ 图 10-25　某商业计划书中政策风险信息的展示

图 10-26 所示为某商业计划书中对关于政策风险的解决措施的信息展示。

针对政策风险

　作为在中国境内设立的脱敏药品生产和销售企业，中法合资公司的经营运作将严格遵守中国的法律、法规和政策；并根据国家相关政策、法规的最新动态，及时调整公司发展目标和经营战略。公司将加快过敏原疫苗生产技术转让和产业化速度，缩短将科技转化为国产药品的周期，减少政策变化所带来的风险。

◆ 图 10-26　某商业计划书中关于政策风险的解决措施的信息展示

10.3.4 经营风险的解决措施

经营风险涉及企业或团队在经营过程中的所有方面，范围较为广泛，同样需要根据企业和实际运营中的具体问题来分析相对应的解决措施。

图 10-27 所示为某商业计划书中经营风险信息的展示。

经营风险

人力成本上升和高素质人才不足

公司为稳定技术人员和吸引外部优秀人才，必将采取一系列的奖励措施，因此人力成本的投入必然会逐步增加。同时，由于公司处于创业阶段，工作环境、福利待遇在开始时同其他公司相比可能会存在一定差距，从而增加了引进高素质人才的难度。

◆ 图 10-27 某商业计划书中经营风险信息的展示

图 10-28 所示为某商业计划书中关于经营风险的解决措施的信息展示。

经营风险及对策

推行目标成本管理，加强成本控制；

采取内部培训、外部培训等多种措施，提高管理团队的整体素质；

倡导组织创新、思想创新，以适应不断变化的外部环境。

◆ 图 10-28 某商业计划书中关于经营风险的解决措施的信息展示

10.3.5 技术风险的解决措施

技术风险的内容包括科学技术发展带来的普遍风险，和企业技术方面的单独风险两个主要内容。技术风险根据类型的不同，又分为了多种方式。图 10-29 所示为常见的 6 种技术风险。

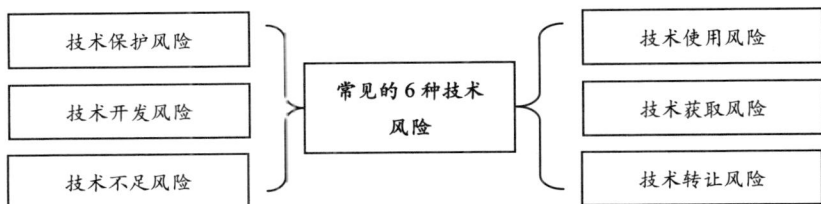

技术保护风险　技术使用风险

技术开发风险　常见的 6 种技术风险　技术获取风险

技术不足风险　技术转让风险

◆ 图 10-29 常见的 6 种技术风险

从企业的角度出发，针对技术风险的问题，主要措施分为 5 个步骤。图 10-30 所示为各步骤的具体内容。

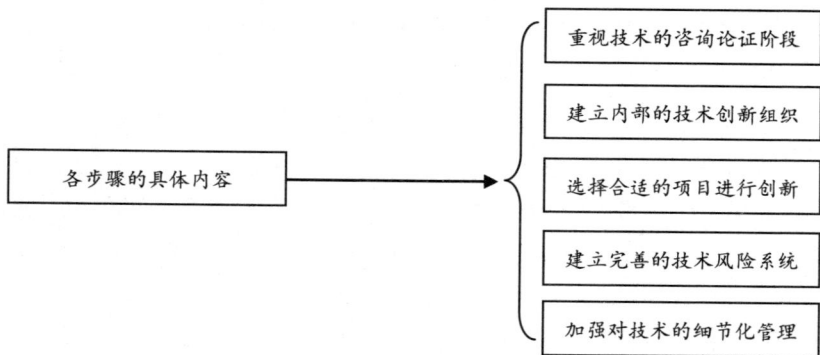

◆ 图 10-30　各步骤的具体内容

图 10-31 所示为某商业计划书中技术风险信息的展示。

技术风险

IT 行业本身是一个风险很大的公司，技术更新日新月异，一项技术今天本来可能还很先进，但是明天就有可能另一项更先进的技术取代前者。EPOST 挑战 EMAIL，Linux 挑战 Window，该等事例比比皆是，如果公司不能够居安思危，抢占技术的制高点，直接后果就是公司衰退倒闭，王安公司、贺氏公司等就是最好的案例。公司能否始终保持领先的技术水平，将直接影响其未来的兴衰成败。

另一方面，国内的软件业迄今为止，还没有比较成熟的核心技术，操作系统和数据库核心技术绝大部分都掌握在西方巨头手中。迅速建立自己独具特色的核心竞争力和核心产品，将是联桥公司急需解决的战略性问题。

◆ 图 10-31　某商业计划书中技术风险信息的展示

图 10-32 所示为某商业计划书中关于技术风险的解决措施的信息展示。

技术风险对策

奉行"以人为本"的公司文化，以实现员工价值和公司价值的共同增长；

坚持"您有多大能耐，就给您搭建多大的舞台"的人才理念；

采取多种激励措施，如员工持股、股票期权等，尽可能地吸引并留住人才；

聘请数名交通行业的专家对公司的研究开发给予业务上的指导。

◆ 图 10-32　某商业计划书中关于技术风险的解决措施的信息展示

退出途径：确保项目后期的资金盈利性

11.1 风险投资的形式分析

风险投资就是投资人或公司根据商业计划书为某企业投入的风险资金，广义上指一切具有高风险和高潜在收益的投资。

进行风险投资的投资人或公司类型众多，主要分为 4 种类型。图 11-1 所示为 4 种投资人或公司的类型。

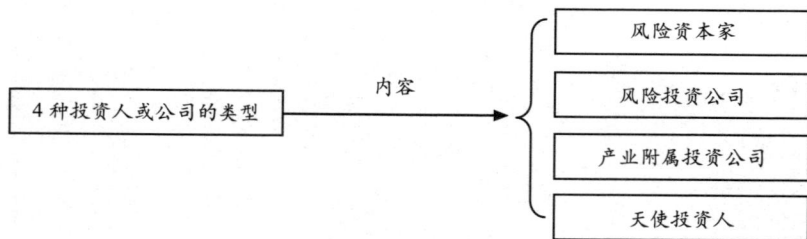

◆ 图 11-1　4 种投资人或公司的类型

在风险投资行业中，风险投资公司的影响力是最为广泛的，能够获得其风险投资的企业大部分都会在其帮助下成长为行业巨头。图 11-2 所示为 2016 年初，由中国股权投资基金协会、北京股权投资基金协会联合评选出的"2015 年中国风险投资 10 强"公司名单。

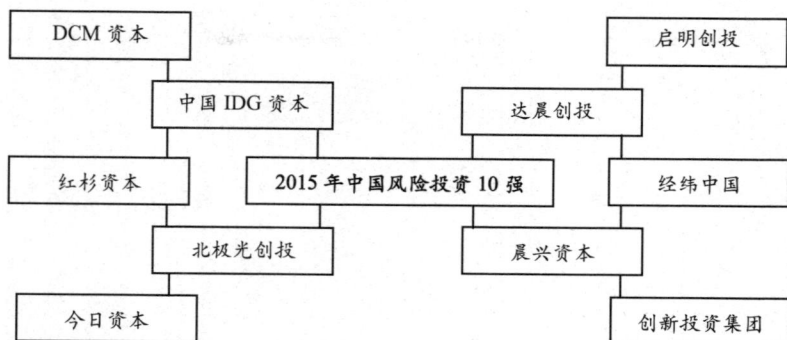

◆ 图 11-2　微型计划书的内容

以红杉资本为例，1972 年成立于美国硅谷，投资过苹果电脑、甲骨文、雅虎、谷歌、思科等公司，目前在全球范围内投资了超过 500 家公司，其中有 200 多家公司成功上市，红杉资本是目前全球范围内影响较为广泛的风险投资公司。

图 11-3 所示为红杉资本中国基金在国内投资的公司。

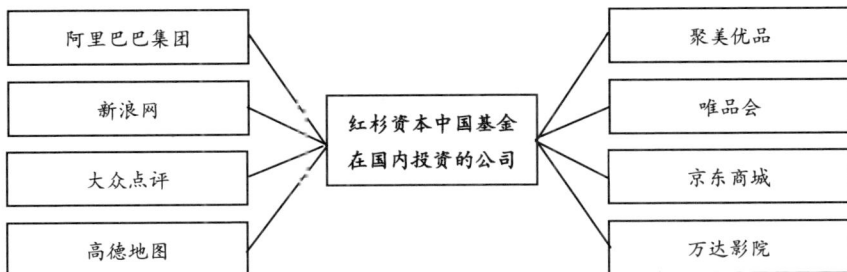

◆ 图 11-3　红杉资本中国基金在国内投资的公司

11.1.1　风险投资的四种类型

随着互联网的发展和企业具体需求的多样性变化，风险投资的类型在不断变化中，但较为常见的分类方法中主要将风险投资分为 4 类。图 11-4 所示为风险投资的 4 种类型的内容分析。

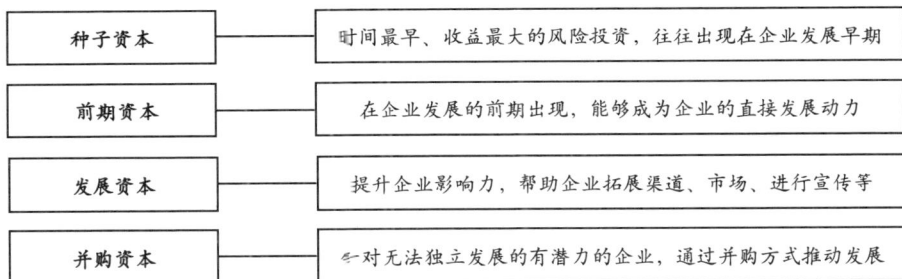

◆ 图 11-4　风险投资的 4 种类型的内容分析

图 11-5 所示为以种子资本投资为主的投融界交易平台主页。

◆ 图 11-5　以种子资本投资为主的投融界交易平台主页

11.1.2 风险投资的运作过程

风险投资的运作流程包括 4 个阶段，图 11-6 所示为风险投资各个阶段的内容分析。

吸收融资阶段	→	吸引投资人或企业的风险资金，并明确权利义务和利益分配
资金导向阶段	→	选择潜力巨大的公司，一般由专业的风险投资机构主导完成
价值增值阶段	→	通过监管和提供附加服务来实现价值的增值，推动企业发展
退出盈利阶段	→	通过多种方式退出企业，并获得原定的盈利资本，实现利润

◆ **图 11-6　风险投资各个阶段的内容分析**

在具体的运作中，最为重要的内容在于资金导向阶段，这是资金直接由投资人或团队导向被投资企业的过程，也是投资人或团队通过商业计划书直接选择被投资企业的过程。

图 11-7 所示为资金导向阶段的具体流程分析。

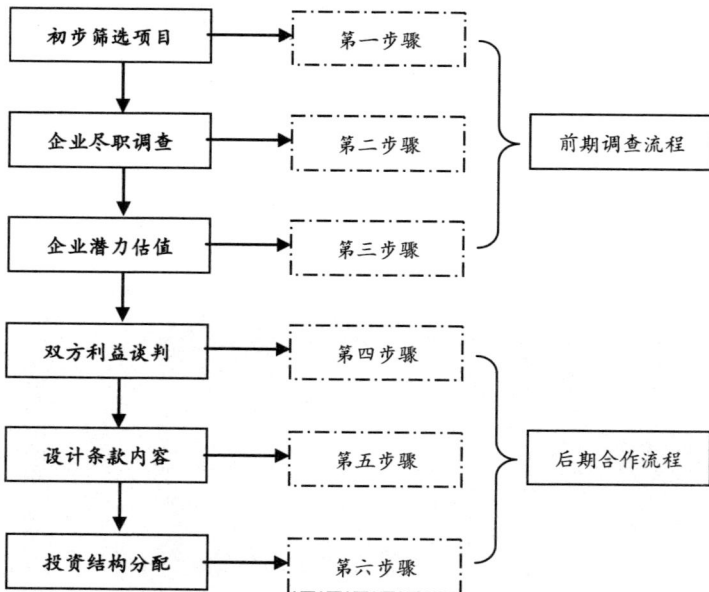

初步筛选项目	→	第一步骤	⎫
企业尽职调查	→	第二步骤	前期调查流程
企业潜力估值	→	第三步骤	⎭
双方利益谈判	→	第四步骤	⎫
设计条款内容	→	第五步骤	后期合作流程
投资结构分配	→	第六步骤	⎭

◆ **图 11-7　资金导向阶段的具体流程分析**

11.1.3　风险投资的投资准则

　　投资准则是投资人在进行风险投资时依赖的评估方式，符合投资准则的商业计划书会更加符合投资人的需求。所以在商业计划书中，创作者必须完整地展示相应的投资准则，才能够获得投资人的青睐。

　　图 11-8 所示为风险投资的 5 个投资准则。

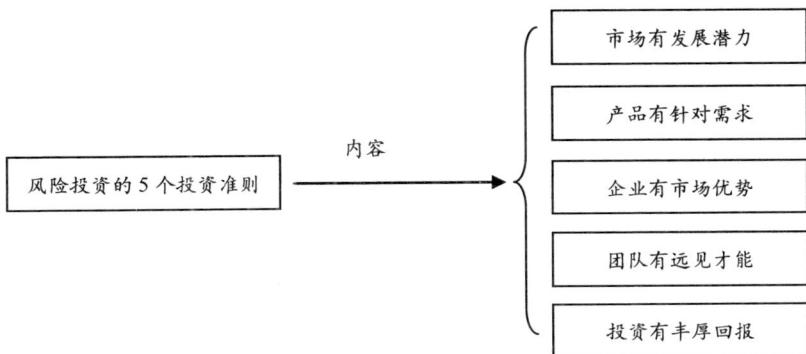

◆ 图 11-8　风险投资的 5 个投资准则

　　在目前金融市场的发展趋势下，科技和互联网行业成为投资人最热衷投资的行业。因为科技和互联网的市场最具发展潜力，拥有充分的潜力资源，同时相关企业推出的产品往往较有针对性。

　　图 11-9 所示为互联网金融平台理财范的官方主页，其在 2016 年 4 月底获得 C 轮融资 3.3 亿元。

◆ 图 11-9　互联网金融平台理财范的官方主页

11.2 风险投资退出的方式

在投资领域，风险投资退出的方式主要有 4 种。图 11-10 所示为 4 种风险投资退出方式的内容。

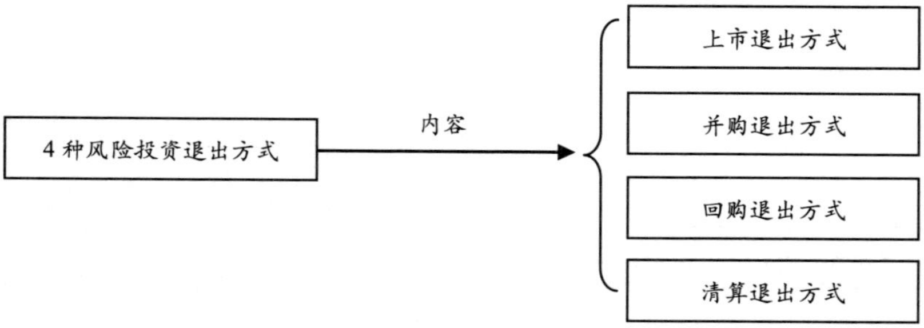

◆ 图 11-10　4 种风险投资退出方式的内容

11.2.1　上市退出方式

公司上市是最常见的退出方式，公司正式成为在证券交易所上市交易的股份有限公司之后，投资人通过卖出股票获得资金的方式退出对企业的管理和投资。

对于创业者和投资人而言，让公司上市并不是一件容易的事情。图 11-11 所示为公司上市时需要满足的 5 个最低要求。

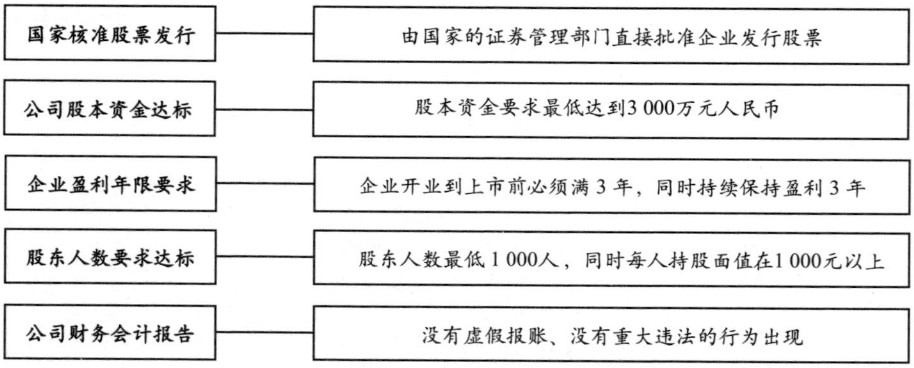

◆ 图 11-11　公司上市时需要满足的 5 个最低要求

公司上市的时间与公司的已有发展情况有关，当公司处于稳定成长期时就会选择上市发行股票。很多创业公司的投资人为了获得回报，往往让创业公司在短期内快速发展，从而完成上市前的准备过程。

图 11-12 所示为快速上市的部分创业公司。

◆ 图 11-12　快速上市的部分创业公司

11.2.2　并购退出方式

企业并购退出分为兼并和收购两种方式，图 11-13 所示为兼并方式与收购方式的分析。

◆ 图 11-13　兼并方式与收购方式的分析

两种退出方式中，投资人通过企业收购达成退出目标的方式较为常见。投资人通过股权转让的方式退出对企业的投资，同时获得收益，但并购收益的利润往往不及上市退出方式。

图 11-14 所示为 2015 年部分互联网领域公司的并购案例。

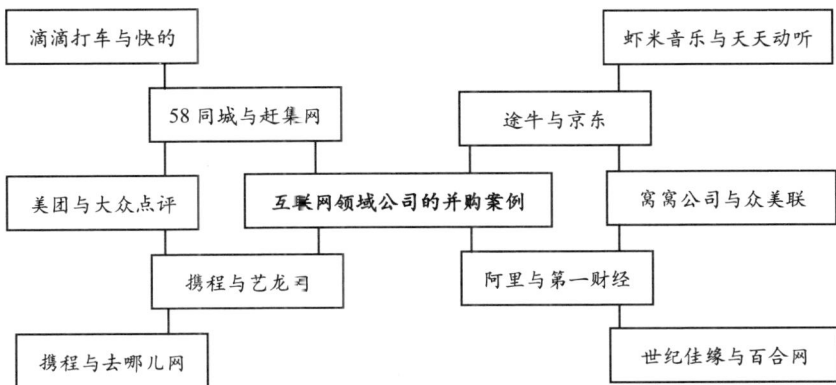

◆ 图 11-14　2015 年部分互联网领域公司的并购案例

11.2.3 回购退出方式

回购退出的方式主要是对于创业公司本身更为有利，在具体的运作中，就是由创业公司的管理层回购投资者手中的股份，从而让投资人退出企业投资的行为。当市场上股票出现下跌，企业为了确保股票的价值，也会推出回购计划，来确保股票的市场价值地位。

在 2015 年，百度宣布董事会已批准股票回购计划，将在未来的一年内回购 10 亿美元金额的股票。图 11-15 所示为百度的官方主页。

◆ 图 11-15　百度的官方主页

回购方式的优点在于购买者属于公司内部人员，更利于企业的长期发展，同时也让公司的管理者拥有更多的主动权和决策权。

需要注意的是，这种情况往往出现于已经进入成熟期的企业，不会出现于还在成长期的企业，因为处于成长期的企业的管理者很难有足够的资金从投资人手中回购股票。

11.2.4 清算退出方式

清算退出方式与其他退出方式有着本质不同，清算退出方式出现在企业已经面临倒闭，项目投资失败的情况下。清算退出主要有两种方式，图 11-16 所示为两种退出方式的内容分析。

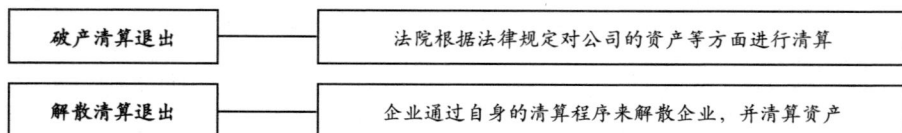

◆ 图 11-16　两种退出方式的内容分析

清算退出不会给投资人芧来任何收益，清算的资产往往低于投资人投入的资金，一般为总投资额的 64% 左右。

在清算退出报告中，清算的内容信息主要包括 6 个方面。图 11-17 所示为清算的内容信息展示。

◆ 图 11-17 清算的内容信息展示

11.3 计划书中风投资金退出措施

在商业计划书中，创作者必须对风投资金的使用和后期资金的退出措施进行详细说明，以便投资人能够快速、清晰地了解自身的收益情况。

下面对商业计划书中风投资金的退出措施进行深入分析，主要分为 3 个方面。图 11-18 所示为退出措施的具体内容分析。

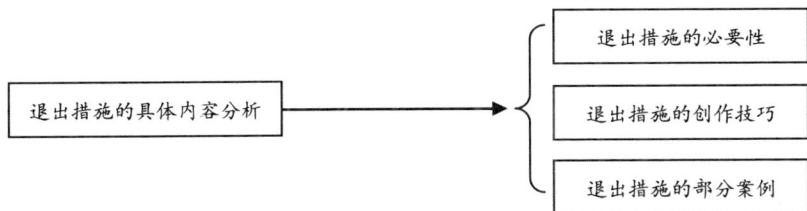

◆ 图 11-18 退出措施的具体内容分析

11.3.1 退出措施的必要性

风险投资的退出是投资人运行风险投资运作中的最后一个阶段，也是正常投资的最终目标。

投资人往往会在创业公司发展到一定阶段后，就选择资本退出。之所以出现这种情况，主要有 4 个方面的原因，这也是商业计划书中为什么必须有退出措施说明的根本原因。

图 11-19 所示为风险投资退出的原因分析。

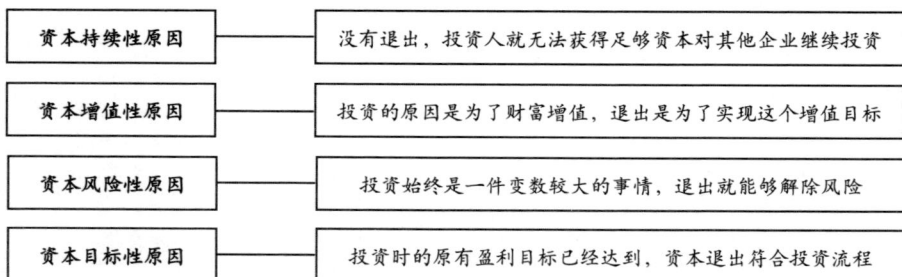

资本持续性原因	没有退出，投资人就无法获得足够资本对其他企业继续投资
资本增值性原因	投资的原因是为了财富增值，退出是为了实现这个增值目标
资本风险性原因	投资始终是一件变数较大的事情，退出就能够解除风险
资本目标性原因	投资时的原有盈利目标已经达到，资本退出符合投资流程

◆ 图 11-19 风险投资退出的原因分析

11.3.2 退出措施的创作技巧

在商业计划书中，退出措施的内容主要包括两个方面，分别是从企业的自身条件出发，展示项目失败时的退出机制和项目成功时的退出机制。

图 11-20 所示为两种退出措施的创作技巧分析。

项目失败的退出措施	以资本保本为目标的内容展示为主，通过细节内容向投资人展示项目失败之后的损失，同时资本损失越小越好
项目成功的退出措施	以上市、并购、回购这 3 种退出措施的内容说明为主，向投资人展示项目成功之后的具体预定收益

◆ 图 11-20 两种退出措施的创作技巧分析

11.3.3 退出措施的部分案例

图 11-21 所示为方式较为简单的退出措施内容，常见于大学生创业计划书。

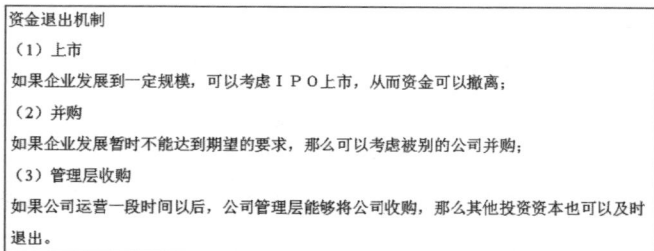

资金退出机制
（1）上市
如果企业发展到一定规模，可以考虑ＩＰＯ上市，从而资金可以撤离；
（2）并购
如果企业发展暂时不能达到期望的要求，那么可以考虑被别的公司并购；
（3）管理层收购
如果公司运营一段时间以后，公司管理层能够将公司收购，那么其他投资资本也可以及时退出。

◆ 图 11-21 方式较为简单的退出措施内容

除了 Word 形式的商业计划书之外，PPT 形式的商业计划书也十分常见。图 11-22 所示为某商业计划书中投资者退出方式的内容说明。

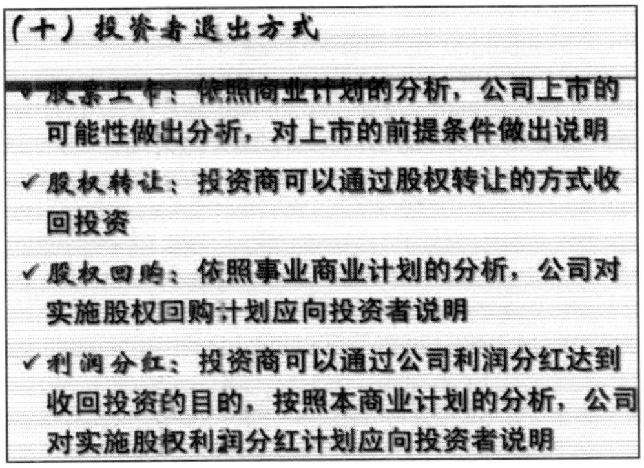

◆ 图 11-22　某商业计划书中投资者退出方式的内容说明

除了按照条款顺序对退出方式进行说明之外，商业计划书的创作者还可以结合公司的实际情况，通过回报率和回报方式分别进行说明。图 11-23 所示为某商业计划书中对回报率和回报方式的说明。

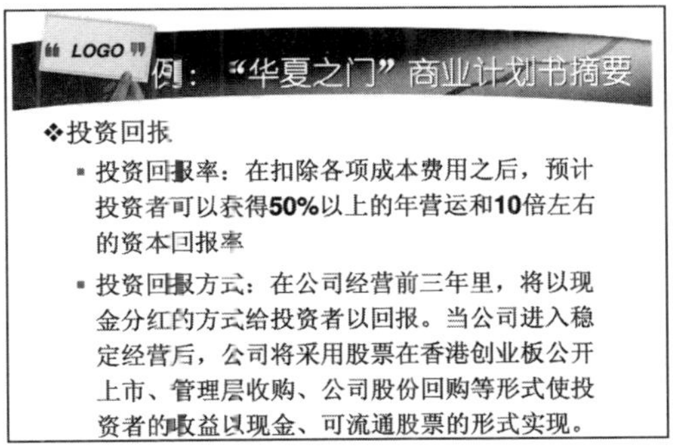

◆ 图 11-23　某商业计划书中对回报率和回报方式的说明

专家提醒

在具体的退出措施的说明中，创作者必须对企业的发展规模和发展现状进行分析，来选择简单的描述方式或者详细内容说明的描述方式。对于有巨大发展潜力的创业公司，商业计划书中最好是有详细、具体的退出措施说明。

商业计划书的信息摘要部分

12.1 商业计划书摘要内容

在商业计划书中，投资人首先看到的是计划书的扉页，图 12-1 所示为常见的计划书扉页内容。

商 业 计 划 书

项目名称	
项目单位	
地　　址	
电　　话	
传　　真	
电子邮件	
联 系 人	

◆ 图 12-1　常见的计划书扉页内容

在具体的商业计划书内容中，计划书的摘要内容往往列在最前面，是整个商业计划书内容的精华。为了确保计划书摘要的准确性，一般在创作时将其作为商业计划书的最后环节来完成。

12.1.1　商业计划书摘要分析

作为投资人首先看到的内容，计划书的摘要需要涵盖整个商业计划书的内容要点。图 12-2 所示为摘要内容的基本流程。

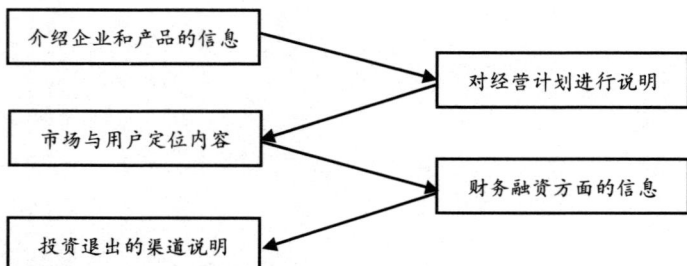

介绍企业和产品的信息

市场与用户定位内容

投资退出的渠道说明

对经营计划进行说明

财务融资方面的信息

◆ 图 12-2　摘要内容的基本流程

商业计划书摘要的意义主要体现在 3 个方面，图 12-3 所示为具体意义方面的内容说明。

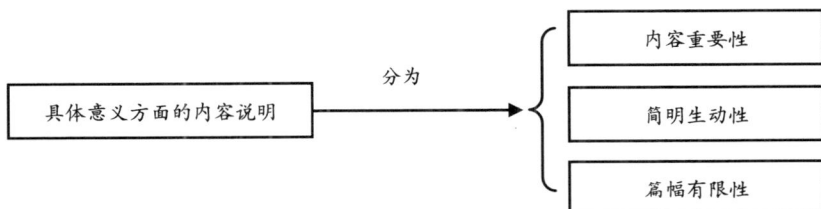

◆ 图 12-3　具体意义方面的内容说明

❶ 内容重要性

图 12-4 所示为对内容重要性的具体分析。

◆ 图 12-4　对内容重要性的具体分析

❷ 简明生动性

图 12-5 所示为对简明生动性的具体分析。

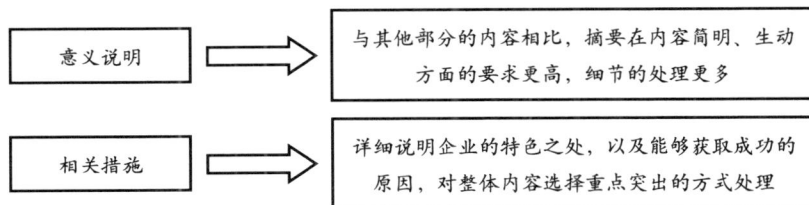

◆ 图 12-5　对简明生动性的具体分析

❸ 篇幅有限性

图 12-6 所示为对篇幅有限性的具体分析。

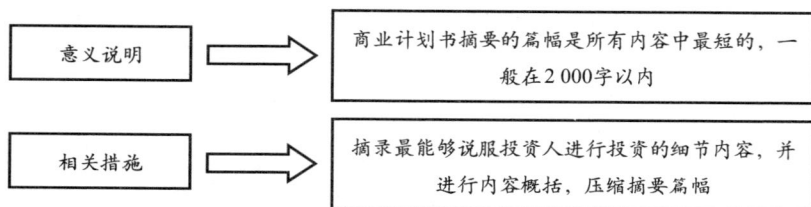

◆ 图 12-6　对篇幅有限性的具体分析

12.1.2　摘要内容的多种形式

大部分摘要的基本流程是一致的，但是根据行业、市场、企业和团队具体情况的不同而分为了多种不同的具体摘要流程。下面介绍常见的 3 种摘要内容形式案例，分别是重点版摘要案例、概括版摘要案例和细节版摘要案例。

❶ 重点版摘要案例

重点版摘要常出现在规模较小的企业的商业计划书中，融资目标往往较低，摘要的内容以 2 ～ 3 个核心重点为主。图 12-7 所示为重点版摘要案例的具体内容。

图 12-7　重点版摘要案例的具体内容

二、 价值分析

对学校和学生：

1. 校园广告环境将得到根本的长期的绿化。
2. 校园活动从数量上、质量上、规模上、影响力上的发展都将得到促进与发展。
3. 我们也在为学生自我能力培养搭建平台，为勤工助学提供岗位。
4. 我们会给同学们生活上带来很大的方便。

对商家：

1. 开发在校园内的市场，通过合作与让利获得更多的客户。
2. 通过与我们合作，取得在校园内合理推广自己商品或者品牌的机会。

（详细内容见主体计划书）

◆ 图 12-7　重点版摘要案例的具体内容（续）

❷ 概括版摘要案例

概括版摘要常见于初创企业自主完成的商业计划书，通过对全部内容的概括性说明来展示计划书的基本内容。图 12-8 所示为概括版摘要案例的具体内容。

1. 公司基本情况（公司名称、成立时间、注册地区、注册资本，主要股东、股份比例，主营业务，过去 3 年的销售收入、毛利润、纯利润，公司地点、电话、传真、联系人。）（如无成立公司，则不用填写）

2. 主要管理者情况（姓名、性别、年龄、籍贯，学历/学位、毕业院校，政治面目，行业从业年限，主要经历和经营业绩。）

3. 产品/服务描述（产品/服务介绍，产品技术水平，产品的新颖性、先进性和独特性，产品的竞争优势。）

4. 研究与开发（已有的技术成果及技术水平，研发队伍技术水平、竞争力及对外合作情况，已经投入的研发经费及今后投入计划，对研发人员的激励机制。）

5. 行业及市场（行业历史与前景，市场规模及增长趋势，行业竞争对手及本公司竞争优势，未来 3 年市场销售预测。）

6. 营销策略（在价格、促销、建立销售网络等各方面拟采取的策略及其可操作性和有效性，对销售人员的激励机制。）

7. 产品制造（生产方式，生产设备，质量保证，成本控制。）

8. 管理（机构设置，员工持股，劳动合同，知识产权管理，人事计划。）

9. 融资说明（资金需求量、用途、使用计划，拟出让股份，投资者权利，退出方式。）

10. 财务预测（前3年及未来 3 年或 5 年的销售收入、利润、资产回报率等。）

11. 风险控制（项目实施可能出现的风险及拟采取的控制措施。）

◆ 图 12-8　概括版摘要案例的具体内容

❸ 细节版摘要案例

细节版摘要主要是由专业的商业创作团队完成，其中摘要部分的内容目录与正文的内容目录基本类似。具体如图 12-9 所示，为细节版摘要案例的具体内容。

摘要 **1. 执行总结** 　　1.1 项目背景 　　1.2 目标规划 　　1.3 市场前景 **2. 市场分析** 　　2.1 客户分析 　　2.2 需求分析 　　2.3 竞争分析 　　　　2.3.1 竞争优势 　　　　2.3.2 竞争对手 **3. 公司概述** 　　3.1 公司 　　3.2 总体战略 　　3.3 发展战略 　　　　3.3.1 初期战略 　　　　3.3.2 中期战略 　　　　3.3.3 终极战略 　　3.4 人力资源组织 　　3.5 财务管理制度	**4. 组织管理体系** 　　4.1 组织机构 　　4.2 部门职责 　　4.3 管理模式 **5. 投资策略** 　　5.1 股份募资 　　5.2 项目融资 **6. 营销战略** 　　6.1 营销目标 　　6.2 营销模式 　　6.3 产品流动模式 **7. 财务分析** 　　7.1 营业费用预算 　　7.2 销售预算 　　7.3 现金流量表 　　7.4 盈亏分析 **8. 风险分析** 　　8.1 机遇 　　8.2 风险及策略 **9. 退出策略**

◆ 图 12-9　细节版摘要案例的具体内容

12.1.3　摘要内容的问题回答

在商业计划书中，摘要内容的直接作用就是向投资人展示重点信息，需要注意的是，为了达成这个目标，如表 12-1 所示，创作者在创作摘要内容时需要尽可能地回答 19 个问题。

表 12-1　创作者在创作摘要内容时需要尽可能地回答 19 个问题

问题内容中心	问题描述
团队问题	团队在整体上属于哪种类型的潜力股？突出特色是什么？
团队问题	现有的团队中是否拥有已有成功经验的团队成员？
团队问题	团队成立的根本原因和目标是什么？
团队问题	投资人一定要给你融资的理由有哪些？
市场问题	产品或服务进入市场有什么初步计划？
市场问题	企业所在行业的基本要求、成功要素有哪些？
市场问题	通过哪些渠道来获得市场份额并能逐步稳定发展？

续表

问题内容中心	问题描述
产品问题	项目、产品或服务成功的依据有哪些？
产品问题	产品或服务的生产、使用、销售周期具体时间有多长？
产品问题	产品的营销中，会遇到哪些瓶颈问题，如何解决这些瓶颈问题？
企业问题	同类型公司中，自身的最突出特色有哪些？
企业问题	有哪些事实来证明自身企业的长期发展潜力？
企业问题	你是否了解你的竞争对手的优势和劣势？
企业问题	自身企业在市场竞争中的优势和劣势有哪些？
企业问题	有哪些方法来确保企业能长期发展以及获得稳定的盈利率？
企业问题	企业或产品的营销计划中，核心重点是什么？
企业问题	企业进入稳定发展期之后，策略的改变有哪些？
企业问题	财务计划的具体流程细节有哪些？是否符合事实？
企业问题	投资人在后期可选择的退出方式分为哪几种，具体如何操作？

12.2 商业计划书摘要的内容流程

下面以专业性较强的商业计划书摘要为例，对流程中的各环节内容进行说明和分析。图 12-10 所示为商业计划书摘要的内容流程。

◆ 图 12-10 商业计划书摘要的内容流程

12.2.1 行业市场内容

如图 12-11 所示，行业市场内容主要包括 10 个方面。

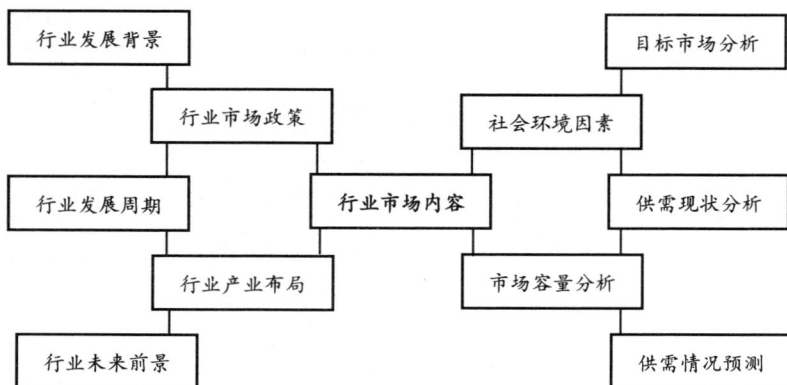

◆ 图 12-11　行业市场内容主要包括 10 个方面

图 12-12 所示为某商业计划书摘要中行业市场内容的案例。

XXX 香薰灯行业国内市场情况

国内目前每年对香薰灯的需求不断增加。随着社会经济的发展，人们生活水平的提高，人们对物质生活的追求逐渐转化为对精神生活的追求。再加上各大厂商对 XXX 香薰灯市场不断进行开拓，XXX 香薰灯的需求会不断的增加，人们使用 XXX 香薰灯时自然要满足自己在精神方面的需求。

XXX 香薰灯作为一款时尚的生活小商品，在欧美等发达国家几乎是每间卧室都能看到。XXX 香薰灯因其具备照明、芳香安神、装饰等诸多功能，迅速在全世界流传开来，成为人们生活中一道亮丽的风景线，在它进入中国市场后，就迅速在北京、上海、广州等大城市火暴热销起来，市场反映非常激烈。

◆ 图 12-12　某商业计划书摘要中行业市场内容的案例

在摘要中，行业市场内容往往不是描述的重点，商业计划书的创作者可以选择行业市场内容中的某一个重点，结合企业的实际情况进行分析说明即可。图 12-13 所示为某医疗器械公司的商业计划书摘要中的行业市场内容，围绕国家层次的市场发展情况进行分析。

市场机会：

2009 年中国医疗器械市场已成为继美国和日本之后世界第三大市场，医疗器械年销售额达到 400 亿元。预计未来 5 年内，中国将超过日本，成为全球第二大医疗设备市场。到 2050 年，中国在世界医疗器械市场上的份额将占到 25%。中国医疗机构的整体医疗装备水平还很低，大量的设备需要更新换代，中国政府每年对医疗设备的投入也以 13% 的速度增长。同时，中国医疗器械与药品的销售额比例为 1:8，而这一数字在发达国家的比例接近 1:1，可见中国医疗器械市场的增长潜力是巨大的。我们的家用呼吸健康产品面对的是国内超过 5000 万的睡眠呼吸障碍患者和超过 1 亿的心脑血管疾病患者，到 2012 年市场规模可达 200 亿元。

◆ 图 12-13　某医疗器械公司的商业计划书摘要中的行业市场内容

12.2.2 公司情况内容

如图 12-14 所示，公司情况内容主要包括 6 个方面。

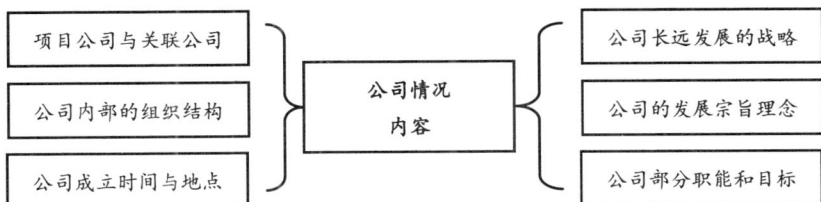

◆ 图 12-14 公司情况内容主要包括 6 个方面

图 12-15 所示为某商业计划书摘要中公司情况内容的案例。

我公司为国内首家生产 PDT 半导体激光肿瘤治疗仪，由在校学生创办的高新技术企业。我们公司以研制和生产半导体激光治疗系统为主要任务，兼营其他厂家的医疗仪器。之所以成立这家以生产 PDT 半导体激光肿瘤治疗仪为主的公司，是因为我们看到：肿瘤是医学界的一个难点，它一直困扰着许多的患者。而现在被国内各大医院广泛应用的放疗、化疗等手段有很大的副作用，对患者的身体损害比较大，并且有一定的危险性。而近十几年来，激光医学工作者采用光动力疗法（PDT）治疗肿瘤，发现 PDT 治疗肿瘤有很多优点，提高了肿瘤的治疗水平。

◆ 图 12-15 某商业计划书摘要中公司情况内容的案例

为了减少摘要的篇幅及节省投资人的阅读时间，公司情况内容的说明也可以采用称述的方式完成。图 12-16 所示为某医疗器械公司的商业计划书摘要中的公司情况内容，直接向投资人展示企业的信息。

公司背景：
公司是集研发、生产、销售、服务为一体的医疗产品/家用健康产品提供商。公司成立于 2007 年，于 2008 年进入手术室用医疗器械产品的自主研发和生产，在 2009 年获得 A 投资公司和 B 投资公司 N 万美元投资后，开始进入家用呼吸健康产品研发和生产。公司为了今后在海外市场上市，已搭建完成海外红筹法律架构。公司目前有员工约 2,000 人，其中研发人员 300 人。公司在北京拥有 10,000 平米的研发基地和在河北拥有 100,000 平米的生产基地。公司在全国所有省份及直辖市拥有分公司或办事处，与全国 1,000 多家医疗器械代理商保持业务合作关系，公司产品已经进入 5,000 多家医院和 10 万多家庭。

◆ 图 12-16 某医疗器械公司的商业计划书摘要中的公司情况内容

12.2.3 团队情况内容

如图 12-17 所示，团队情况内容主要包括 6 个方面。

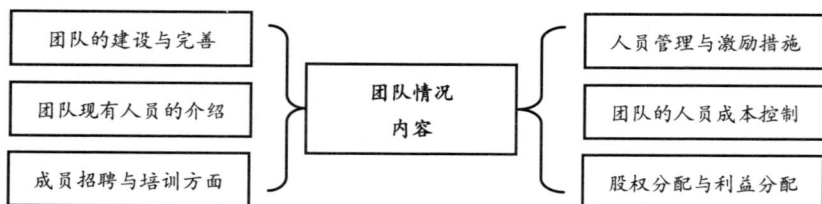

◆ 图 12-17　团队情况内容主要包括 6 个方面

图 12-18 所示为某商业计划书摘要中团队情况内容的案例，需要注意的是，与正文中团队介绍不同，为了缩短篇幅，摘要中一般不放团队的图片。

序号	职　务	姓　名	工　作　单　位	联系电话
1	董事长			
2	副董事长			
3	董　事			
4	董　事			
5	董　事			
6	董　事			
7	董　事			
8	董　事			
9	董　事			

◆ 图 12-18　某商业计划书摘要中团队情况内容的案例

在商业计划书的摘要中，团队情况内容主要涉及人员的姓名、职务、工作情况、联系方式等，如有需要，也可以在摘要中体现出人员的部门、职责等信息。图 12-19 所示为某商业计划书摘要中对人员的部门和职责等信息的说明案例。

部门/岗位	负责人	职责
总经理		总监督管理全面业务，进行公司重大方案的决策
行政部		人事调动，人员考察及管理监督
市场部		市场开发及对外联络

◆ 图 12-19　某商业计划书摘要中对人员的部门和职责等信息的说明案例

12.2.4　产品服务内容

如图 12-20 所示，产品服务内容主要包括 8 个方面。

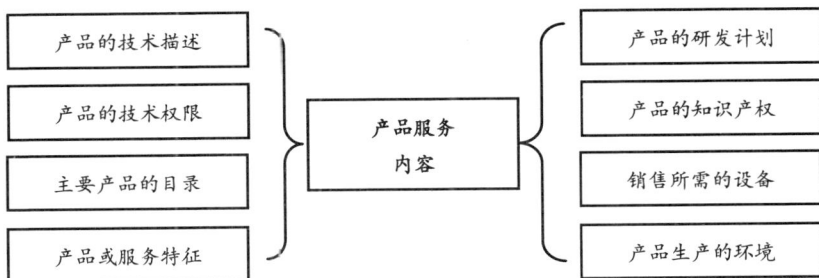

◆ 图 12-20　产品服务内容主要包括 8 个方面

图 12-21 所示为某商业计划书摘要中产品服务内容的案例。

产品：
公司的产品可以分为医疗产品和家庭健康产品，如下表：

医疗器械	家用呼吸产品
✓　X 光机	✓　家用/便携式制氧机
✓　麻醉机	✓　呼吸治疗仪
✓　彩超	✓　睡眠呼吸疾病诊断仪
✓　监护仪	

我们所有产品均已在国内注册，并获得了 CE 认证，可以在欧盟销售。其中家用便携式制氧机、呼吸治疗仪产品已获得美国 FDA 认证，可以在美国销售。

◆ 图 12-21　某商业计划书摘要中产品服务内容的案例

在摘要中介绍产品服务内容时，采用表格的方式往往让内容的表现简单明了，投资方阅读的效果也较好。同时，如果产品的特色较为突出，那么在摘要中也可以将产品的细节信息进行部分展示。图 12-22 所示为某款香薰灯的细节信息说明。

	产品类型	类型细分	备注
1	（陶罐类型）XXX 香薰灯	（1）小尺寸陶罐类型香薰灯	约 8cm* 9.5cm(D*H)
		（2）中尺寸陶罐类型香薰灯	约 9cm*13cm(D*H)
		（3）大尺寸陶罐类型香薰灯	尺寸较大，产品较精美，观赏性强
2	（夜灯类型）XXX 香薰夜灯		（直接插入插座）
3	（台灯类型）XXX 香薰台灯	（1）卧室、客厅用艺术香薰台灯	需使用灯泡
		（2）书房用艺术香薰台灯	需使用灯泡
		（3）银行用艺术香薰台灯	需使用灯泡

创新型 XXX 艺术香薰灯

◆ 图 12-22　某款香薰灯的细节信息说明

12.2.5 产品制造内容

如图 12-23 所示，产品制造内容主要包括 6 个方面。

◆ **图 12-23 产品制造内容主要包括 6 个方面**

根据产品或服务的特性而定，并不是所有的摘要中都需要对产品制造内容进行说明，主要是针对较依赖制造行业的产品。图 12-24 所示为某商业计划书摘要中产品生产原料的采购内容的案例。

原材料名称	数量	单价（不超过产品成本价格）（元）	费用（元）
常用工具		–	20 000.00
必备材料	–	–	30 000.00
应急备用材料	–	–	20 000.00
–	–	–	0
–	–	–	0
合计			70 000.00

◆ **图 12-24 某商业计划书摘要中产品生产原料的采购内容的案例**

12.2.6 盈利模式内容

如图 12-25 所示，盈利模式内容主要包括 8 个方面。

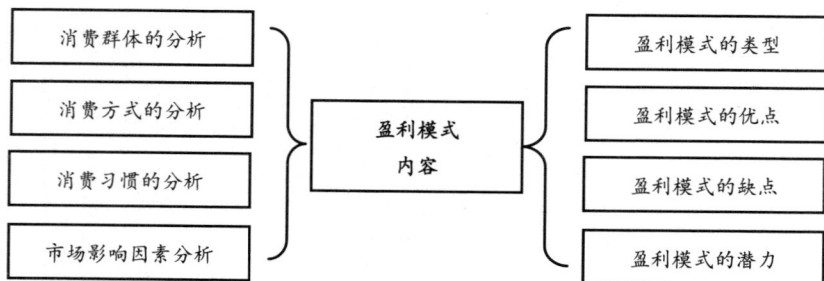

◆ **图 12-25 盈利模式内容主要包括 8 个方面**

图 12-26 所示为某商业计划书摘要中盈利模式内容的案例。

```
盈利模式
加盟品牌销售：主营业务，收入主要来源
自主品牌生产加工以及销售：以"乐居"开发自主品牌并销售
衍生品销售：家约周边产品
会员制度：会员可享受一定的折扣，增加销售量
新品信息分布：通过电邮等方式将新品发布情况告知顾客
售后服务：事先告知消费者可退换，使得消费者放心购买，增加销售量
批量出售：团购、批发
换季促销：销售非当季产品
网上商城合作：加大品牌知名度
物流收入：寻求物流差价
自主包装：印有"乐居贸易"的 LOGO 充分吸引顾客的目光
```

◆ 图 12-26　某商业计划书摘要中盈利模式内容的案例

摘要中也可以按照分类的方式对具体的盈利模式进行进一步说明，图 12-27 所示为某商业计划书摘要中针对批发与零售商的产品盈利合作进行分析的案例。

与主要批发/零售商合作方式	1．我们主要与徐州的一些农家进行合作，签订一些协议到时进行利润分配。 2．如果经营情况很好，我们会与中小学校进行长期合作。学校组织的一些活动主要是为了锻炼孩子。而我们的初衷也是如此。所以我们会给长期合作的对象给予一定的优惠。 3．与客运公司进行长期合作，签订协议。

◆ 图 12-27　某商业计划书摘要中针对批发与零售商的产品盈利合作进行分析的案例

12.2.7　营销计划内容

如图 12-28 所示，营销计划内容主要包括 6 个方面。

◆ 图 12-28　营销计划内容主要包括 6 个方面

在具体的内容说明中，对于销售渠道较为单一的产品而言，营销计划可以较为简单地进行说明。图 12-29 所示为某商业计划书摘要中营销计划内容的案例。

市场营销：
对于国内市场，利用已有的全国性管理网络，不断拓展和延伸。对于国际市场，主要以家庭呼吸健康产品为主，利用技术与成本的相对优势，选择合适的厂商进行 OEM/ODM 合作。并通过与国外优秀代理商合作，向对价格敏感的私人保健组织和专业医疗保险组织提供成本相对较低、宽范围的家用呼吸健康产品。
通过国内、外的医疗展会、学术会议、专业期刊，进行公司品牌和产品的推广。

◆ 图 12-29　某商业计划书摘要中营销计划内容的案例

在摘要中也可以根据营销计划中不同的重点内容进行分别说明，图 12-30 所示为摘要中针对营销计划内不同内容的说明。

销售网络、销售渠道建设的策略：

（1）先利用新团队的原有资源，快速拓展渠道；

（2）如时机成熟可召开区域招商会议，并联合经销商进行各类型的推广、促销活动，召集更多经销商加盟。

对销售队伍的激励机制：

（1）**销售团队提成：** 销售队伍的总提成初步按销售收入的 5% 核算，具体分配与销售人员业绩挂钩，具体另外再定细则；
（2）**经营团队分红：** 企业每 □季度/ □半年/ □年 提取公司税后净利润总额的 **20%** 作为员工的分红奖励总额，分红奖金分配与经营人员销售业绩等因素挂钩，具体另外再定细则。

◆ 图 12-30　摘要中针对营销计划内不同内容的说明

12.2.8　财务计划内容

如图 12-31 所示，财务计划内容主要包括 8 个方面。

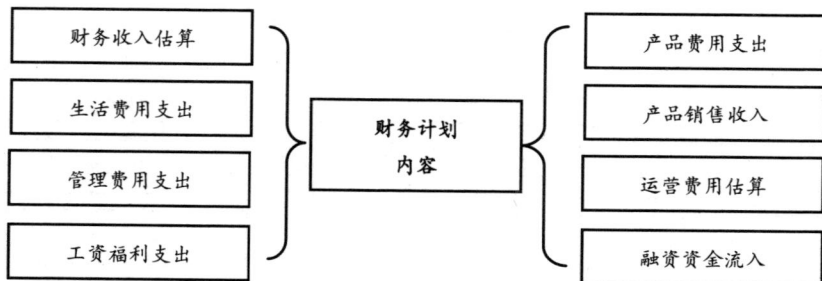

◆ 图 12-31　财务计划内容主要包括 8 个方面

在摘要部分中，财务计划的内容里不可缺少的就是财务收入估算，这也是投资人在摘要中重点关注的内容。图 12-32 所示为某商业计划书摘要中财务计划内容的案例，展示的内容信息较为简洁。

公司未来3年的销售收入预测			
			（单位：万元）
年 份	2013 年	2014 年	2015 年
销售额	593	1 500	2 800
销售收入	421	1 500	2 800

◆ 图 12-32 某商业计划书摘要中财务计划内容的案例

为了增加说服力，在商业计划书的摘要中，创作者也可以增加更详细的内容说明，比如，成本单价、销售单价、市场零售单价、月均销售数量、月均销售利润等。图 12-33 所示为摘要中某款产品的详细内容说明。

销售收入预测							
序号	产品或服务	单位	成本单价（万元）	销售单价（万元）	同类产品市场零售单价（万元）	月均销售数量	月均销售利润（万元）
1	婚房装修		12.00	20.00	25.00	1	8.00
2	普通装潢		8.00	15.00	16.00	2	14.00
3	租赁房屋装潢		1.00	2.50	3.00	4	6.00
4	酒店装潢		20.00	30.00	40.00	0.5	5.00
5	家具翻新		0.02	0.04	-	100	2.00
6	其他服务		0.00	0.00	0.00	0	0.00

◆ 图 12-33 摘要中某款产品的详细内容说明

12.2.9 项目风险内容

如图 12-34 所示，项目风险内容主要包括 6 个方面。

◆ 图 12-34 项目风险内容主要包括 6 个方面

根据企业类型和规模的不同，企业可能遇到的风险类型也不同。图 12-35 所示为某商业计划书摘要中项目风险内容的案例，一般主要内容以表格的方式展现较为清晰明了。

风险类别	风险内容	应对措施
财务风险	投融资管理不当 成本预算失当	专业的投资分析人才 采用其他的筹资方式
	资金周转不灵	用科学化，市场化的价格预测
市场风险	客户量不够 采购成本过高	加大宣传力度，采用多种营销渠道 努力打造企业品牌 不断积累采购经验 和供应商积累长期合作关系
管理风险	核心技术人员跳槽 施工队工期延误	技术人员入股 提供员工福利 预备紧急情况的的施工团队
政策风险	税率变化	适时调整价格

◆ 图 12-35　某商业计划书摘要中项目风险内容的案例

对于小规模的企业或团队而言，商业计划书的内容与企业发展的程度直接相关，所以往往在企业或团队的前期发展中，商业计划书的内容主要以半年至一年时间内的发展为主，融资的目标也是为了让企业或团队获得初步发展，此时遇到的风险问题较少，其项目的风险问题主要集中在一到两个核心内容。

图 12-36 所示为某初创企业的商业计划书摘要中项目风险内容的案例。

> 本项目最主要的风险来自同类产品市场的竞争。XXX香薰灯属于一个新型行业，消费潜力尚没有完全激发出来，市场不够规范，产品鱼龙混杂，跟进企业增加，行业竞争加剧，行业跟随者低质低价竞争的短期行为也会对整个行业产生一定的负面影响。

◆ 图 12-36　某初创企业的商业计划书摘要中项目风险内容的案例

12.2.10　投资退出内容

如图 12-37 所示，投资退出内容主要包括 6 个方面。

◆ 图 12-37　投资退出内容主要包括 6 个方面

在摘要内容中，针对投资退出的部分一般信息较少，具体的退出措施主要是结合企业或团队的实际信息在正文中进行详细说明。图 12-38 所示为某商业计划书摘要中投资退出内容的案例。

　　当然，我们为投资者提供了多种退出方式，如 IPO（首次公开上市）、收购、公司回购、二次出售、清算、注销等。其中以 IPO 形式退出所获得的收益高于其他退出途径。除 IPO 外，收购也较为常用。我公司将会为投资者首先提供这两种方式，以做参考。

◆ 图 12-38　某商业计划书摘要中投资退出内容的案例

由于商业计划书的摘要部分属于整个商业计划书的核心内容，所以一般属于机密文件，创作者会在文件开头或末尾提供简单的保密须知说明。图 12-39 所示为某创业计划书摘要中的保密条例。

保密须知

　　1.　若贵公司不希望涉足本《创业计划书》所述项目，请按上述地址尽快将本《创业计划书》完整退回；

　　2.　未经本公司许可，贵公司不得将本《创业计划书》的内容全部或部分地透露给他人；

　　3.　贵公司应该将本《创业计划书》作为机密资料保存。

【其他事项】

　　本《创业计划书》所涉及的内容均可具体协商。

◆ 图 12-39　某创业计划书摘要中的保密条例

通过包装突出文字内容

13.1 从整体把握内容的创作过程

在互联网时代，小成本的公司甚至团队都大放异彩，比如，雕爷牛腩、皇太极煎饼等，而他们获得成功的第一步就是推出了一份优秀的商业计划书，从而获得了大量的支持资金。

对于小型企业或团队而言，要想通过商业计划书产生吸引投资的效果，首先需要从整体把握内容的创作过程。

图 13-1 所示为商业计划书中把握整体内容创作过程的 5 个方面。

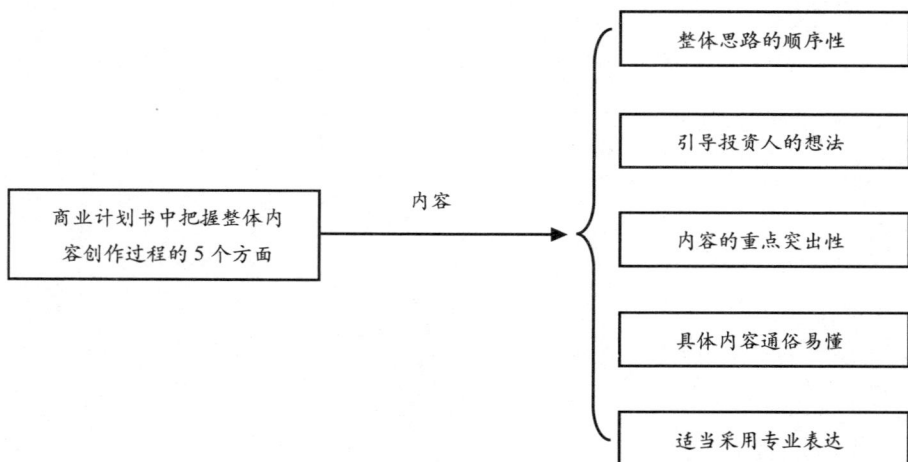

◆ 图 13-1　商业计划书中把握整体内容创作过程的 5 个方面

13.1.1　整体思路的顺序性

在商业计划书一类的文案创作的写作思路中，常用的主要有归纳、演绎、因果、比较、总分和递进等思路，其中应用最为广泛的，主要是归纳、演绎和递进 3 种，在内容上遵循循序渐进的基本要求，具体分析如下。

❶ 归纳思路

归纳思路是文案写作中常见的一种方式，尤其是在需要突出重点信息的商业计划书中更为常见。图 13-2 所示为对归纳思路的具体分析。

```
┌──────────────┐
│   形式内容    │ ⟹   归纳思路是指从具体的前提过渡到一般性结论的
└──────────────┘       文字表达过程，往往作为基本思路存在

┌──────────────┐
│   直接作用    │ ⟹   归纳的方式概括了内容，主要作用是得到的结论
└──────────────┘       在内容上会比之前的内容有一定的思想深度
```

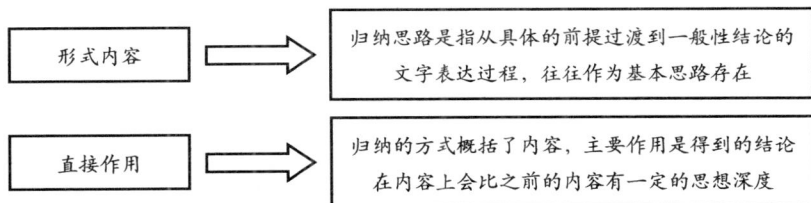

◆ 图 13-2 对归纳思路的具体分析

❷ 演绎思路

演绎思路常见于商业计划书中需要进行内容假设的情况下，根据假设的内容来推动思维的进行。图 13-3 所示为对演绎思路的具体分析。

```
┌──────────────┐
│   形式内容    │ ⟹   从一些假设的命题出发，运用逻辑的规则，导出
└──────────────┘       另一命题的过程

┌──────────────┐
│   直接作用    │ ⟹   从一般性的前提过渡到具体结论的推理思路，其
└──────────────┘       最终得到的结论没有超越文字前提的范围
```

◆ 图 13-3 对演绎思路的具体分析

❸ 递进思路

递进思路是运用递进思维方法形成的一种商业计划书的写作思路，用来深入说明部分内容。图 13-4 所示为对递进思路的具体分析。

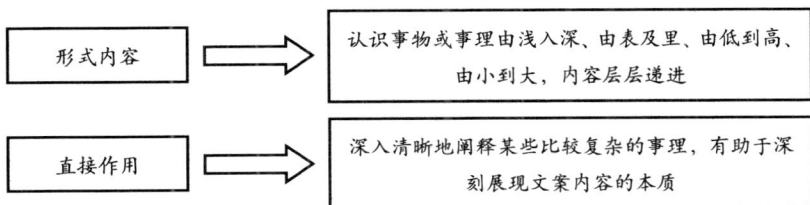

```
┌──────────────┐
│   形式内容    │ ⟹   认识事物或事理由浅入深、由表及里、由低到高、
└──────────────┘       由小到大，内容层层递进

┌──────────────┐
│   直接作用    │ ⟹   深入清晰地阐释某些比较复杂的事理，有助于深
└──────────────┘       刻展现文案内容的本质
```

◆ 图 13-4 对递进思路的具体分析

13.1.2 引导投资人的想法

商业计划书中文字的主要作用就是说服投资人对项目进行投资，所以引导投资人的想法十分重要。

图 13-5 所示为引导投资人想法的 3 个注意事项。

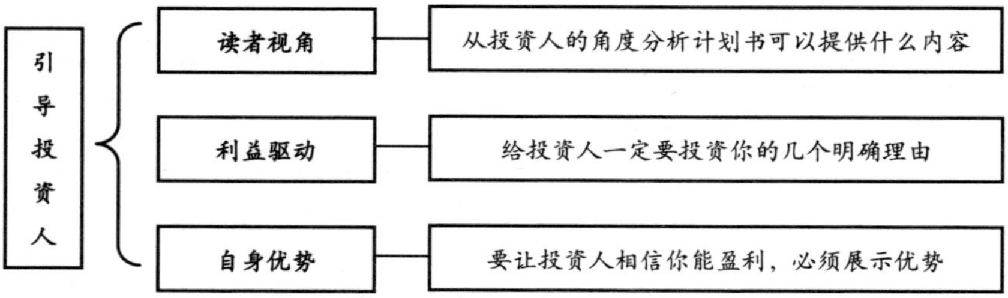

◆ 图 13-5　引导投资人想法的 3 个注意事项

13.1.3　内容的重点突出性

商业计划书的效果在于内容，而内容的泛泛而谈往往会使投资人失去兴趣。内容的重点突出是任何一个文案中最为重要的内容，核心信息必须是最为醒目的。图 13-6 所示为某商业计划书中的项目模式说明。

1 项目模式

本项目迎合了各地消费者追求不同文化特色食品、温馨生活方式的需求，联合各地土特产供应商优势，创造性地使用新型"TIME"营销模式，利用报纸杂志、网络等传播媒介，开创性地提出了供应商会员制度，综合管理费与营销费平摊风险，利用高科技软件和专业的计算方法传递和分析数据，创造一个"消费者-供货商-投资人"三方盈利的局面。

◆ 图 13-6　某商业计划书中的项目模式说明

在案例中，文字内容紧紧围绕项目的模式进行介绍，同时突出项目模式的特色和优势，很容易就能够吸引投资人的兴趣。

专家提醒

需要注意的是，商业计划书的创作者要想突出文案的中心内容，还要提前对可能接触商业计划书的投资人群体进行分析和定位，了解其阅读习惯和方式，从而对计划书的内容进行有选择性地提供。

13.1.4　具体内容通俗易懂

商业计划书中的文字要通俗易懂，这是创作商业计划书的基本要求。

图 13-7 所示为某商业计划书中的产品介绍和价格分析，具体内容十分通俗易懂，投资人不需要再度深入研究。

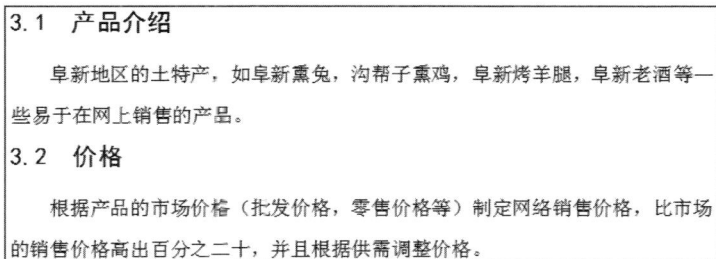

```
3.1   产品介绍
     阜新地区的土特产，如阜新熏兔，沟帮子熏鸡，阜新烤羊腿，阜新老酒等一
些易于在网上销售的产品。
3.2   价格
     根据产品的市场价格（批发价格，零售价格等）制定网络销售价格，比市场
的销售价格高出百分之二十，并且根据供需调整价格。
```

◆ 图 13-7　某商业计划书中的产品介绍和价格分析

从通俗易懂的角度出发，商业计划书所追求的主要是文字所带来的实际效果，相关内容分析如图 13-8 所示。

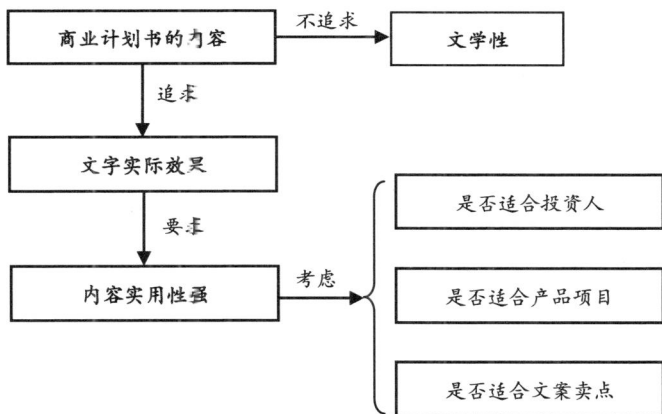

◆ 图 13-8　关于通俗易懂的文字的相关内容分析

13.1.5　适当采用专业表达

专业术语是指特定领域和行业中，对一些特定事物的统一称谓。在现实生活中，专业术语十分常见，比如，在家电维修业中对集成电路称作 IC 等。针对不同类型企业或行业领域的商业计划书，专业术语的运用次数不定。

商业计划书的专业表达需要一般根据投资人的情况而定，如图 13-9 所示，为专业表达的作用分析。

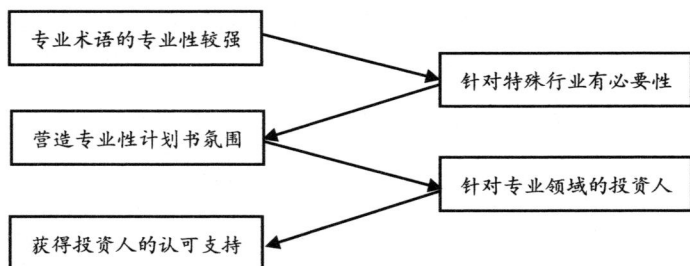

◆ 图 13-9　专业表达的作用分析

在大部分商业计划书中不会出现专业性较强的词汇，但是在医疗、金融、机械、科技等行业中，关于产品的说明往往就会存在专业表达的情况。图 13-10 所示为某医疗器械商业计划书中对产品的说明。

本治疗仪系统采用两级系统，分为上位管理机和下位控制机。

上位管理机为 IBM586 以上兼容机，上位机管理软件是使用 Visual Basic 在 Windows 环境下开发的，全部操作使用鼠标单点菜单或按钮完成，简单、易学、易掌握，它可以完成资料接收（通过 RS232 接口）、参数输入、资料存储、资料打印等任务。

下位控制机以 MCS-51 系列单片机为核心，使用 D/A 转换芯片 0832 控制和调节激光管的输出功率，使用模拟开关 7501 采用分时技术，用 A/D 转换芯片 AD574 检测激光管的工作电流、工作电压、控制电压等检控激光管的工作状态，使其工作在允许电压和电流下，完成控制、功率检测等。

◆ 图 13-10　某医疗器械商业计划书中对产品的说明

专家提醒

对于非产品需求的商业计划书而言，尽量少使用专业表达的词汇，专业术语并不适合给大众化的投资人阅读，尤其是在快节奏化的生活中，节省阅读者时间和精力，提供良好的阅读体验才是至关重要的。

13.2 用文字打造简洁明了的信息

图 13-11 所示为商业计划书中通过写作技巧打造简洁明了信息的 5 个方面。

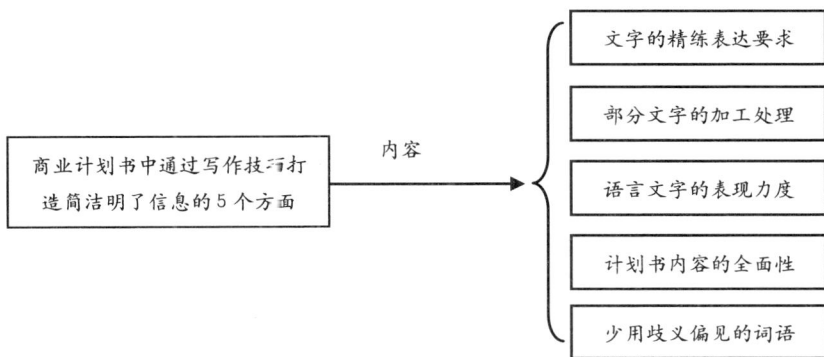

◆ 图 13-11 商业计划书中通过写作技巧打造简洁明了信息的 5 个方面

13.2.1 文字的精练表达要求

但凡文字信息，精练表达是最基本的要求。在精练表达的具体运用中，最常见的技巧就是用一句话作为单独的段落，突出展现的内容。

对于一个商业计划书中的商业理论而言，其概念、模式、策略都是可以进行精练处理的。在部分文案中，甚至可以采用创新的角度方式用简洁的文字来说服对方，图 13-12 所示为某求职者的求职简历开头部分。

> 对工科类专业工作而言，要找到相关专业出身的人，同时还要这个人能吃苦、有恒心、有热情、有责任感，身体健康、五官端正、形象良好，并且气质佳，实在是太难了。
>
> 但是，你需要的这样的人才，我正好就是。

◆ 图 13-12 某求职者的求职简历开头部分

专家提醒

在商业计划书文案中，对于核心部分的内容，最好是在一句话的文字范围里将某一个知识点的内容讲清楚。这种方式不需要前期的大段文字铺垫，就能够有效地吸引到投资人的兴趣。

13.2.2　部分文字的加工处理

在商业计划书中，为了吸引投资人的注意力，可以通过对文字加工的方式进行内容上的强调与突出。

图 13-13 所示为 10 种常见的文字的加工处理。

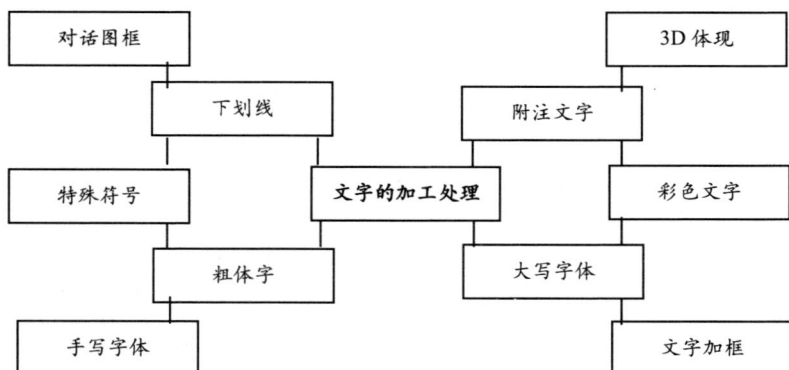

◆ **图 13-13　10 种常见的文字的加工处理**

图 13-14 所示为某商业计划书内容中的特殊符号和粗体字。

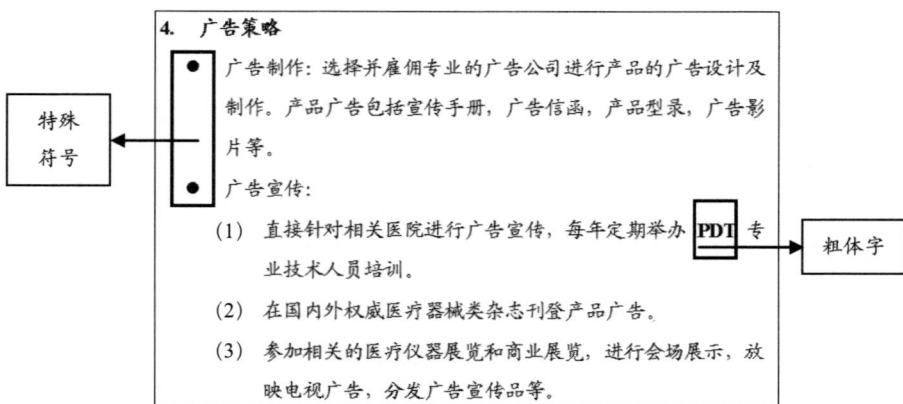

◆ **图 13-14　某商业计划书内容中的特殊符号和粗体字**

13.2.3　语言文字的表现力度

成功的商业计划书往往表现统一，失败的商业计划书的原因却众多。在可避免的问题中，语言文字的表现力度不够是失败的主因。图 13-15 所示为失败的商业计划书在语言文字方面的原因。

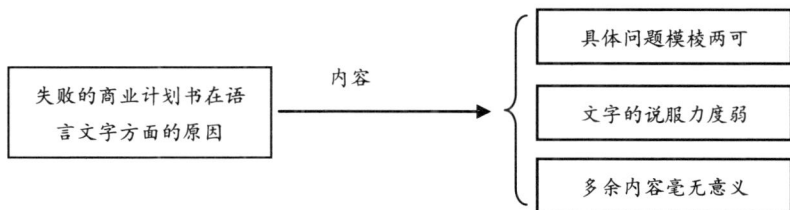

◆ 图 13-15　失败的商业计划书在语言文字方面的原因

在语言文字的表现力度方面，运用词语短句是最有实际效果的写作技巧。在实际的阅读过程中，短句比长句所展示的信息更容易被接受，同时对于商业计划书的创作者而言，词语的短句运用属于基本的职业技能。

专家提醒

单个短句的效果可能并不突出，但是在较长篇幅的文案内容中，就体现出了长句不能达到的效果。文案中的长句往往会让读者精神疲劳、头昏眼花，并且容易遗忘之前的内容。

13.2.4　计划书内容的全面性

商业计划书内容信息的全面性主要是指多角度地围绕企业、团队和产品信息进行展示，满足投资人对信息的深度了解需求。

为了达到最终被投资人认可和接受的效果，在商业计划书中所表现的全面的信息内容之间，主要通过多种信息关系来实现目标。图 13-16 所示为商业计划书内容中常见的 3 种信息关系。

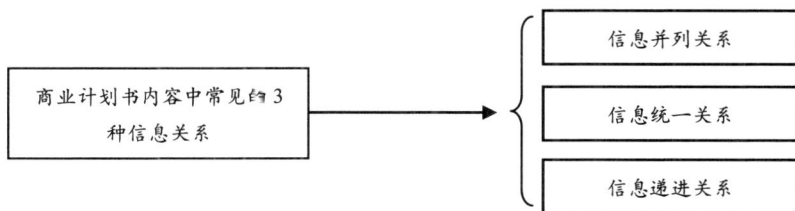

◆ 图 13-16　商业计划书内容中常见的 3 种信息关系

13.2.5　少用歧义偏见的词语

在商业计划书中，创作者需要避免使用带有歧义和偏见的词汇，尤其是会直接影响内容信息正常表达的词。

图 13-17 所示为针对商业计划书中不当词汇的运用进行的分析。

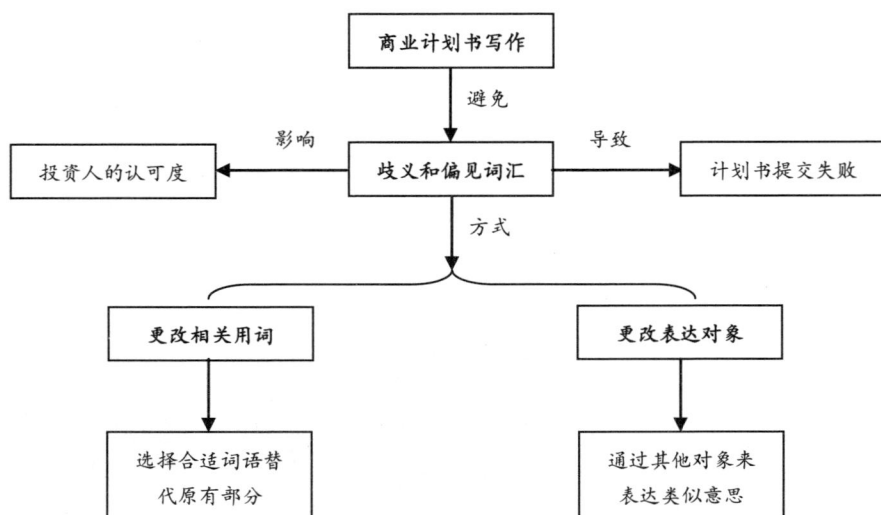

◆ 图 13-17　针对商业计划书中不当词汇的运用进行的分析

13.3 创作中运用图表的直接作用

图表是指可以通过直观的展示，对相关信息进行内容说明的图形结构。图 13-18 所示为商业计划书中图表的 3 种常见方式。

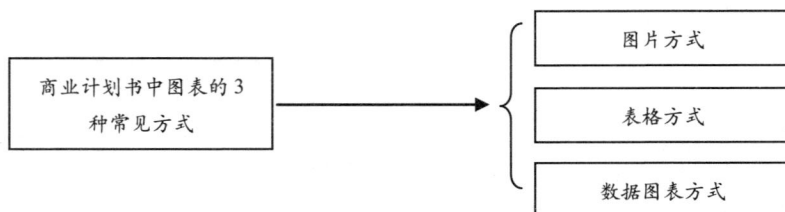

◆ 图 13-18　风险损失的各类别内容

利用图表的方式进行表达，主要有 3 个方面的优势，图 13-19 所示为图表表达方式的优势内容。

内容的准确性优势	——	对相关数据、数量内容的表达十分准确，不会出现歧义
内容的易懂性优势	——	图表方式能够将内容的重点突出，使阅读更轻松
内容的艺术性优势	——	相比于长篇大论的纯文字的单调形式，图表更生动有趣

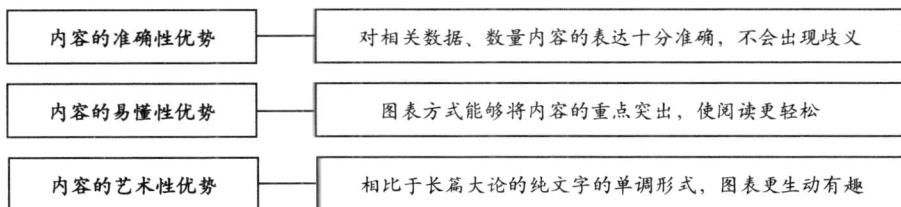

◆ 图 13-19　图表表达方式的优势内容

13.3.1　图片方式的运用与作用

图片有多种格式，但作用较为统一，在商业计划书中主要是增加计划书内容的真实性。图 13-20 所示为商业计划书中常见的图片类型。

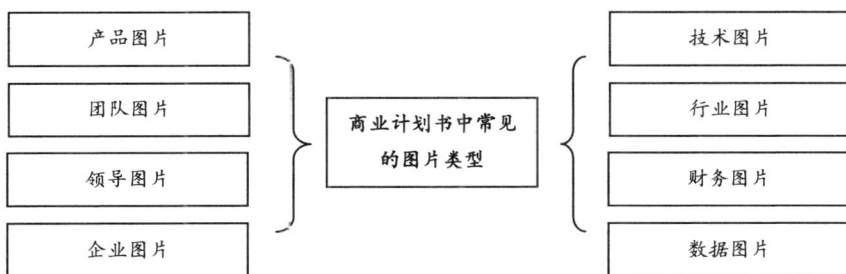

产品图片		技术图片
团队图片	商业计划书中常见	行业图片
领导图片	的图片类型	财务图片
企业图片		数据图片

◆ 图 13-20　商业计划书中常见的图片类型

图 13-21 所示为某医疗企业商业计划书中的样机实物照片。

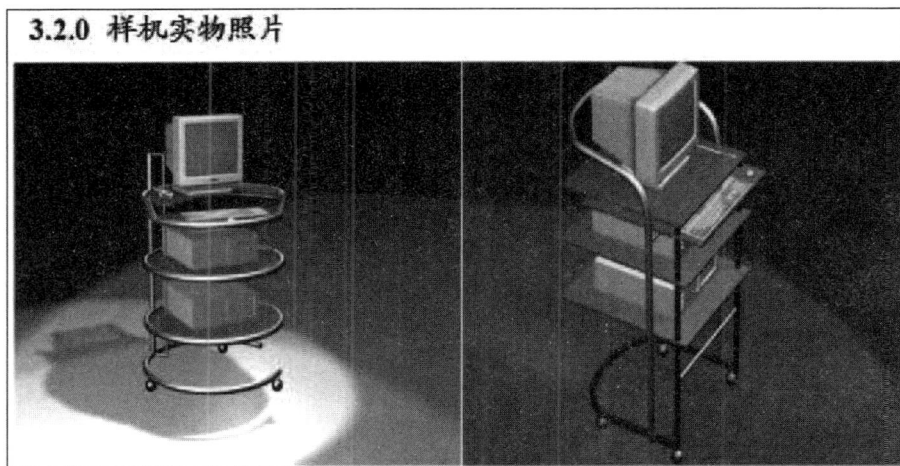

3.2.0 样机实物照片

◆ 图 13-21　某医疗企业商业计划书中的样机实物照片

图 13-22 所示为某商业计划书中对企业形象和产品的介绍。

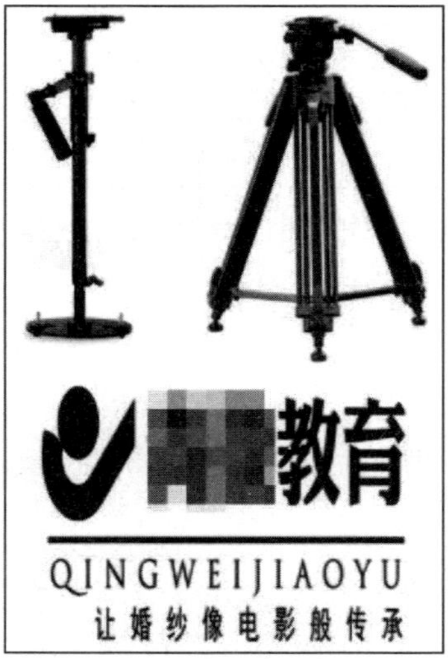

◆ **图 13-22　某商业计划书中对企业形象和产品的介绍**

13.3.2　表格方式的运用与作用

表格的直接表现，就是指按照需要说明的内容项目分类来画成格子，分别填入文字或数字信息，以便进行统计，或让别人查看内容。

表格在商业计划书中的运用十分广泛，甚至可以直接采用全表格的方式来完成整个商业计划书的创作。图 13-23 所示为商业计划书中表格的应用案例，在一个表格中分点来阐述相关内容。

下店工作安排： 【1】导师下店指导：导师下店现场教学，摄影师现场观摩实践。（导师先以一个场景为例进行教学拍摄，然后摄影师进行实践练习）。 【2】8 号拍摄指导时间：上午 8 点～11 点 （内景实践教学），下午 3～6 点（外景实践教学）。 【3】晚上上课时间： 19 点 ～ 20 点。（摄影师自己拍摄的片子准备好）针对之前拍摄产生的问题进行剖析讲解。（比如：分镜头的衔接，蒙太奇手法的运用，对故事画面的想象力以及组织能力连贯性的问题解决）。 【4】9 号白天：摄影师自己拍摄，导师在旁边现场指导. 【5】晚上：针对白天摄影师拍摄过程中产生的问题进行再次培训。

◆ **图 13-23　商业计划书中一个表格的应用案例**

除了这种形式之外，常见的就是在一个表格中根据具体内容的需求而分类成为多个小表格。图 13-24 所示为某商业计划书中多个表格的应用案例。

区　　域	享有产品及服务	单　价（元）	总价值（元）
县级 充值佣金1.5万 （300元/条 后期代加工）	赠送3套风格样片	2 800/套	8 400.00
	影楼导演班全套课程（限定1人）	3 800/人	3 800.00
	门市步步为营全套教学课程（限定1人）	3 000/人	3 000.00
	赠送后期剪辑3条	300/条	900.00
	加盟期内，导师下店复训及区域保护		
	后期代加工费50条	300/条	15 000.00
		总价值：31100.00	
区级 充值佣金2万 （300元/条 后期代加工）	赠送5套风格样片	2 800/套	14 000.00
	影楼导演班全套课程（限定1人）	3 800/套	3 800.00
	门市步步为营全套教学课程（限定1人）	3 000/人	3 000.00
	赠送后期剪辑5条	300/条	1 500.00
	加盟期内，导师下店复训及区域保护		
	后期代加工费66条	300/条	20 000.00
		总价值：42300.00	

◆ 图 13-24　商业计划书中多个表格的应用案例

13.3.3　数据图表的运用与作用

数据图表常见于 Word 格式或 PPT 格式的商业计划书中，通过软件自带的插入功能来完成数据图表的基本构建。

数据图表与图片和表格的实际作用基本一致，但是在表现形式上更为复杂，数据图表也是商业计划书中最常见的一种图表方式。图 13-25 所示为数据图表的 10 种表现形式。

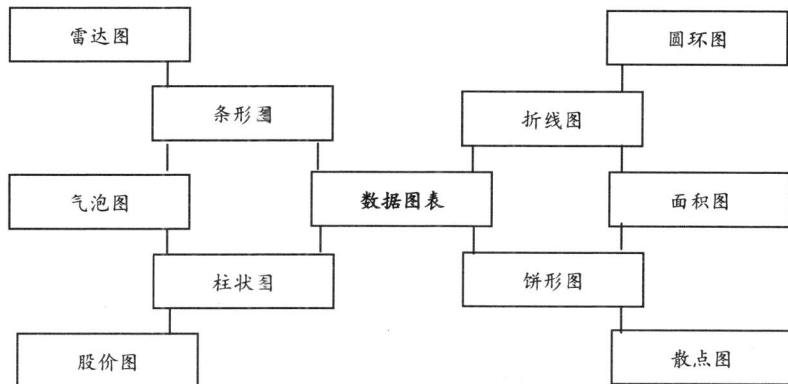

◆ 图 13-25　数据图表的 10 种表现形式

条形数据图表是最常用的形式之一，作用是使数据进行各个项目之间的比较，在形态上分为垂直条形图和水平条形图。图 13-26 所示为条形数据图表的案例。

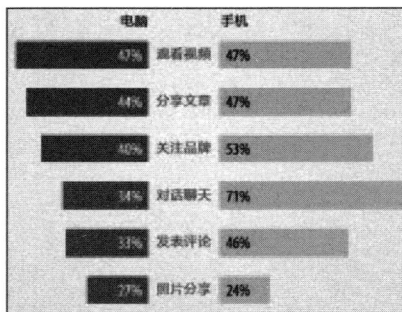

◆ 图 13-26　条形数据图表的案例

除了条形数据图表之外，柱状数据图表也是常用形式。图 13-27 所示为柱状数据图表的案例。

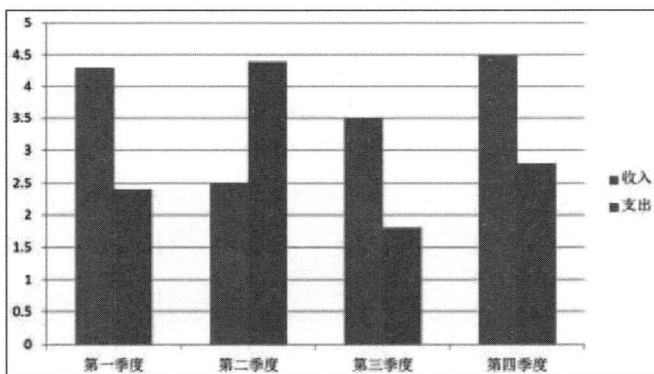

◆ 图 13-27　柱状数据图表的案例

柱状数据图表的作用，主要是显示一段时间内的数据变化，也可以表现数据之间的效果比较，在具体形态上分为水平轴组织和垂直轴组织。与柱状图同样常见的还有饼形图。图 13-28 所示为饼形数据图表的表现形式。

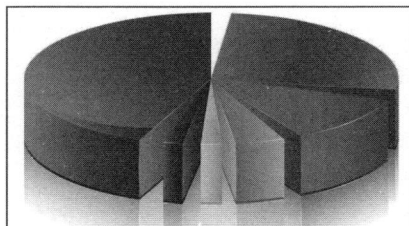

◆ 图 13-28　饼形数据图表的表现形式

饼形数据图表的作用是对一个数据系列中的相关数据进行说明，所有的数据份额共同组成整个饼图的百分比。需要注意的是，饼形数据图表中一般通过颜色的不同来代表不同的数据份额。

最后一种常见的数据图表为折线图，图 13-29 所示为折线数据图表的案例。折线数据图表的作用，主要是体现数据随着某个相关因素的变化而进行的同步变化。

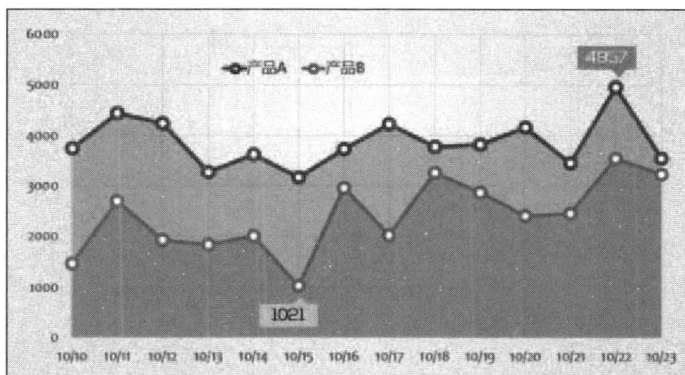

◆ 图 13-29　折线数据图表的案例

专家提醒

除了单个数据图表可以应用于商业计划书中之外，还可以通过多个数据图表相互叠加的方式来形成复合图表，表现内容更为复杂的数据信息。

通过真实数字展现内容

14.1 计划书中数字的价值

在商业计划书中，数字是十分常见的。其与词语的重要性等同，能够对整个商业计划书的内容起到积极表现和传达的效果。从根本意义上而言，数字就是让投资者相信商业计划书的相关内容是以某些事实作为依据。

图 14-1 所示为某商业计划书中的长期目标内容，其中就通过数字的方式来证明团队的发展战略是有明确目标的，便于获得投资人的认可。

长期目标	发展 20-50 家特许经营加盟店，品牌强化。	十年	广东省大中城市
	发展 80-100 家特许经营加盟店，成为全国知名品牌。	十五年	中国南方地区所有大中城市
	发展 200 家以上的分店(包括直营和特许)	二十五年	全国所有大中城市

◆ 图 14-1 某商业计划书中的长期目标内容

14.1.1 抓住人注意力的敏感性

在商业计划书中，数字的价值首先是体现在吸引投资人的注意力方面。与文字相比，数字的形态、意义都更容易被投资人所关注到，所以善于运用数字能够提升商业计划书的成功性。

要想更好地实现抓住人注意力的敏感性这个目标，数字的实际运用可以遵循如图 14-2 所示的 4 个要点。

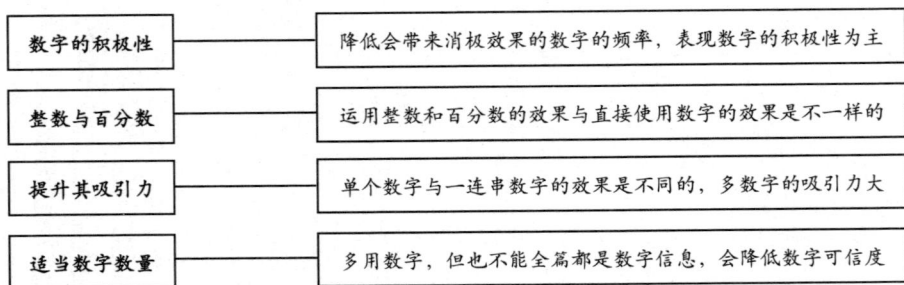

数字的积极性	降低会带来消极效果的数字的频率，表现数字的积极性为主
整数与百分数	运用整数和百分数的效果与直接使用数字的效果是不一样的
提升其吸引力	单个数字与一连串数字的效果是不同的，多数字的吸引力大
适当数字数量	多用数字，但也不能全篇都是数字信息，会降低数字可信度

◆ 图 14-2 数字的实际运用可以遵循的 4 个要点

图 14-3 所示为某商业计划书中的目标市场分析，其中数字的形式以整数和百分数为主，将市场利润充分展示给投资人。

2、项目产品的目标市场

据我省农机部门式验测定，玉米机械化收获可以有效增强玉米生产的节本增效和抗灾减灾能力，机收每公顷可减少损失 3%～5%，平均节约成本 225 元左右；采用机械化收获玉米，可以把劳动力从繁重的手工作业中解放出来，每台玉米联合收割机能替代 70～80 个劳动力，生产效率是人工劳动的 60 多倍，每亩比人工费用节约生产成本 50 元左右。本产品价格便宜、性价比高，适合西部欠发达地区玉米种植分散、地况复杂的特点，因此目标市场为我省乃至西部地区广大玉米农户、饲料加工企业和养殖企业，广泛用于目标客户收获玉米秸秆加工青贮饲料。

◆ 图 14-3 某商业计划书中的目标市场分析

14.1.2 直接证明内容现实基础

除了吸引投资人的注意力之外，在数字的价值方面，还有一个重要作用就是数字直接证明了商业计划书内容的现实基础，能够说明相关数字并不是凭空而来的，从而得到投资人的进一步认可。

图 14-4 所示为某商业计划书中的产品市场分析，通过真实的数字来证明商业计划书中相关项目的潜力。

1、项目产品市场概况及需求情况

据统计，我省玉米种植面积今年近 1 300 万亩，全省目前玉米联合收割机约 450 台，玉米机收面积约 70 万亩。从今年开始，我省确定了 13 个玉米联合收获示范县市区，在中央财政补贴的基础上实行省级财政累加补贴，引导农机大户、种植大户及农业生产公司等民间经济实体加大对玉米机械的投入。预计全省玉米机械化收获面积今后年均会增加 40 万亩以上，即便如此，到"十二五"末，玉米机械化收获水平仅能达到我省现有玉米种植面积的 25%左右。就是说仅我省每年玉米收获机械就有 200～300 台的增加需求量。

◆ 图 14-4 某商业计划书中的产品市场分析

需要注意的是，在证明内容的现实基础方面，数字不仅仅出现在相关数据的整合分析上，也出现在具体产品的型号上。通过对相关产品型号的说明，来证明项目的提出是有一定的真实依据。

图 14-5 所示为某商业计划书中对相关产品型号的说明。

秸秆青贮的机械有：河北农哈合机械有限公司生产的 4Q-10 型青贮收获机、4PQ-10 型自走式青饲料收获机；石家庄市金达机械厂生产的 9QSJ-20、9QSJ-40 青饲料收获机；山东向农集团生产的 S-900 型牧神牌青贮饲料收获机；新疆机械研究院生产的 9QSD-750 型青贮饲料收获机；河北省固安县双桥农牧机械厂生产的 93QS-5.0I、93QS-5.0II 型青贮切碎机、93ZP-1.6 型铡草机(圆盘式)；石家庄农牧机械厂生产的 9DQ-150、9DQ-100、9DQ-60 型青贮砌碎机；鹿泉市农牧机械厂生产的 93ZP-600A、93ZP-2.0 型青贮铡草机等。

◆ 图 14-5　某商业计划书中对相关产品型号的说明

14.2　计划中数字的表现方面

商业计划书中数字可以运用到每一个环节，但是具体的表现主要集中于 3 个方面。图 14-6 所示为数字的常见表现方面。

◆ 图 14-6　数字的常见表现方面

14.2.1　表现市场规模的数据

图 14-7 所示为某商业计划书中表现市场规模的数据的内容。

据统计，截至 2008 年年底，互联星空的全国用户数量已经超过 1 亿，仅上海地区就超过了 800 万。根据中国电信的市场拓展计划，到 2012 年，全国互联星空的用户数量将超过 2 亿，仅上海地区就将超过 2 000 万。

综合来看，目前仅在上海地区，电信 IPTV 和互联星空的用户就已经超过 1200 万，随着未来上海×× 在北京、郑州、西安、哈尔滨、成都 5 个分公司的建立，×× 将会在全国铺开服务网络，用户数量会迅速增长。

◆ 图 14-7　某商业计划书中表现市场规模的数据的内容

> **专家提醒**
>
> 　　在大部分商业计划书中，表现市场规模方面的内容都会涉及相关数据，完全没有数据的内容是无法获得投资人认可的。尤其是在与产品市场直接相关的数据方面，相关数字必须要足够精准和精细。越详细地展示数据，越能让投资人了解市场的规模和潜力。

14.2.2　盈利模式的数字计算

　　在商业计划书的盈利模式方面，没有数字的支持就是属于空口无凭。必须有严格逻辑关系的与盈利模式相关的数字计算，才能让投资人清楚地认识到其投资的盈利程度和可能性。

　　图 14-8 所示为某商业计划书中涉及盈利模式的数字计算内容。

六、产品盈利能力分析

　　由于我们的产品品种多样（100 多种），无法全部列示，以下仅以牛肉串　分析

　　　　每斤精选牛肉 15 元／斤（现广州牛肉市价），可以制作 45 串。每串牛肉成本 0.33 元，售价 1.00 元，每串毛利 0.67 元。每天平均销售 800～1 000 串（业内数据）。以每天销售 800 串计算。每天营业额 800 元，扣掉牛肉成本 264 元，原料成本 20 元，每天利润 516 元。每月毛利 1.548 万元。再扣除其他费用（水费，电费，工资等），纯利达 1.2 万元左右。**可见我们产品盈利空间之大**

◆ **图 14-8　某商业计划书中涉及盈利模式的数字计算内容**

　　除了在文字中夹杂数字的方式来表现内容之外，为了更好地让投资人认识到项目的盈利模式，还可以通过表格的方式来表现。图 14-9 所示为某商业计划书中的利润计划表。

利润计划表		三月	四月	五月	六月	九月	十月	十一月	十二月
销售收入	含税销售收入	78 000	78 000	78 000	72 000	72 000	72 000	78 000	85 500
	营业税等税	3 500	3 500	3 500	3 200	3 200	3 200	3 500	4 000
	税后净收入	74 500	74 500	74 500	68 800	68 800	68 800	74 500	81 500
总成本		20 250	20 250	20 250	20 250	20 250	20 250	20 250	20 250
利润		54 250	54 250	54 250	48 550	48 550	48 550	54 250	61 250
个人所得税（月）		7 288	7 288	7 288	5 800	5 800	5 800	7 288	9 738
税后净利润（月）		46 962	46 962	46 962	42 750	42 750	42 750	46 962	51 512

◆ **图 14-9　某商业计划书中的利润计划表**

14.2.3　资金使用的相关数据

　　资金使用的数据分析，也是投资人关注的重点内容，其需要了解投资之后的资金是否被运用到恰当的地方。在这部分内容中，没有资金的具体使用细节，就无法证明资金的具体流向。

　　图 14-10 所示为某商业计划书中资金使用的相关数据分析。

　　项目总投资 120 万元，其中自筹 20 万元，计划融资 100 万元。

　　自筹资金主要用于组装车间建设、研发、人员工资、管理费用、财务费用等。融资资金 100 万元，主要用途：

组装线建设	20 万元
科研开发费用	10 万元
补充流动资金	90 万元

　　本公司采取增资扩股的方式进行股权融资，融资的 100 万元占增资扩股后公司注册资金的 49%。

◆ 图 14-10　某商业计划书中资金使用的相关数据分析

　　如果商业计划书的内容重要性较为突出，那么资金使用的相关数据可以更为细节化，以获得投资人的信任。图 14-11 所示为某商业计划书中资金使用的相关细节数据展示。

八、资金计划

公司成立初期共筹集资金共 2 万。资金主要用于购买购办公桌椅、租借店面以及雇佣员工；另外还有宣传费用，管理费用等。

店铺建设投资：

〈一〉、**办公桌椅**：2 000 元

〈二〉、**店面租金**：24 000 元 / 年

〈三〉、**宣传策划费用**：6 000 元 / 年

〈四〉、**推广费用**：预计用资 6 800 元 / 年

（1）发放宣传单	300 元
（2）在校内挂横幅，借助校园内公共宣传工具宣传	500 元
（3）策划制定专门的露天活动	2 000 元
（4）新饰品展销派对	2 000 元
（5）与各大高校协作举办商业街，参与社团各类活动	2 000 元

◆ 图 14-11　某商业计划书中资金使用的相关细节数据展示

14.2.4 与发展相关数据预测

数据的应用还常见于与发展相关的内容，图 14-12 所示为某商业计划书中对产品服务的收入分析。

3、收割服务收入

自备 2 台小型自走式玉米青贮饲料收获机，每台每天收割 12 亩，每亩按 280 元计算，每天收入 3 360 元。收割 60 天每台收入为 20.16 万元，2 台共收入 40.32 万元。

成本计算：

司机 1 人，每天工资 200 元

杂工 2 人，每天每人工资 100 元，共计每天工资 200 元

油料每天 360 元

设备折旧和维修每天 660 元

每天成本总计 1 420 元，60 天总成本 85 200 元

每台利润总额：11.64 万元，两台共 23.28 元

劳务税率按 3% 计算：0.7 万元

所得税：5.82 万元

净利润：16.76 万元

2012 年累计收入 220 万元，实现净利润 52.86 万元

◆ 图 14-12 某商业计划书中对产品服务的收入分析

在具体的数字运用中，也可以通过简化的模式来展示相关数据，将重要的数字信息集中展示。图 14-13 所示为某商业计划书中对产品销售利润总额与净利润的数据分析。

3、销售利润总额与净利润

利润总额=年销售收入−年成本费用（生产成本、税金及附加、销售费用、管理费用）

（1）利润总额为 48.1 万元。

（2）所得税：所得税率按 25% 计算，即所得税额为 12 万元。

（3）净利润：36.1 万元。

◆ 图 14-13 某商业计划书中对产品销售利润总额与净利润的数据分析

14.3 数字表现的不同模式

尽管数字的外在形式是不可能变化的，但是其在不同商业计划书的模式中的表现和作用也有所不同。图 14-14 所示为数字在 3 种不同商业计划书中的应用。

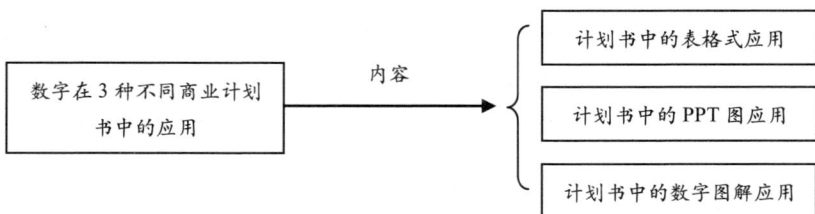

◆ 图 14-14　数字在 3 种不同商业计划书中的应用

14.3.1　计划书中的表格式应用

表格式应用是最为常见的一种数据表现方式，图 14-15 所示为某商业计划书中对项目盈利模式的表格式数据分析。

功能	收费对象	收费方式	收费数额
手机报	个人用户	包月制	3～5 元/月
电子期刊	个人用户	包月制	10～15 元/月
视听港	个人用户	包月制	15 元/月
		按流量算	1kb/0.5 分
折扣汇	商家用户	接入费	10万～20 万元/年
		根据用户使用量	1 元/条
		根据用户使用量	消费金额的 1%
名店城	商家用户	接入费	10万～20 万元/年
		下行广告数量	1 元/条
手机支付芯片	个人用户	根据购买数量	120 元/张
	商家用户	根据消费金额	消费金额的 1%
管家婆	个人用户	免费	用以完善××

◆ 图 14-15　某商业计划书中对项目盈利模式的表格式数据分析

需要注意的是，并不是所有的表格式应用都有表格的外在表现形式。图 14-16 所示为某商业计划书中对经济效益的预测分析，并没有外在的表格形式。

```
5、企业经济性、盈利性和收获能力
经济效益预测：
年营业收入：          50 万元
年营业总成本：        40 万元
年利润：              10 万元
所交所得税：          2.7 万元
税后利润：            7.3 万元
提取盈余公积：        1.01 万元
可分配利润：          6.29 万元
投资回收期：          3 年
```

◆ 图 14-16　某商业计划书中对经济效益的预测分析

14.3.2　计划书中的 PPT 图应用

商业计划书采用 PPT 的格式进行制作的方式并不常见，主要是针对部分小型的商业计划书。在 PPT 格式的商业计划书中，数据的应用也是十分常见的。

图 14-17 所示为某 PPT 格式商业计划书中的项目投资亮点介绍，PPT 图片展示的方式能够更好地表现数据信息。

```
投资亮点

● 中国出境旅游市场容量巨大
    – 2010年达到5 000万人次

● 领先的行业地位
    – 中国出境旅游（欧、澳、非、美洲）最大的服务供应商之一
    – 北京最具影响力境外旅游品牌10强
    – 十大旅游网站，强大的旅游咨讯平台

● 丰富的产品及广泛的资源
    – 涵盖国内和欧、澳、非、美、亚洲的数百个团队定制线路和海岛游轮产品
    – 涵盖全国所有省份和直辖市的销售网络，3 000家同业旅行社客户
    – 境外50多个国家旅游局，30多家航空公司，40多家使馆等的良好合作
```

◆ 图 14-17　某商业计划书中的项目投资亮点介绍

在 Word 中也可以采用 PPT 图对相关数据进行分析，图 14-18 所示为某商业计划书中的 PPT 数据分析图，首先在 PPT 中制作图片，然后通过截图的方式将图片应用到 Word 中。

(RMB 1,000)	2008年	2009年
主营业务收入	**300 000**	**500 000**
批发	300 000	450 000
店面零售	0	50 000
毛利	**30 000**	**60 000**
批发	30 000	50 000
店面零售	0	10 000
净利润	**15 000**	**33 000**

◆ 图 14-18　某商业计划书中的 PPT 数据分析图

14.3.3　计划书中的数字图解应用

在商业计划书中，数字图解的方式分为饼行图、条形图、柱状图和折线图等。数字图解的基本类型与文字的包装类型是一致的，但是数字图解更侧重于展示数字本身的内容。

图 14-19 所示为商业计划书中对资金使用计划的数字图解。

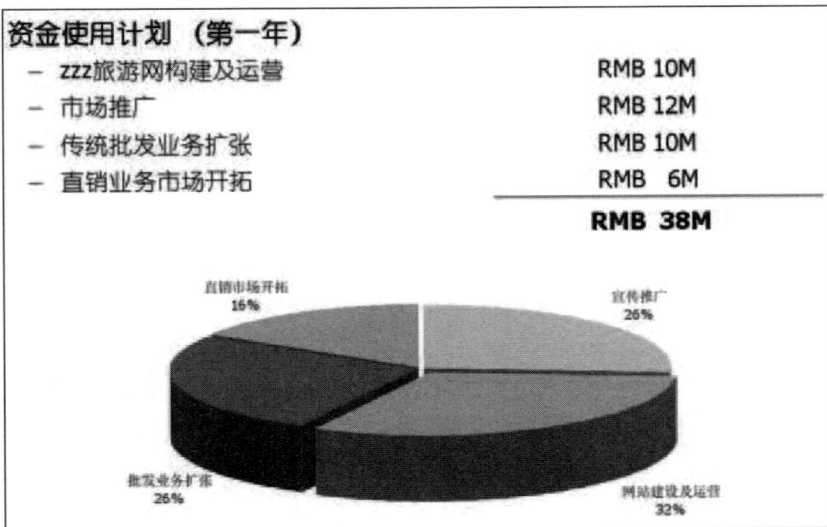

◆ 图 14-19　商业计划书中对资金使用计划的数字图解

除了饼形图之外，数字图解的实际应用中以条形图最为常见。图 14-20 所示为某商业计划书中的条形图形式的数字图解。

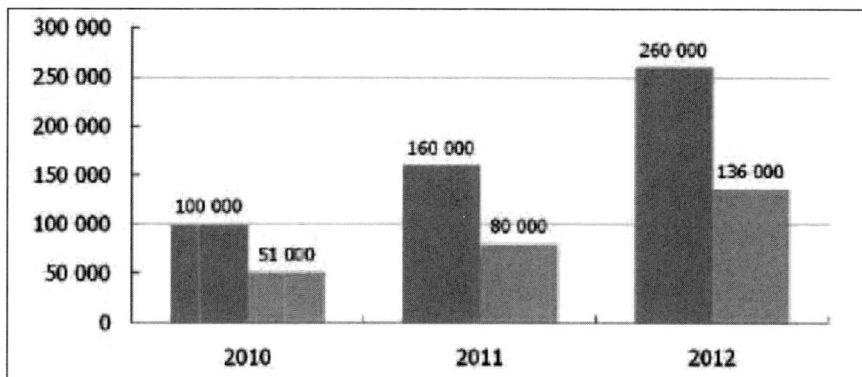

◆ 图 14-20　某商业计划书中的条形图形式的数字图解

PPT 制作的
优异性

15.1 从制作者角度出发的优势

PPT 的全称为 Microsoft Office PowerPoint，是由微软公司推出的影响力十分广泛的软件，主要作用是演示文稿信息。PPT 内的每一页内容称做幻灯片，不同幻灯片的内容有所不同，但是同一个演示文稿中的幻灯片的内容是相互有一定联系的。

图 15-1 所示为 PPT 文件中包含的 10 个部分的内容。

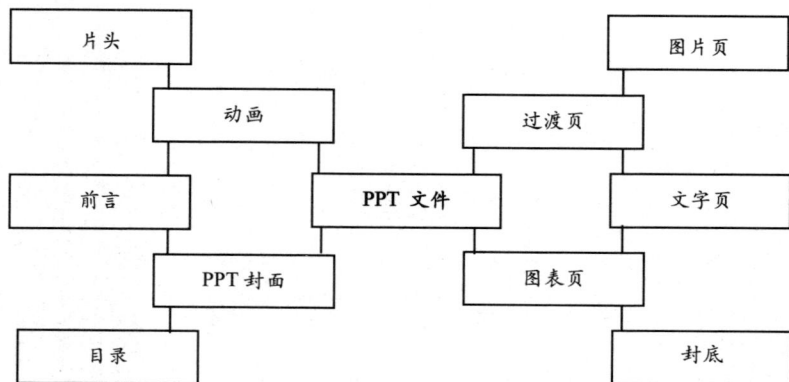

◆ 图 15-1　PPT 文件中包含的 10 个部分的内容

PPT 能够被应用于所有行业，但是最常见于如图 15-2 所示的 6 个方面。

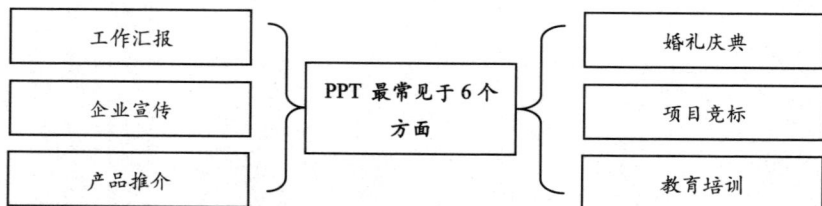

◆ 图 15-2　PPT 最常见于 6 个方面

本节的内容主要从商业计划书的角度，分析 PPT 模式对于制作者的优势。如图 15-3 所示，优势主要集中于 4 个方面。

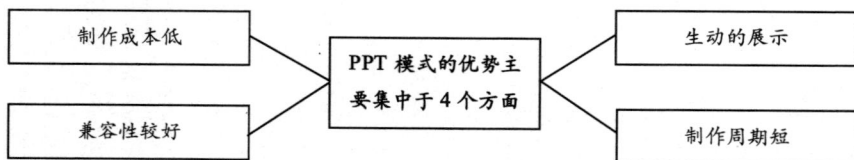

◆ 图 15-3　PPT 模式的优势主要集中于 4 个方面

15.1.1 制作成本低

PPT 的性价比是较为突出的，除了时间和项目信息收集上的支出成本之外，制作者几乎不需要付出额外的制作成本。

在具体的制作上，制作者可以根据相关模板来快速完成制作过程。图 15-4 所示为常见的模板制作方式分析。

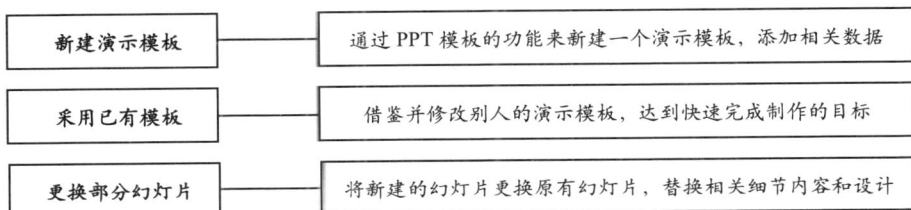

新建演示模板	通过 PPT 模板的功能来新建一个演示模板，添加相关数据
采用已有模板	借鉴并修改别人的演示模板，达到快速完成制作的目标
更换部分幻灯片	将新建的幻灯片更换原有幻灯片，替换相关细节内容和设计

◆ 图 15-4 常见的模板制作方式分析

如图 15-5 所示，为某个精美的 PPT 模板案例，制作者可以通过网络搜寻更多的模板素材。

◆ 图 15-5 某个精美的 PPT 模板案例

在具体的内容新建或更改中，制作者可以快速地改变相关细节，所需要花费的精力并不多。同时细节的修改能够让内容更好地进行展示，尤其是文字、图片等信息的重点突出。

如图 15-6 所示，为制作 PPT 中常见的 6 个细节内容。

◆ 图 15-6　制作 PPT 中常见的 6 个细节内容

15.1.2　兼容性较好

在具体的文档使用上，PPT 文件可以通过转换，变成 XPS 文件或 PDF 文件，以便与任何平台上的用户进行信息层次的共享。图 15-7 所示为两种文件形式的相关分析。

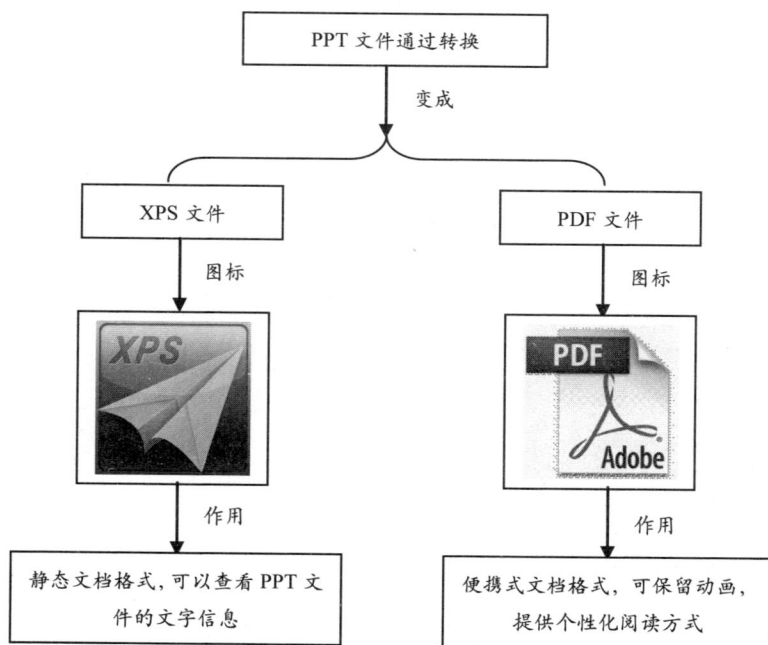

◆ 图 15-7　两种文件形式的相关分析

PPT 的兼容性使其被制作完成之后的适用范围能够达到更广阔的方面，便于投资人快速通过软件查看相关信息。

PPT 作为应用较为广泛的软件，大部分场合下都能被使用。图 15-8 所示为常见的 3 种使用方式。

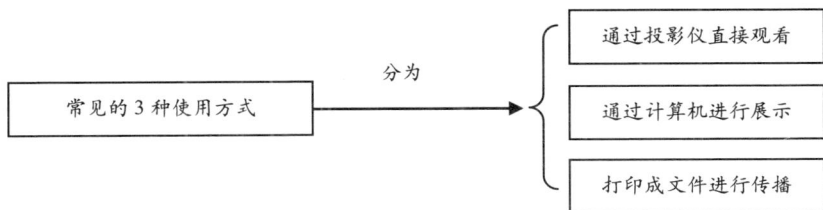

◆ 图 15-8　常见的 3 种使用方式

15.1.3　生动的展示

在 PPT 中，信息的生动展示主要分为静态展示和动态展示两种方式。图 15-9 所示为精美烤肉美食幻灯片模板。

◆ 图 15-9　精美烤肉美食幻灯片模板

这种图片和文字结合的方式能够更好地突出信息，比如，美食的图片就能够更加直观地让投资人感受到美食的魅力及投资餐饮的潜力，也能够刺激投资人进行投资的潜意识。

除了精美的静态展示方式之外，还有就是动态的展示方式。图 15-10 所示为动态模板中动画的前后变化。

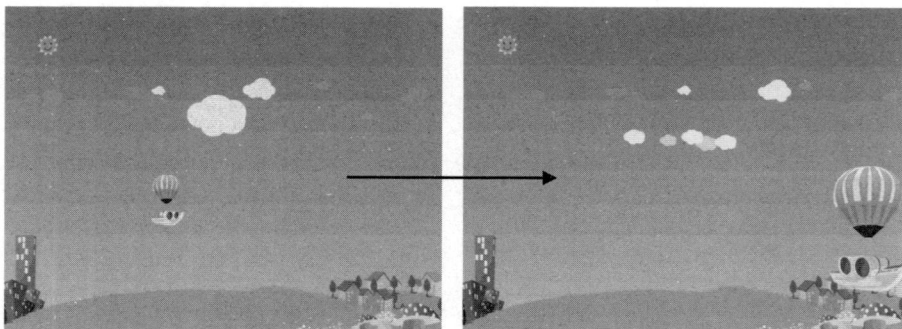

◆ 图 15-10　动态模板中动画的前后变化

15.1.4　制作周期短

由于 PPT 的制作往往可以直接根据相关模板来完成，所以整个商业计划书的制作周期会大量缩短。同时 PPT 内幻灯片的展示模式以精简为主，也会进一步降低 PPT 的制作难度。

图 15-11 所示为百度文库中某个 PPT 模式商业计划书的相关页面，从中可以看出整个商业计划书只有 18 页，与其他模式的商业计划书相比，PPT 模式的商业计划书的页数较低，完成难度随之降低，制作周期也随之缩短。

(RMB 1,000)	2008年	2009年
主营业务收入	**300,000**	**500,000**
批发	300,000	450,000
店面零售	0	50,000
毛利	**30,000**	**60,000**
批发	30,000	50,000
店面零售	0	10,000
净利润	**15,000**	**33,000**

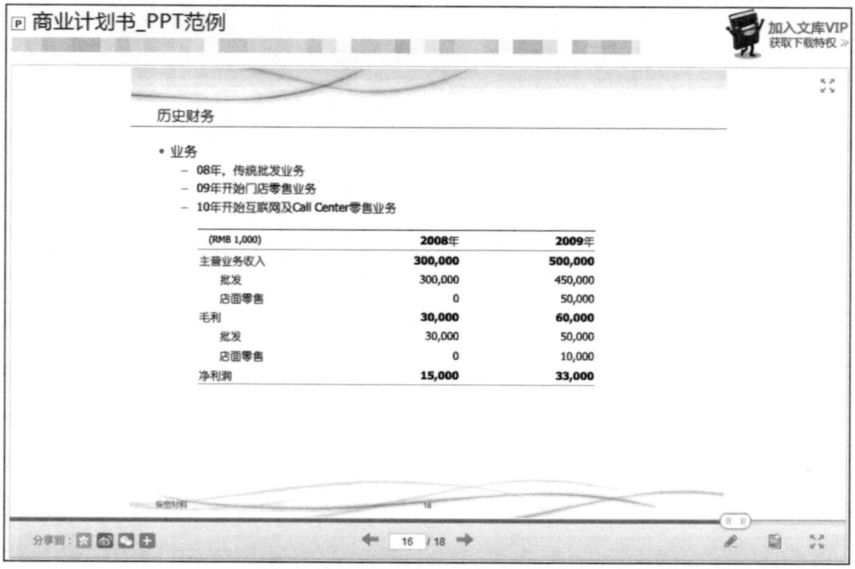

◆ 图 15-11　百度文库中某个 PPT 模式商业计划书的相关页面

15.2 从接受者角度出发的优势

从投资人的角度而言，PPT 模式的商业计划书主要有 3 个方面的优势。图 15-12 所示为 PPT 模式从接受者角度出发的优势分析。

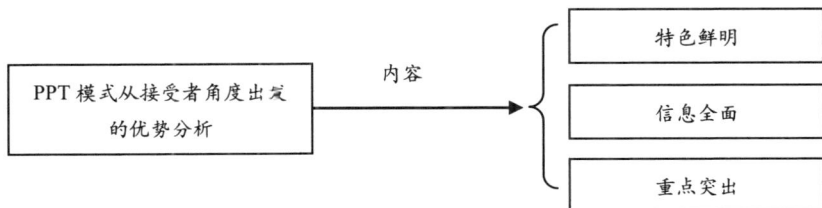

◆ 图 15-12　PPT 模式从接受者角度出发的优势分析

15.2.1　特色鲜明

由于图片的直观效果较强，所以通过 PPT 模式制作的商业计划书往往特色鲜明。图 15-13 所示为以纯色为背景的 PPT 模式。

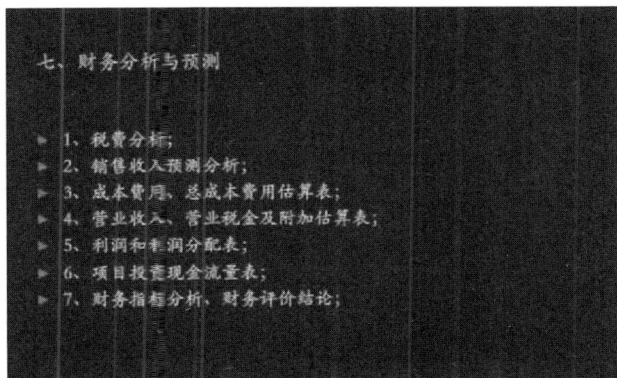

◆ 图 15-13　以纯色为背景的 PPT 模式

以纯色为背景，容易突出文字本身信息，同时以幻灯片为单位进行信息的展示也更为便捷，往往应用于较为严肃的商业项目中，比如，大中型企业的融资需求说明、项目的具体内容分析等。

除了纯色之外，不同商业计划书的表现特色也是各有不同的。图 15-14 所示为某 PPT 模式商业计划书中的幻灯片，通过精美的模式设计，将自身特色与项目内容同时展示出来。

◆ 图 15-14　某 PPT 模式商业计划书中的幻灯片

15.2.2　信息全面

尽管 PPT 模式的商业计划书的页数一般不多，但是其更类似于商业计划书的摘要，在具体的信息展示上是相当全面的。图 15-15 所示为某商业计划书中管理团队的介绍模板。

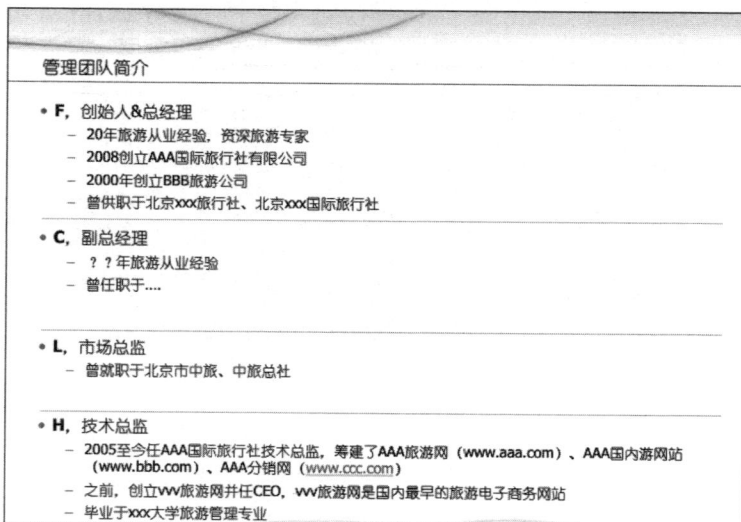

◆ 图 15-15　某商业计划书中管理团队的介绍模板

在一个完整的商业计划书中需要有的内容，在 PPT 模式中都需要有对应的信息进行展示。图 15-16 所示为某商业计划书中对项目商业模式的分析。

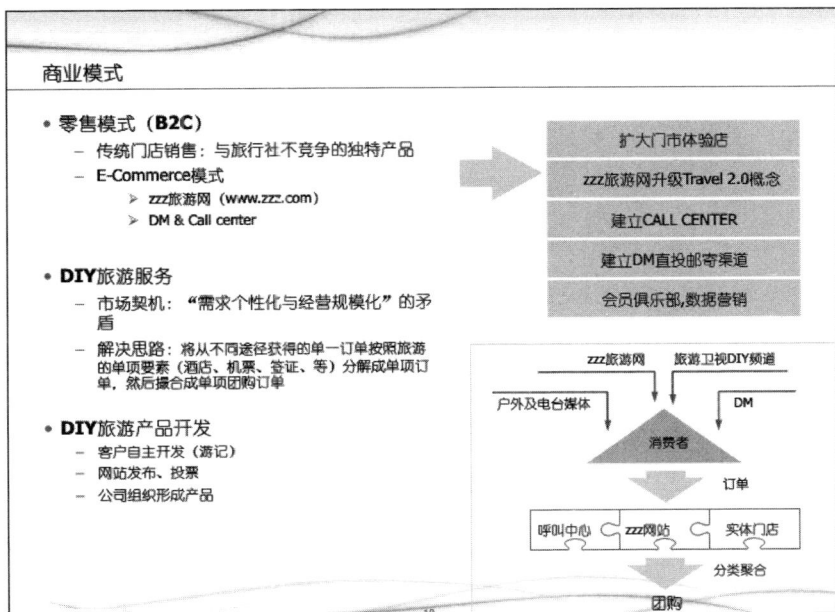

◆ 图 15-16 某商业计划书中对项目商业模式的分析

15.2.3 重点突出

在 PPT 中的页数减少的前提下，重点突出内容就成为展示信息的基本要求。图 15-17 所示为 PPT 中对项目财务预测及融资规划的分析，通过数字信息的展示和分析来突出重点。

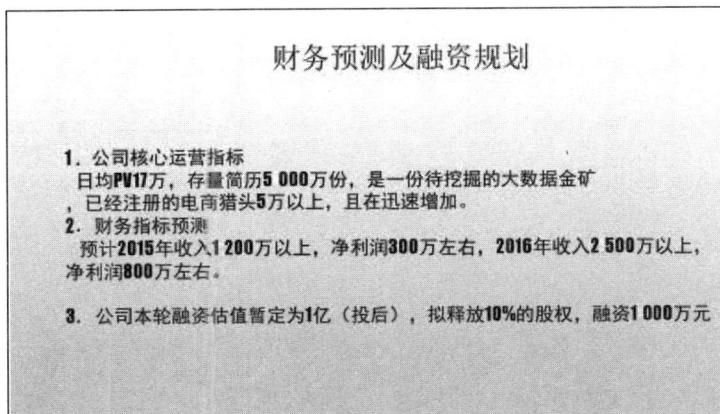

◆ 图 15-17 PPT 中对项目财务预测及融资规划的分析

每一个幻灯片的篇幅都是有限的，能够展示的文字信息较少，但这种方式对于突出重点更为有利。图 15-18 所示为 PPT 中对团队信息的相关分析，通过醒目的数字来展示重点。

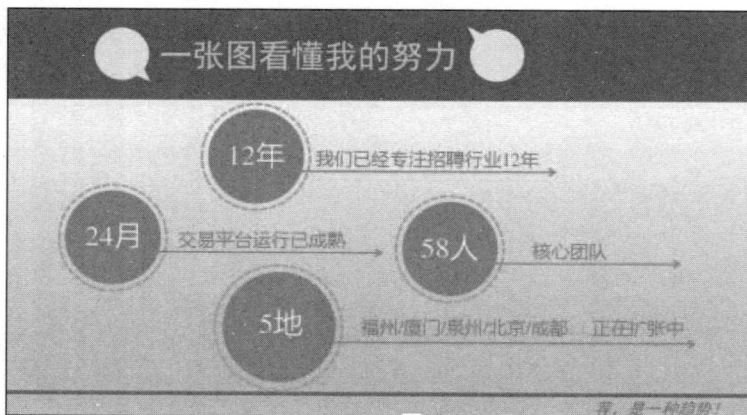

◆ 图 15-18　PPT 中对团队信息的相关分析

15.3　从计划书的要求出发的优势

从商业计划书本身的内容要求而言，PPT 模式的优势主要分为 3 个方面，具体分析如图 15-19 所示。

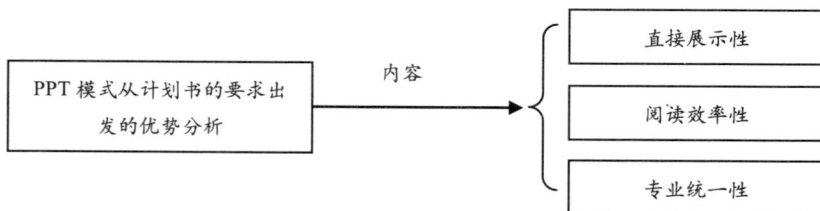

◆ 图 15-19　PPT 模式从计划书的要求出发的优势分析

15.3.1　直接展示性

直接展示信息是商业计划书的基本要求，要求创作者去掉烦琐的信息内容，提炼核心文字。PPT 模式完美地解决了这个问题，展示核心信息的功能本就是 PPT 的特色所在。

图 15-20 所示为 PPT 中某一个幻灯片的内容，其表现方式为文字简洁、排版整齐，同时中心点内容突出。

◆ 图 15-20　PPT 中某一个幻灯片的内容

图表在 PPT 中的应用，也是着力于信息展示方面。图 15-21 所示为某个 PPT 中的图表内容，通过循序渐进的方式来展示项目的商业模式信息。

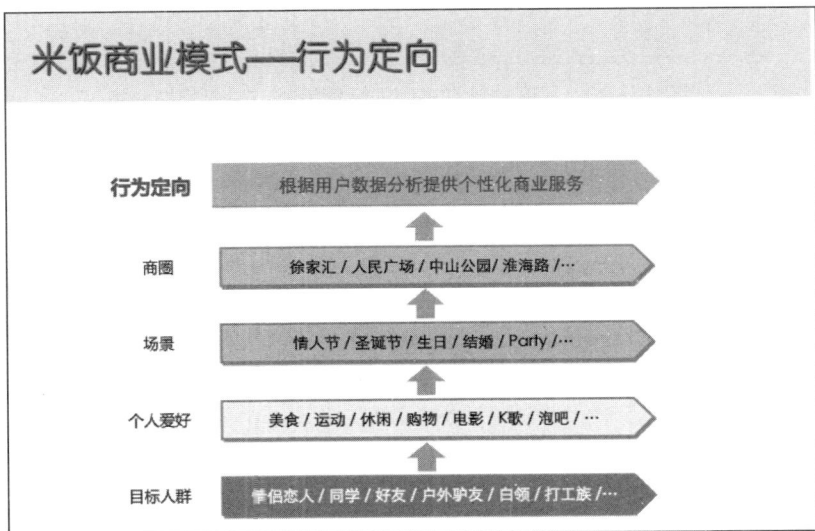

◆ 图 15-21　某个 PPT 中的图表内容

15.3.2 阅读效率性

在 Word 模式的商业计划书中，投资人可以通过商业计划书的摘要来了解整个商业计划书的大概内容，但是具体的内容还需要通过阅读数十页的计划书来进行详细分析。对于 PPT 模式的商业计划书而言，投资人阅读整个计划书所需的时间精力大大降低，也就提高了阅读的效率性。

在单个幻灯片中，内容往往集中于一个中心点。图 15-22 所示为某商业计划书中的运营策略与投资回报分析，幻灯片的内容围绕运营策略与投资回报进行，这种方式便于信息的集中体现，从而提高阅读效率。

阶段	价格及盈利策略	股本规模	对外融资或股东拆借	资金规模	股本回报率	资产回报率	年税前利润
初期运营	低价策略，做规模	150.0	150.0	300.0	25%	13%	37.5
代理商阶段	差异化价格策略，提高平均利润率	300.0	200.0	500.0	40%	24%	120
运营商阶段	品牌战略，稳定利润率	500.0	500.0	1000.0	60%	30%	300

◆ 图 15-22 某商业计划书中的运营策略与投资回报分析

除此之外，分点进行内容阐述的方式也是提高阅读效率的方法。图 15-23 所示为某商业计划书中对成本估算内容的分点阐述。

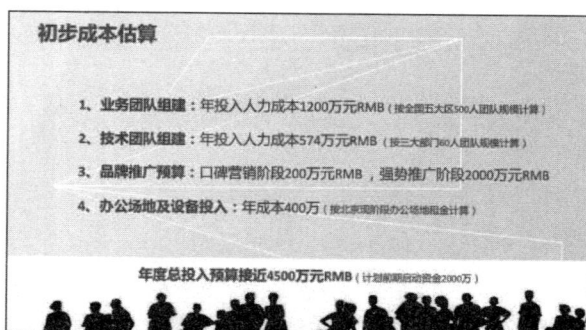

◆ 图 15-23 某商业计划书中对成本估算内容的分点阐述

15.3.3 专业统一性

在创作 PPT 模式的商业计划书时，从第一个幻灯片到最后一个幻灯片，创作者往往都采用同一种风格，从而让商业计划书保持统一的表现方式，也体现出制作水准上的专业性。

图 15-24 所示为某商业计划书中采用统一风格来表现不同内容的案例，模板形式不变的前提下，文字内容根据需求进行更改。

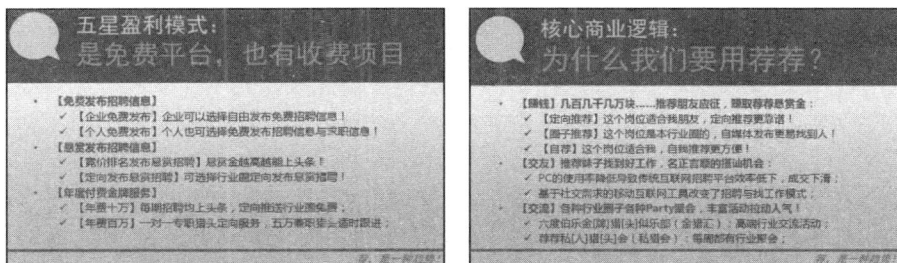

◆ 图 15-24　某商业计划书中对成本估算内容的分点阐述

大部分的 PPT 模板都是采用同一种风格，但是对于少数 PPT 而言，在同一个商业计划书中可以根据内容的不同而分为多种风格，但多种风格同样存在一定的相同性。图 15-25 所示为某商业计划书中的团队介绍和财务预算，不同内容的介绍模式存在不同之处，但是整体的色彩搭配、内容的展示方式是类似的。

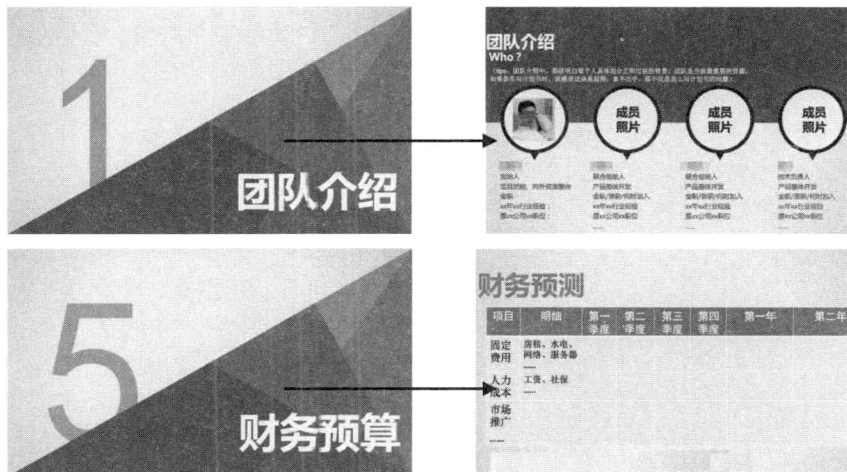

◆ 图 15-25　某商业计划书中的团队介绍和财务预算

16
CHAPTER

Word 完美诠释目标

16.1 从制作者角度出发的优势

Word 的全称为 Microsoft Office Word，是由微软公司推出的一个文字处理器应用程序，主要作用是为用户提供较为美观的文档，与 PPT 同属于微软推出的 Office 套件的核心程序。

与 PPT 模式相比，Word 的功能内容较少，其中直接涉及内容编辑的文件按钮主要有 6 个。图 16-1 所示为 6 个文件按钮的相关名称。

信息展示	6个文件按钮的相关名称	共享文档
新建文档		打开文档
打印文档		保存文档

◆ 图 16-1　6 个文件按钮的相关名称

Word 从正式出现以来，已经有十几次的功能更新。图 16-2 所示为 Word 软件的部分更新历程。

```
1989年 11月 Microsoft Word for Windows 1.0
1990年 Microsoft Word for Windows 1.1
1990年 Microsoft Word for Windows 1.1a, Windows 3.1专用
1991年 Microsoft Word 2 for Windows
1993年 Microsoft Word 6 for Windows
1995年 Microsoft Word 95, 亦称Word 7
1997年 Microsoft Word 97, 亦称Word 8
1999年 Microsoft Word 2000, 亦称Word 9
2001年 Microsoft Word XP, 亦称Word 10
2003年 Microsoft Office Word 2003, 亦称Word 11
2006年 Microsoft Office Word 2007, 亦称Word 12
2010年 Microsoft Office Word 2010, 亦称Word 14
2012年 Microsoft Office Word 2013, 亦称Word 15
```

◆ 图 16-2　Word 软件的部分更新历程

本节的内容主要从商业计划书的角度，分析 Word 模式对于制作者的优势。

如图 16-3 所示，优势集中于 6 个方面。

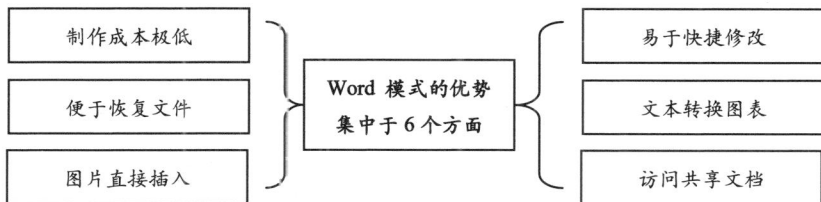

```
制作成本极低
便于恢复文件          Word 模式的优势
图片直接插入          集中于 6 个方面

易于快捷修改
文本转换图表
访问共享文档
```

◆ 图 16-3　Word 模式的优势集中于 6 个方面

16.1.1　制作成本极低

在商业计划书的制作方式中，成本最低的就是 Word，软件的功能十分强大，能够帮助用户快速完成商业计划书的制作，而用户无须为软件本身付出太多费用。

图 16-4 所示为 Word 2016 版本的启动界面。

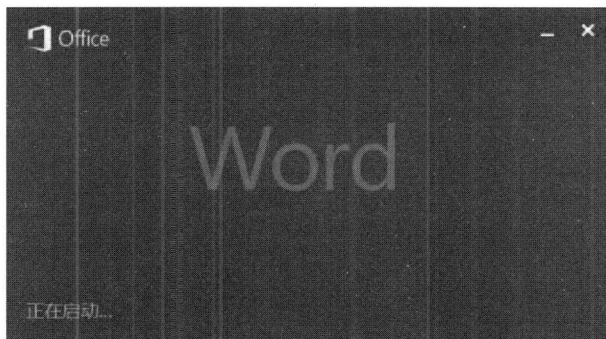

◆ 图 16-4　Word 2016 版本的启动界面

在商业计划书的具体制作中，创作者可以通过 Word 的免费功能来添加相关效果，从而更有效地展示文字信息，以及提高商业计划书的制作效率。图 16-5 所示为 Word 中部分免费功能的说明。

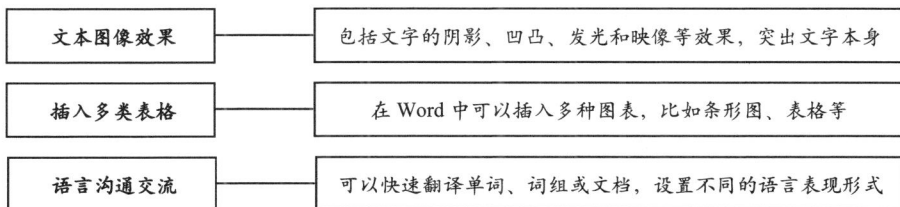

文本图像效果	包括文字的阴影、凹凸、发光和映像等效果，突出文字本身
插入多类表格	在 Word 中可以插入多种图表，比如条形图、表格等
语言沟通交流	可以快速翻译单词、词组或文档，设置不同的语言表现形式

◆ 图 16-5　Word 中部分免费功能的说明

16.1.2 图片直接插入

对于商业计划书的创作者而言，软件能够帮助其快速地调动图片、文字，就能够节省其完成商业计划书的时间。在 Word 中，图片的直接插入正是其主要的功能之一。图 16-6 所示为某商业计划书中插入的相关授权证书图片案例。

◆ 图 16-6　某商业计划书中插入的相关授权证书图片案例

除了插入图片之外，创作者还可以通过 Word 中的图片编辑工具，对相关图片进行简单编辑。图 16-7 所示为图片编辑工具的部分功能。

◆ 图 16-7　图片编辑工具的部分功能

16.1.3 易于快捷修改

快捷修改主要分为快速查找和及时修改两个方面的内容，方便创作者对商业计划书的内容进行改正或添加相关信息。

内容的快速查找可以通过 Word 功能实现，图 16-8 所示为查找相关内容的
4 种方式。

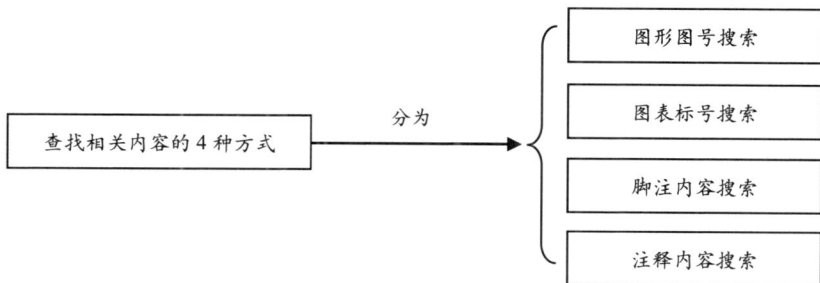

◆ 图 16-8　查找相关内容的 4 种方式

快速查找到相关内容之后，就可以通过修改来达到目标。Word 模式与 PPT
模式不同，在 Word 中并没有烦琐的幻灯片，无须根据幻灯片的页数进行查找，
而是直接在一个 Word 文档的界面范围内修改内容。

16.1.4　文本转换图形

在 Word 中软件自带有 6 种视觉图形，供用户选择适用的类型来完成相关工
作。图 16-9 所示为 6 种视觉图形的类型展示。

◆ 图 16-9　6 种视觉图形的类型展示

通过应用不同的类型，用户可以快速地使文本内容转换成为更加通俗易懂的视
觉图形。图 16-10 所示为某商业计划书中采用的组织结构图来说明内容的案例。

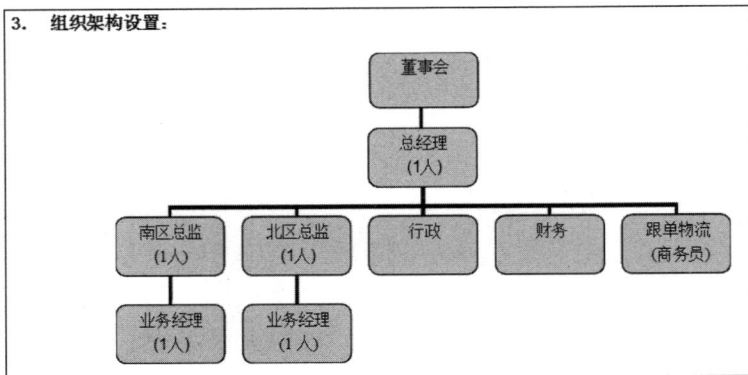

◆ 图 16-10　某商业计划书中采用的组织结构图来说明内容的案例

专家提醒

除此之外，创作者通过 Word 也可以直接将整个文档转化成 PDF 模式的文件，甚至还可以为 PDF 模式的文件添加独立密码。这种快速转化的方式能够进一步地提升文档的安全性，减少内容泄密的潜在可能。

16.1.5　便于恢复文件

为了防止用户的 Word 内容被意外消除，Word 为用户提供了自动保存文档的功能。图 16-11 所示为文档保存的相关设置，这种功能优势对于商业计划书的创作者而言是十分需要的。

◆ 图 16-11　文档保存的相关设置

16.1.6　文档快速共享

商业计划书在完成之后，可以第一时间通过文档共享的功能将文档发送出去。其他人可以通过接受文档，实现在任何地方访问、查看和编辑这些文档的目标。

目前 Word 的共享方式主要有 4 种，分别是邀请他人、电子邮件、联机演示和发布至博客。以电子邮件进行文档共享的方式来进行分析，图 16-12 所示为电子邮件共享文档的 5 种方式。

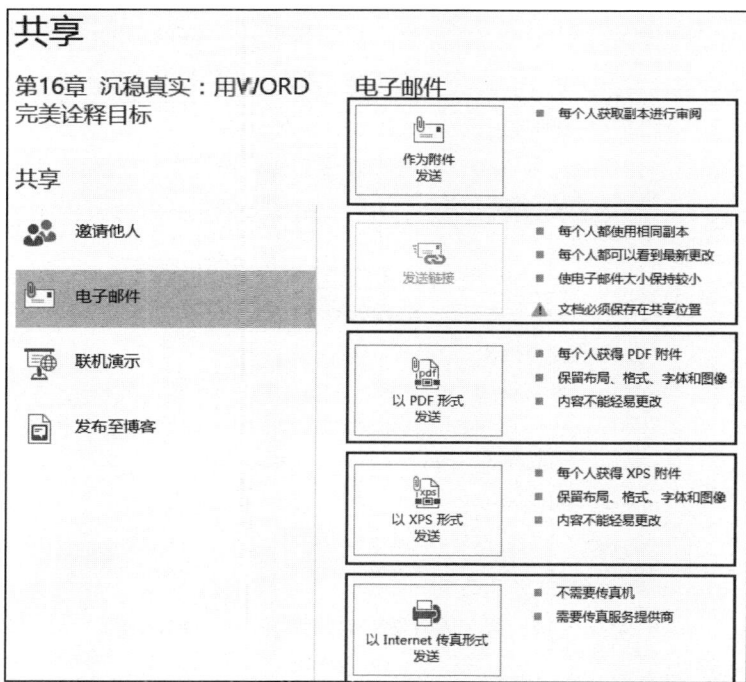

◆ 图 16-12　电子邮件共享文档的 5 种方式

16.2　从接受者角度出发的优势

从投资人的角度而言，Word 模式的商业计划书也具备 3 个方面的优势，但是细节上与 PPT 模式的商业计划书有所不同。图 16-13 所示为 Word 模式从接受者角度出发的优势分析。

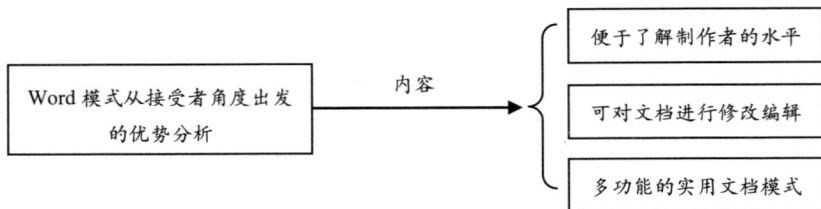

◆ 图 16-13　Word 模式从接受者角度出发的优势分析

16.2.1　便于了解制作者的水平

Word 模式的商业计划书，更能够直接地体现出制作者在商业上掌控全局的水平，在内容上包括商业计划书摘要和正文，投资人可以通过摘要对制作者的水平及项目内容获得基本的认识。

在部分简单的商业计划书中，制作者并没有提供摘要内容，而是直接展示正文内容。图 16-14 所示为某个简单型的商业计划书中的部分内容。

餐饮商业计划书
一、项目名称：**六汇集韩式自助烤肉绿色特色餐饮**
二、创业目标发展以巴味为注册商标的绿色特色餐饮品牌，利用合理有效的管理和投资，建立一个具有浓郁中韩文化特色的绿色餐饮有限连锁集团公司。六汇集韩式文化餐厅已成为目前餐饮经营者建店的一种时尚，主要也是因为消费者同样喜欢在这种环境中用餐。使消费者在吃的过程中了解一些当地的历史知识，风俗文化是它的最大优点。这种餐厅在短期内还不会被淘汰。当然还必须看该餐厅在对文化挖掘的层次和深度。

◆ 图 16-14　某个简单型的商业计划书中的部分内容

与具备优质摘要内容的商业计划书相比，这种简单型的商业计划书显然不够专业。图 16-15 所示为某商业计划书中的摘要部分。

专家提醒

对于商业计划书而言，投资人首先看重的就是摘要，所以专业的商业计划书中不能没有摘要内容。同时投资人可以通过各个环节的具体信息了解到制作者是否对项目本身有着充分的把握，相关的事项是否已有准备。

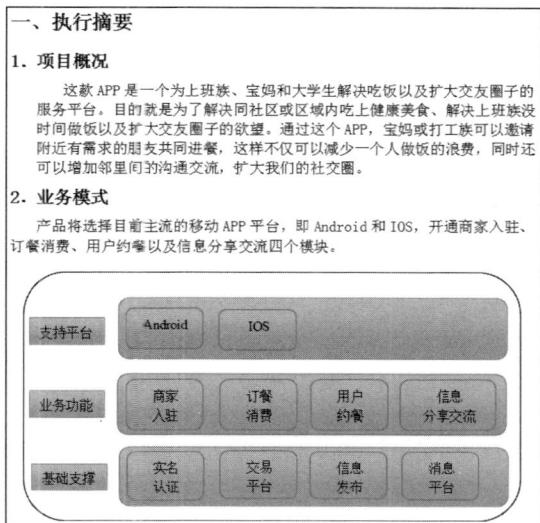

◆ 图 16-15　某商业计划书中的摘要部分

16.2.2　可对文档进行修改编辑

与 PPT 模式的商业计划书不同，Word 中的文字、图片，甚至是排版格式都是可以快速修改调整的。

这种模式对于投资人而言有 3 个方面的好处，图 16-16 所示为相关优势的详细分析。

◆ 图 16-16　相关优势的详细分析

16.2.3　多功能的实用文档模式

Word 模式是最通用的文档模式，无论是直接转化成为 PDF，还是用纯文本的方式打开都不影响其文字内容。

除此之外，Word 在不同的操作系统中有不同的功能，比如，在 Word 中的阅读模式，可以为用户提供更快捷阅读文件的界面。在触屏系统中，Word 直接支持多重触控和手写操作。

图 16-17 所示为触屏系统中的阅读模式的相关功能。

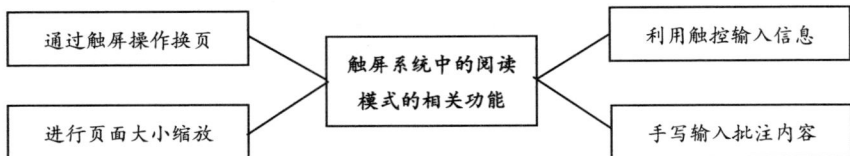

◆ 图 16-17　触屏系统中的阅读模式的相关功能

16.3 从计划书的要求出发的优势

从商业计划书本身的内容要求而言，Word 模式的优势主要分为 3 个方面，具体分析如图 16-18 所示。

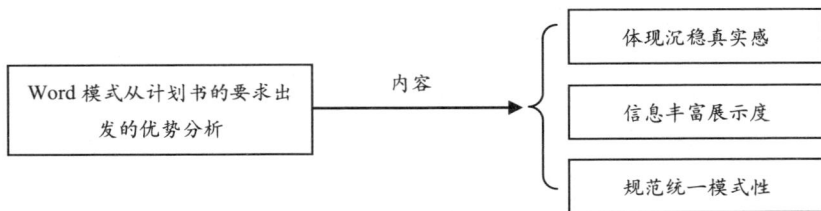

◆ 图 16-18　Word 模式从计划书的要求出发的优势分析

16.3.1　体现沉稳真实感

PPT 模式的商业计划书在外在的表现形式上非常精美，而 Word 的外在表现模式与之不同。图 16-19 所示为两种不同模式的商业计划书在竞争对手的分析内容上的外在表现对比。

专家提醒

图片和外在布局形式的精美会在一定程度上影响文字信息的完整表达，而 Word 模式的商业计划书以文字自身为核心，以图片、图表等作为内容表达的辅助方式，而不是将图片、图表等作为主体，这是 PPT 模式与 Word 模式的本质区别。

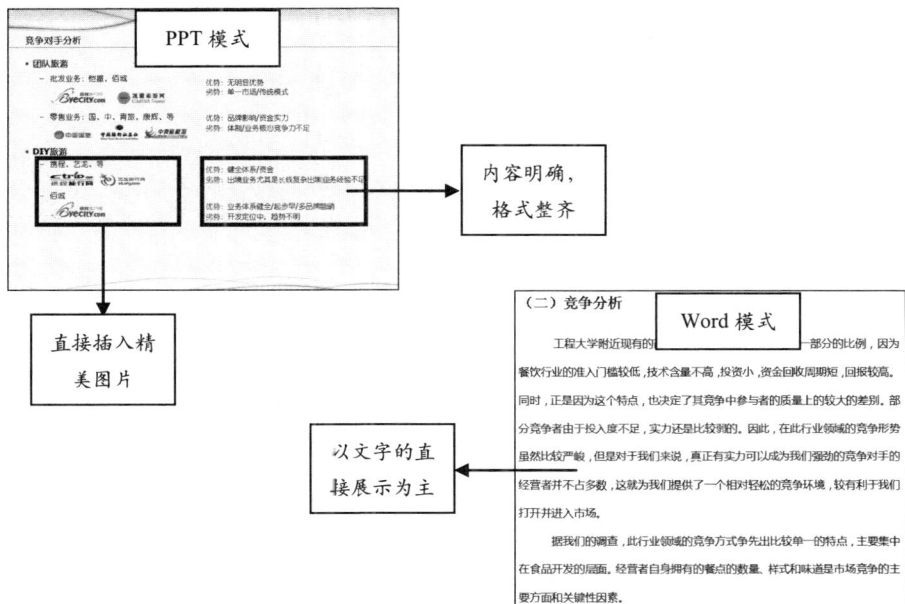

◆ 图 16-19　两种不同模式的商业计划书在竞争对手的分析内容上的外在表现对比

16.3.2　信息丰富展示度

在 Word 模式中，商业计划书的内容在每个环节上都是环环相扣的，信息上下连接，整体布局按照一定的写作顺序进行，而与 PPT 模式中以幻灯片为单位进行展示的方式不同。

Word 模式在信息丰富上的优势主要体现在 3 个方面，如图 16-20 所示。

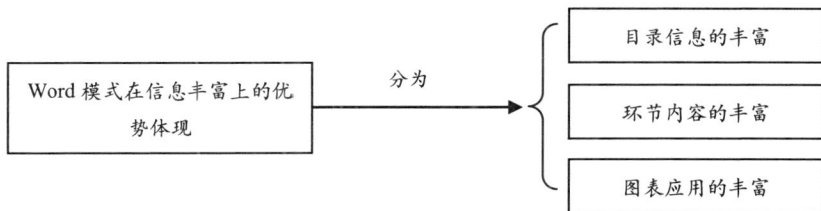

◆ 图 16-20　Word 模式在信息丰富上的优势体现

图 16-21 所示为某商业计划书的目录内容，目录中各个部分的内容分为多个两级标题进行全面展示，可见 Word 模式的信息丰富展示度是 PPT 所无法相比的。

目　　录

一、执行摘要 1
　1. 项目概况 1
　2. 业务模式 1
　3. 市场机会 1
　4. 投资与财务 2

二、项目介绍 2
　1. 项目简介 2
　2. 项目开发 3
　3. 发展战略 4
　4. 商业模式 5
　5. 组织架构 5

三、市场分析 5
　1. 目标顾客描述 5
　2. SWOT 分析 5

四、市场营销计划 7
　1. 市场定位 7
　2. 产品策略 7
　3. 产品特点 7
　4. 推广策略 8

◆ 图 16-21　某商业计划书的目录内容

由于 Word 的界面尺寸较大，所以在表现同一内容时，Word 能够更充分地展示内容的细节，从而提升信息的丰富程度。

图 16-22 所示为某商业计划书中的市场定位分析，在 2 级标题下又细分了多个标题，针对不同的内容重点进行分别分析。

1、市场定位

- 策划目的

　将我们的 APP 推出市场，先立足珠三角，打造出都市人喜欢的家庭式餐订的软件平台，占有大份的市场份额。

- 策划目标
  - ➢ 目标市场：上班族，宝妈，大学生，等社会大众（先是珠三角，后是全国）
  - ➢ 市场定位：家庭式餐厅的开展，活动交流。
  - ➢ 需要解决的问题。

①　市场上订餐平台软件很多，如何突出我们的特点？
②　消费者对我们的平台认知度不大，如何提高客户的认知度？
③　宣传要找准方法，如何找准市场？
④　可能性
a.　做好宣传，加深消费群体对我们的平台的认知度
b.　与学校，小区物业管理建立良好的合作关系，为以后开拓市场创造机会。
c.　挖掘年轻一代上班族成为我们的客户。

◆ 图 16-22　某商业计划书中的市场定位分析

PPT 中的一个图表往往就占据了一个幻灯片的内容，但在 Word 中，在分析信息时可以同时采用多个类型的图表来从不同角度证明信息的真实性，在信息展示上的丰富度也随之提升。

图 16-23 所示为某商业计划书中投资与财务分析报告内容中的表格，通过多个

表格展示不同信息的方式来表现与投资和财务相关的信息，提升信息的丰富度。

2、经营设备和办公家具

类别		金额（元）
办公室租金		72 000
办公设备	电脑	92 000
	传真、电话、打印机	1 600
	服务器	10 000
	办公家具	32 600
	办公用品	2 400
预算	薪资	1 062 000
	设备维修、开发 APP 费用、专利申请	240 000
	其他	27 960
合计		1 540 560

3、预期收益

年/名称	预期支出	预期收入	盈亏预算
第一年	￥4 381 560	￥0	￥-4 381 560
第二年	￥5 168 730	￥12 240 000	￥7 071 270
第三年	￥5 271 438	￥120 720 000	￥115 448 562
第四年	￥5 815 146	￥361 440 000	￥355 624 854
第五年	￥6 078 136	￥361 440 000	￥355 361 864

◆ 图 16-23　某商业计划书中投资与财务分析报告内容中的表格

16.3.3 规范统一模式性

大部分 Word 模式的商业计划书在表现形式上都是类似的，规范统一的外在表现就是由 Word 提供的基本功能所打造的效果。

图 16-24 所示为典型的 Word 模式的商业计划书的表现形式，其特点为文字整齐、按照内容顺序来进行为容的阐述。

项目商业计划书

一、概述：
随着市场竞争激烈化程度的不断升级，企业营销已日益成为决定企业生存和发展的主要环节。传统商业和互联网技术相结合而产生的电子贸易，打破了时间、地域的制约，为传统商业提供了更加广阔的市场舞台。
本项目即是着眼于市场未来发展趋势，以互联网为基础，以商务网站为服务平台，以企业客户为服务对象，以电子商务形式进行的区域性企业间商业活动的优质项目。

二、商业模式：
以传统商贸为基础，用互联网技术提供实时信息服务并实现 B2E 在线交易。通过提供信息服务、交易服务平台及销售代理取得收益。

三、核心技术：
本网站的核心技术为项目持有人研发的互动式在线交易系统，该交易系统有以下特点：
1. 购销双方可直接在网上进行洽谈，交易。
2. 将传统商贸中供方单向销售转为供求双方互动式交易。
3. 采用与实时价格同步的动态报价系统，可使客户在第一时间看到最新价格信息。
4. 采用自动比价系统，为客户购销决策提供准确的市场依据.
5. 采用自动议价和互动式议价相结合的议价系统，使客户以最优价格购买所需产品.

六、市场与竞争：
项目实施地西安是我国西部大开发的前沿，拥有很多商机，但目前尚无一个全面展示各行业信息和提供交易服务的平台，买卖双方常因信息不灵而失去许多交易机会，因此，现在介入西部电子商务的时机和市场均已成熟；
目前国内已有的电子商务网站均为全国性，且没有传统商贸做支撑，仅限于信息服务阶段，我们的项目将是区域性的，并有实际的商贸做支撑，相信会因其更贴进商贸特点而成功。

七、我们的优势：
（一）地域优势
我们所在地西安是全国各类商品销往西北五省及周边各省的唯一展示窗口和商品集散地，又是高科技基地，拥有良好的电子商务实施基础；
（二）技术优势
我们拥有自行开发的、处于世界领先地位和国内独有的个性化电子商务系统，能够适应各行业对电子商务发展的各种需求；采用的大型商用数据库、B/S 结构和动态网页生成技术将使网络运营和维护更为方便简洁；本项目的运作模式设计力图在符合传统商贸运作的基础上进行流程的合理创新，通过本项目的在线交易系统，彻底解决传统交易方法中难以解决的信息传送不及时、交易过程繁琐复杂、相互无法建立信任等诸多弊端，可极大地节省成本和降低经营风险。
（三）延伸优势
本项目采用组件式交易模板，交易品种可无限扩展到各行业的各类产品，交易形式可由现货扩充到期货、易货等各种方式。使本行业的发展具有无限延展性。

◆ 图 16-24　典型的 Word 模式的商业计划书的表现形式

在 Word 基本模式不变的情况下，创作者也可以根据个人的习惯来创作出更有特色的商业计划书。图 16-25 所示为某商业计划书中以数字序列为内容展现的形式来说明细节信息。

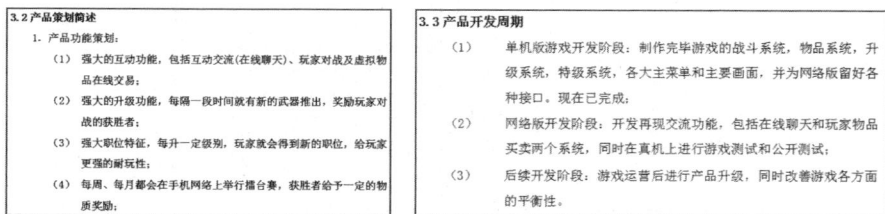

◆ 图 16-25　某商业计划书中以数字序列为内容展现的形式来说明细节信息

专家提醒

除了运用基本的 Word 模式进行内容展示之外，在表现形式上创作者也可以采用全表格或图表等更具创新意味的表现形式，来吸引投资人的注意力。

17
CHAPTER

PDF 制作的专业模式氛围

17.1 从制作者角度出发的优势

PDF 的全称为 Portable Document Format，意思是便携式文档格式，主要作用是传播文字信息、图片、声音和动态影像。

PDF 与 PPT 和 Word 的本质区别，在于两个方面，首先是 PDF 文件格式与操作系统没有关系，其次是兼容性不强，阅读时需要有相应的软件。PDF 文件格式在不同操作系统上的内容显示和阅读方式是保持不变的，这种稳定性使 PDF 格式有着特殊的实用性。

图 17-1 所示为 PDF 格式在实际中的主要应用领域。

◆ **图 17-1　PDF 格式在实际中的主要应用领域**

不同于 Word 模式的文件可以通过纯文本的方式打开，PDF 上的内容在进行阅读时，需要借助专业的阅读软件。图 17-2 所示为应用较广泛的 PDF 福昕阅读器的官方主页。

◆ **图 17-2　应用较广泛的 PDF 福昕阅读器的官方主页**

本节的内容主要从商业计划书的角度，分析 PDF 模式对于制作者的优势。如

图 17-3 所示，优势主要集中于 3 个方面。

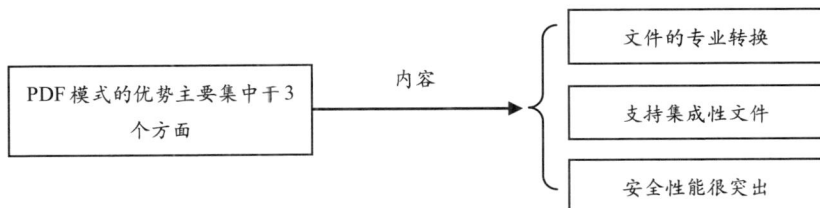

◆ 图 17-3 PDF 模式的优势主要集中于 3 个方面

17.1.1 文件的专业转换

无论是 PPT 模式的商业计划书文件，还是 Word 模式的商业计划书文件，创作者都可以将其通过 PDF 软件直接转化成为 PDF 文件，商业计划书的创作者也可以直接创建新的 PDF 文件。

图 17-4 所示为 PDF 模式的商业计划书中的部分内容。

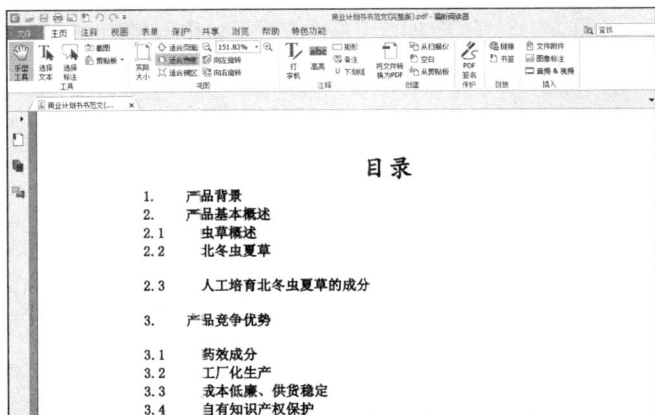

◆ 图 17-4 PDF 模式的商业计划书中的部分内容

PDF 模式能够将 Word 中的每一页或者 PPT 中的每一个幻灯片的内容改变成为独立的类似于图片的外在表现形式。

专家提醒

PDF 模式的文件可以为阅读者提供更良好的阅读氛围，同时 PDF 文件保留了转化前 Word 文件或 PPT 文件的外在形式，无论是图片、文字还是相关图表，在 PDF 上都会被全部重现。

17.1.2 支持集成性文件

在文字内容自身的集成性上，PDF 模式的文件有着突出的优势，其能够直接集成其他大多数文件的细节信息。

图 17-5 所示为 PDF 模式可直接进行集成的具体细节内容。

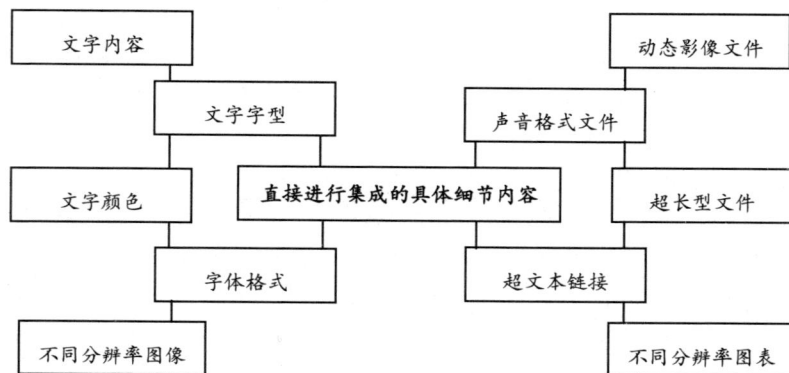

◆ 图 17-5 PDF 模式可直接进行集成的具体细节内容

在 PDF 出现之前，文件在不同的软件或电脑系统中进行展示，其文字的字型、格式、颜色或图片的分辨率等都会出现变化，而 PDF 转化的文件能够保留信息的最初形态，这种形态不受软件或系统等的限制。

17.1.3 安全性能很突出

安全性能高是 PDF 模式文件的特色优势，在网络时代，文件信息的安全性并不很受保障。图 17-6 所示为针对文件安全性能的分析。

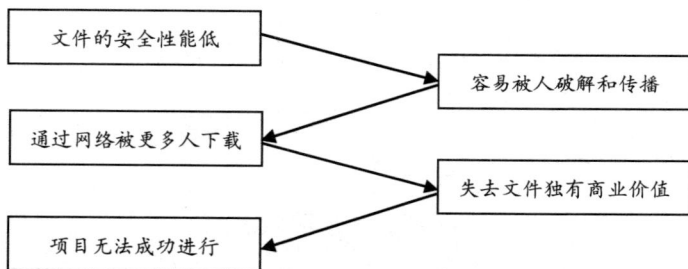

◆ 图 17-6 针对文件安全性能的分析

在网络上，文件很容易被复制，甚至被别人占为己有。对于商业计划书这类高度机密和重要的文件而言，其自身的安全性是不能不被关注的。

　　PDF 为用户提供多种保护方式，最常见的就是对文件进行口令密码保护设置。只有知道密码的阅读者才能够打开 PDF 文件，阅读并编辑相关信息。图 17-7 所示为文件中口令安全性的设置界面。

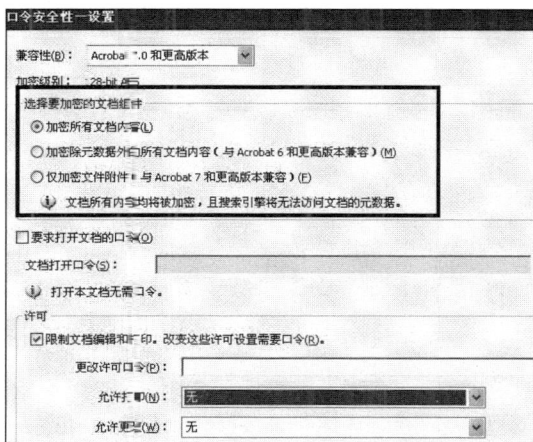

◆ 图 17-7　文件中口令安全性的设置界面

　　除了对文件本身进行权限设置之外，对于部分意义重大的商业计划书而言，创作者还可以在内部文件中根据需要进行不同的安全设置。图 17-8 所示为安全设置的 4 种常见方法分析。

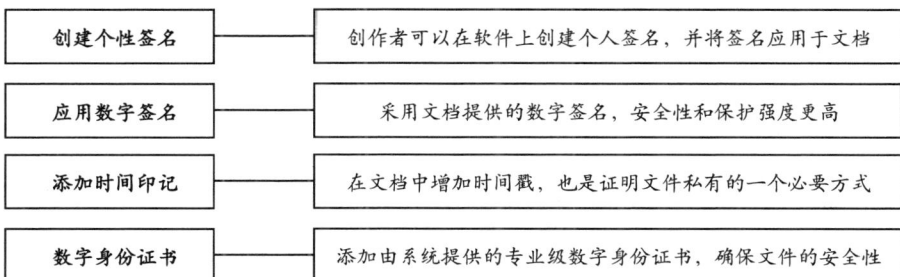

创建个性签名	创作者可以在软件上创建个人签名，并将签名应用于文档
应用数字签名	采用文档提供的数字签名，安全性和保护强度更高
添加时间印记	在文档中增加时间戳，也是证明文件私有的一个必要方式
数字身份证书	添加由系统提供的专业级数字身份证书，确保文件的安全性

◆ 图 17-8　安全设置的 4 种常见方法分析

17.2　从接受者角度出发的优势

　　从投资人的角度而言，PDF 模式的商业计划书主要有 3 个方面的优势。

图 17-9 所示为 PDF 模式从接受者角度出发的优势分析。

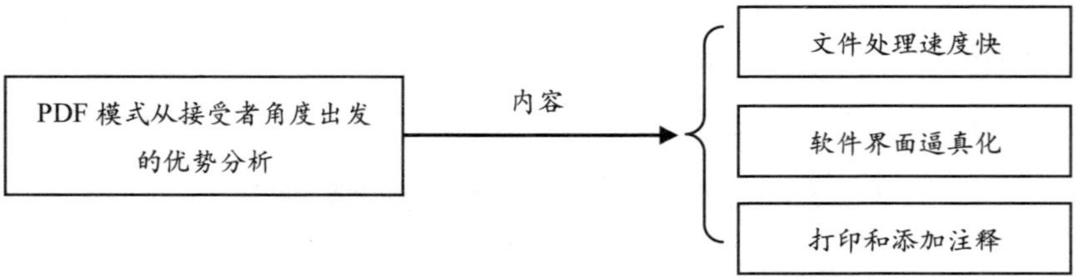

◆ 图 17-9　PDF 模式从接受者角度出发的优势分析

17.2.1　文件处理速度快

对于多达数十页的 Word 文件或者 PPT 文件而言，打开文件进行处理的速度往往很慢，而专业性更强的 PDF 文件却可以快速地打开文件，并为阅读者提供便捷的编辑方式。

图 17-10 所示为运用 PDF 福昕阅读器快速选择文本的提示信息，用户只需直接选定相关信息，就可以将这些信息直接提取到其他文件中去。

◆ 图 17-10　运用 PDF 福昕阅读器快速选择文本的提示信息

17.2.2　软件界面逼真化

PDF 格式的文件深受电子阅读器软件的欢迎，绝大多数的电子阅读器软件都支持 PDF 格式的文件，甚至部分电子阅读器以 PDF 格式为主。图 17-11 所示为常见的采用 PDF 格式的阅读器。

◆ 图 17-11　常见的采用 PDF 格式的阅读器

之所以大部分电子阅读软件都会采用 PDF 格式，而不是 Word、PPT、TXT 等格式的文件，就在于 PDF 格式的文件界面十分逼真，能够给阅读者提供十分舒适的文字阅读感。

17.2.3　打印和添加注释

PDF 模式文件的展示，是以专为打印图形和文字设计的一个编程语言 Post Script 为基础的，所以对于投资人而言，PDF 文件的优势还在于文件打印效果上的真实性，便于投资人在现实中进行信息传递。

无论是在哪种打印机上，PDF 格式的文件都可保证精确的颜色和准确的打印效果，不会带来文件内部字符、颜色等方面的变化。除此之外，投资人收到商业计划书之后，还可以根据个人需要，对不同位置上的内容添加文字注释，从而反馈给商业计划书的创作者。

图 17-12 所示为某商业计划书中对部分目录内容的文字注释，这种文字注释可以连同文件内容直接打印出来。

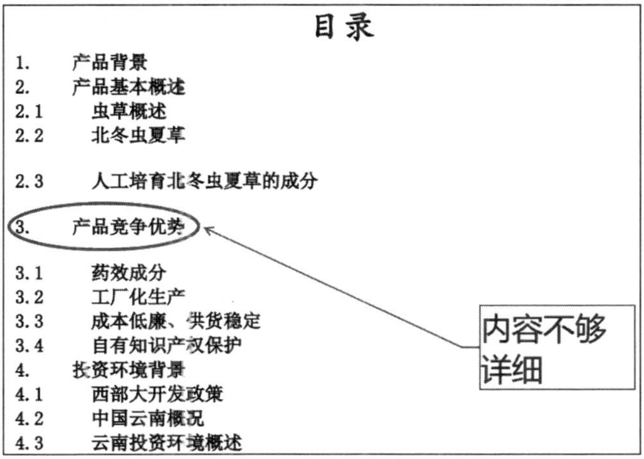

◆ 图 17-12　某商业计划书中对部分目录内容的文字注释

17.3　从计划书的要求出发的优势

从商业计划书本身的内容要求而言，PDF 模式的文件优势主要在于 3 个方面的内容，具体分析如图 17-13 所示。

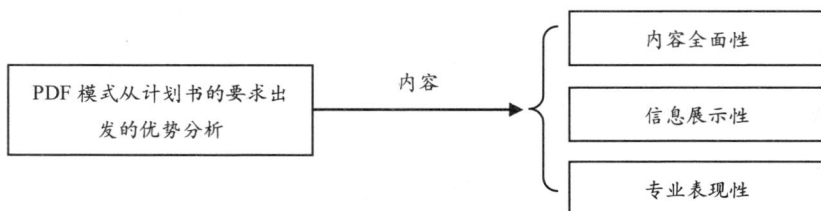

◆ 图 17-13　PDF 模式从计划书的要求出发的优势分析

17.3.1　内容全面性

PDF 模式的文件比 Word 更能够展示内容的丰富性，除了可以将 Word 文件直接转化成为 PDF 文件之外，通过 PDF 软件，创作者可以将多个文件整合成为一个文件，比如将 Word、PPT 等不同类型的文件转化成为 PDF 格式之后，将多个文件整合成为一个大文件。

图 17-14 所示为 PDF 软件中合并文件的界面。

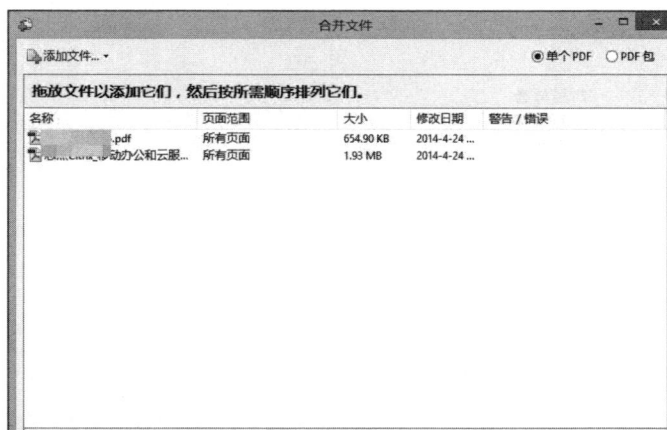

◆ 图 17-14　PDF 软件中合并文件的界面

专家提醒

　　通过合并文件的方式可以提升内容的全面性，在具体的运作中，创作者可以先将不同环节的内容单独完成，再将所有内容整合为一个文件，方便投资人阅读，同时也方便展示不同环节中内容的不同细节。

17.3.2　信息展示性

PDF 文件结合了 Word 与 PPT 的优点，在 PDF 文件中，创作者可以快速地调用相关图片、文字甚至表现形式的模板，来完成商业计划书的制作。

图 17-15 所示为某 PDF 格式的商业计划书中的精美排版。

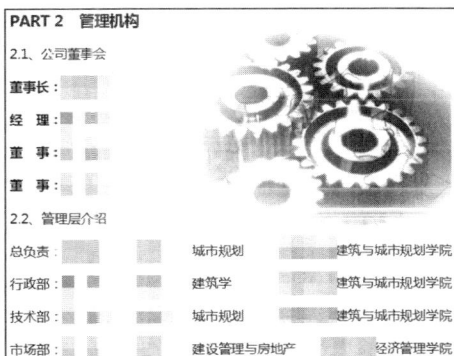

◆ **图 17-15　某 PDF 格式的商业计划书中的精美排版**

PDF 格式的文件不仅可以做得精美，也能按照 Word 的模式突出文字内容，创作者可以根据具体的要求来灵活应用。图 17-16 所示为某 PDF 格式的商业计划书中的文字信息。

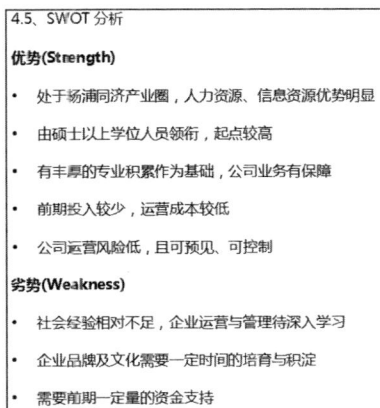

◆ **图 17-16　某 PDF 格式的商业计划书中的文字信息**

17.3.3　专业表现性

通过 PDF 软件，创作者也可以创作出在外在表现形式上专业性极强的商业计划书，图 17-17 所示为某商业计划书的目录部分，通过对文字的突出、字体颜色的更改及排版的创新，打造出的文件在表现形式上就具备一定的专业性。

◆ 图 17-17 某商业计划书的目录部分

与 Word 中常见的简单模式的表格不同，PDF 中的表格在表现上更加专业，一般采用多种颜色、不同格式和差异化的内容顺序来打造表格。图 17-18 所示为某商业计划书中的风险及措施部分，创作者以表格的形式对内容进行展示。

◆ 图 17-18 某商业计划书中的风险及措施部分

18
CHAPTER

寻找投资人并成功
接触

18.1 寻找投资人的必要性

投资人对于商业计划书的重要性是不言而喻的，没有投资人的资金帮助，项目就无法获得成功。投资人主要是指投入资金来购买某种资产以确保后期收益的自然人或者法人。

本节内容主要集中于对寻找投资人的必要性方面的分析，图 18-1 所示为投资人对于项目的作用分析。

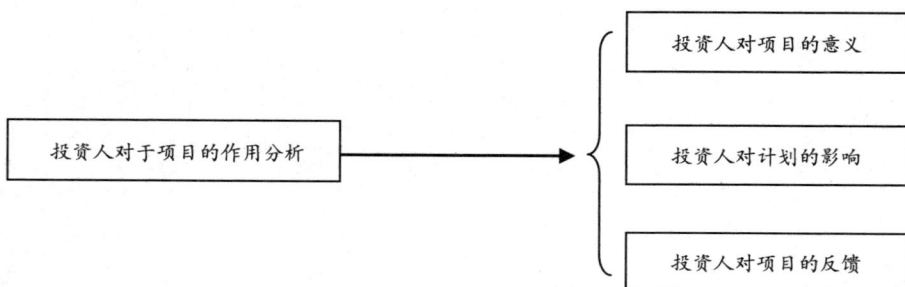

◆ 图 18-1　投资人对于项目的作用分析

18.1.1　投资人对项目的意义

投资人对项目的主要意义，在于为项目的实际执行提供资金支持。缺少资金的项目无法得以成功执行，而获得资金的项目能够解决资本运作的问题，从而集中精力进行发展。图 18-2 所示为投资人对项目的意义分析。

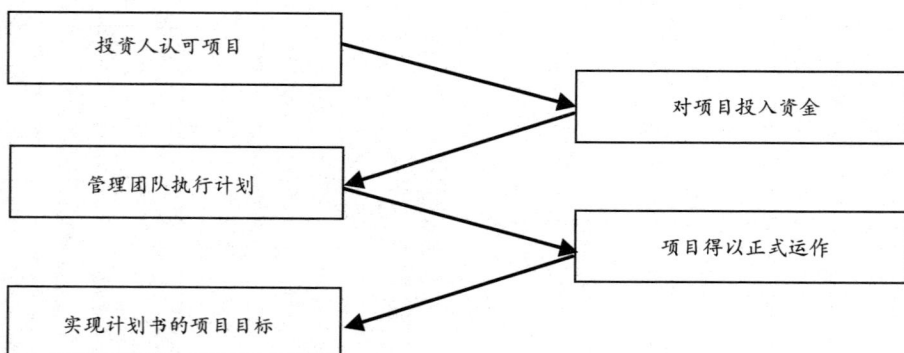

◆ 图 18-2　投资人对项目的意义分析

专家提醒

　　资金是商业计划书的主要需求，对于商业计划书的创作者而言，资金的支持能够为团队或企业的发展提供极大的助力，所以在具体的项目运作中，创作者必须要明确所需融资资金的额度。除此之外，投资人对项目的意义还在于投资人能够运用自身的资源更好地帮助项目获得成功。

18.1.2　投资人对计划的影响

　　要了解投资人对于计划的影响，首先需要根据其对项目进行投资的真实意图进行分析，图18-3所示为常见的3种投资人真实意图分析，这种分析能够帮助创业者更好地了解投资人。

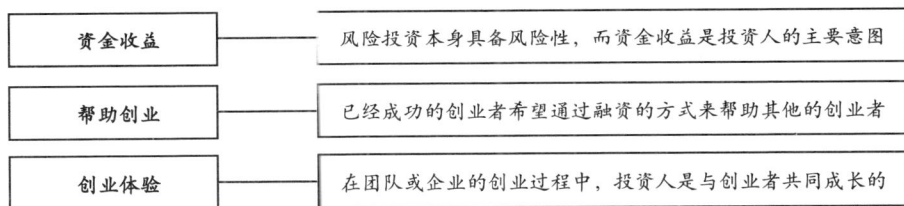

资金收益	风险投资本身具备风险性，而资金收益是投资人的主要意图
帮助创业	已经成功的创业者希望通过融资的方式来帮助其他的创业者
创业体验	在团队或企业的创业过程中，投资人是与创业者共同成长的

◆ 图18-3　常见的3种投资人真实意图分析

　　投资人根据不同的意图进行投资，在项目正式执行时，投资人对团队或企业的整个发展计划所造成的影响是不同的。图18-4所示为投资人可直接对项目造成的多个影响方面。

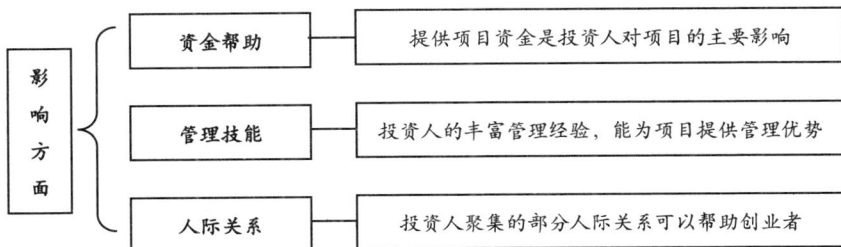

影响方面	资金帮助	提供项目资金是投资人对项目的主要影响
	管理技能	投资人的丰富管理经验，能为项目提供管理优势
	人际关系	投资人聚集的部分人际关系可以帮助创业者

◆ 图18-4　投资人可直接对项目造成的多个影响方面

18.1.3 投资人对项目的反馈

对于商业计划书而言，寻找投资人的必要性不仅仅只是体现在投资人对项目的意义，以及投资人对计划的影响，还体现在投资人对项目的反馈。

不是每一份商业计划书都能够获得投资人的认可，那么对于部分失败的商业计划书而言，获得投资人对项目的反馈，能够促进商业计划书投出之后的成功概率。对于创业团队或企业而言，商业计划书被退回后，可以有针对性地询问投资人不看好项目的原因。

图 18-5 所示为投资人对项目的常见反馈内容。

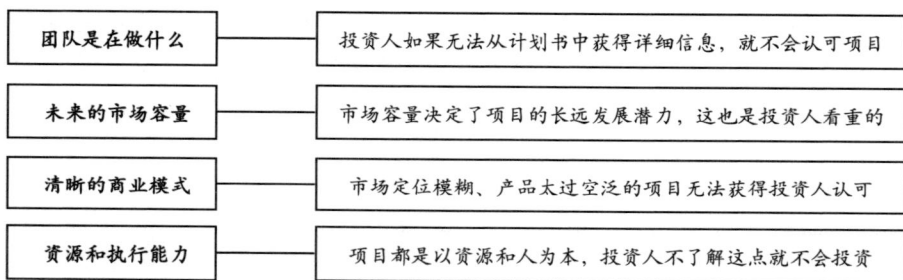

团队是在做什么	投资人如果无法从计划书中获得详细信息，就不会认可项目
未来的市场容量	市场容量决定了项目的长远发展潜力，这也是投资人看重的
清晰的商业模式	市场定位模糊、产品太过空泛的项目无法获得投资人认可
资源和执行能力	项目都是以资源和人为本，投资人不了解这点就不会投资

◆ 图 18-5 投资人对项目的常见反馈内容

18.2 寻找投资人的具体渠道

向风险投资人出售项目创意，来获得投资人的资金以帮助自身实现项目，这并不是一件简单的事情。

本节内容主要介绍 6 种常见的寻找投资人的渠道，如图 18-6 所示。

寻找中间人机构		直接接触投资人
信息资料的指引	6 种常见的寻找投资人的渠道	利用网络去寻找
参加会议与论坛		通过节目找投资

◆ 图 18-6 6 种常见的寻找投资人的渠道

18.2.1　寻找中间人机构

在商业经济市场中，目前存在大量的专业从事风险投资中介服务的公司或网站平台。这种中间人机构需要具备一定的水平与服务。图 18-7 所示为中间人机构中的人才类型。

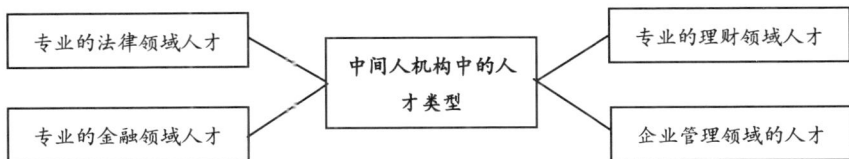

◆ 图 18-7　中间人机构中的人才类型

通过这些公司或平台，商业计划书的创作者可以更好地获得融资。图 18-8 所示为中国风险投资网的官方主页，这就是专业从事风险投资中介服务的网站平台。

◆ 图 18-8　中国风险投资网的官方主页

从事风险投资中介服务的中间人机构，分为综合化的机构和垂直化的机构两种。在综合化的机构中，机构为用户提供商业计划书的创作、信息服务与咨询、提供融资渠道联系方式等全方位服务。

垂直化的机构则针对用户进行融资的某个方面提供相应帮助，图 18-9 所示为常见的垂直化的机构类型。

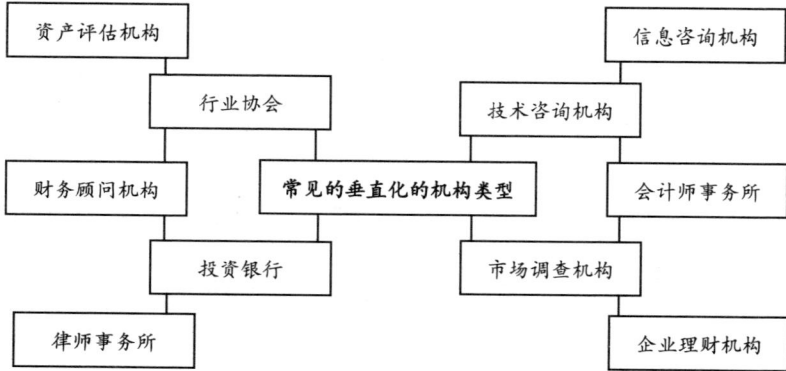

◆ 图 18-9　常见的垂直化的机构类型

　　风险投资的中间人机构之所以能够成为帮助创业者获得融资的角色，是因为中介机构熟悉金融市场产业，并可以运用多种金融工具和渠道，在项目和资本之间牵线搭桥，从而让创业者的项目寻找到适合的投资人。

专家提醒

　　寻找中间人机构来帮助项目快速寻找投资人是最为常见的一种方式，其优点主要有 3 个方面，分别是十分便利、非常专业和高成功率。需要注意的是，这种方式的缺点在于需要支出额外的费用，并且费用较高，同时商业计划书的内容容易被泄露。

18.2.2　信息资料的指引

　　在部分专业机构中，收集风险投资公司的信息用来作为机构的服务提供给创业者是十分常见的。

　　图 18-10 所示为信息资料中包括的多方面内容。

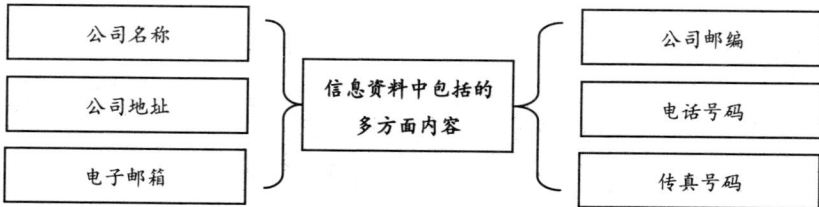

◆ 图 18-10　信息资料中包括的多方面内容

从专业机构中获得这些基本的风险投资公司的信息资料之后，创业者就可以快速地联系到多位投资人，然后选择部分符合商业计划书内容类型的投资人发送商业计划书，以求获得融资支持。

18.2.3 参加会议与论坛

创业者寻找投资人时可以参与的会议与论坛可以归纳分为两种，分别是专为创业者与投资人进行联系而举办的会议，和带有行业性质的学术研讨会。

图 18-11 所示为两种不同模式的内容分析。

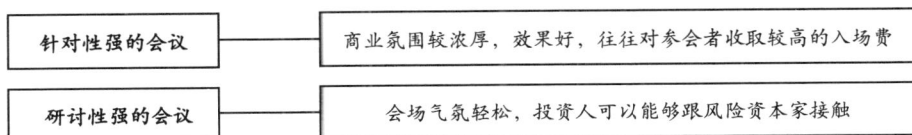

| 针对性强的会议 | 商业氛围较浓厚，效果好，往往对参会者收取较高的入场费 |
| 研讨性强的会议 | 会场气氛轻松，投资人可以能够跟风险资本家接触 |

◆ 图 18-11 两种不同模式的内容分析

在国内，风险投资领域中影响力较为广泛、参会人数众多的会议与论坛主要有中国国际高新技术成果交易会和中国风险投资论坛。图 18-12 所示为中国国际高新技术成果交易会的官方主页，交易会的主要内容包括技术成果展示和交易、行业产品展示、与会人员交流等。

◆ 图 18-12 中国国际高新技术成果交易会的官方主页

图 18-13 所示为中国风险投资论坛活动的官方主页，是中国金融领域的重大盛会，每年举办一届，影响力十分广泛。

◆ 图 18-13　中国风险投资论坛活动的官方主页

18.2.4　直接接触投资人

在不同的行业领域中，不同层次的投资人的信息公开程度都是不同的，创业者也可以根据已有资料直接去联系和拜访投资人。

图 18-14 所示为直接接触投资人的效果分析。

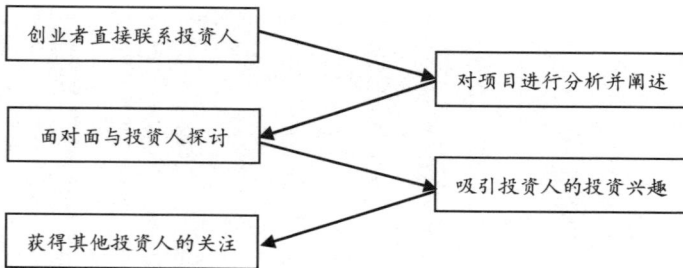

◆ 图 18-14　直接接触投资人的效果分析

18.2.5　利用网络去寻找

在互联网上，创业者也可以根据相关信息直接通过搜索引擎寻找投资人的信息，或者直接联系投资人。

图 18-15 所示为搜钱网上向用户公开提供的部分投资人联系方式。

◆ 图 18-15　搜钱网上向用户公开提供的部分投资人联系方式

18.2.6　通过节目找投资

通过电视节目找投资也是目前常见的一种方式，效果和影响力都较好。在财经类的电视频道中，有专门为创业者寻找投资人的节目。

图 18-16 所示为中央电视台推出的《给你一个亿》节目宣传图。在节目中，参与者通过说明自己的创业项目，同时回答投资人的相关提问，达到说服投资人对项目进行投资的目标。

◆ 图 18-16　中央电视台推出的《给你一个亿》节目宣传图

18.3　与投资人接触的注意事项

对于创业者而言，要让投资人认可商业计划书，首先需要通过计划书的内容和交流沟通的语言来说服投资人。

图 18-17 所示为创业者与投资人接触的注意事项。

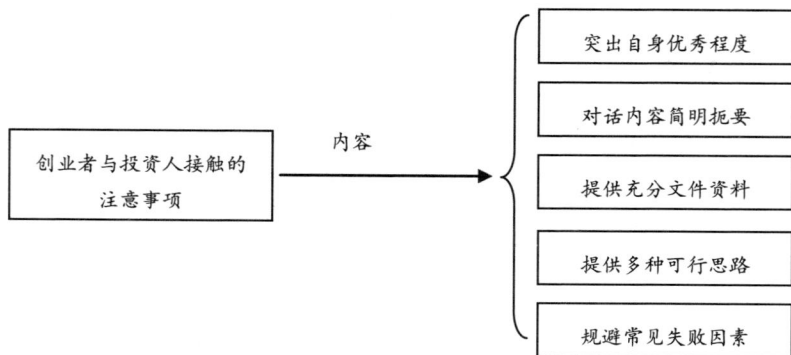

◆ **图 18-17　创业者与投资人接触的注意事项**

18.3.1　突出自身优秀程度

投资人看重商业计划书的内容，但是也看重创业团队，所以对于创业者而言，在与投资人的接触过程中如何突出自身优秀程度是十分重要的。

图 18-18 所示为自身优秀性的具体表现类型。

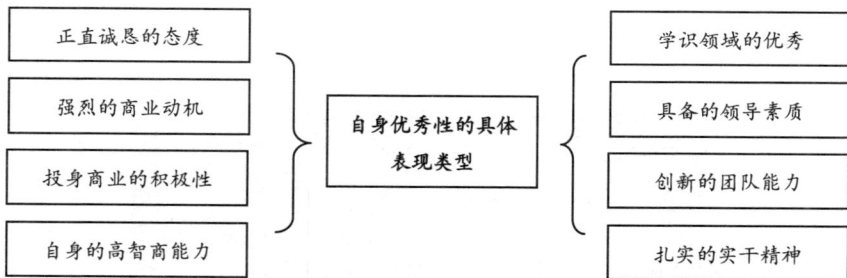

◆ **图 18-18　自身优秀性的具体表现类型**

专家提醒

　　这些优秀的品质可以由创业者通过与投资人的直接接触来展现，也可以在商业计划书中的团队介绍时直接提及。优秀的创业者给投资人的良好的印象必然能为计划书的成功增加机会，这点是创业者必须注意的事项之一。

18.3.2　对话内容简明扼要

在与投资人进行对话时，相关内容的说明要尽可能地简洁，确保交流的信息是简明扼要的。要想达到这个内容效果，创业者在与投资人进行对话时要遵守"四要"和"四不要"的原则。

图 18-19 所示为"四要"原则的内容说明。

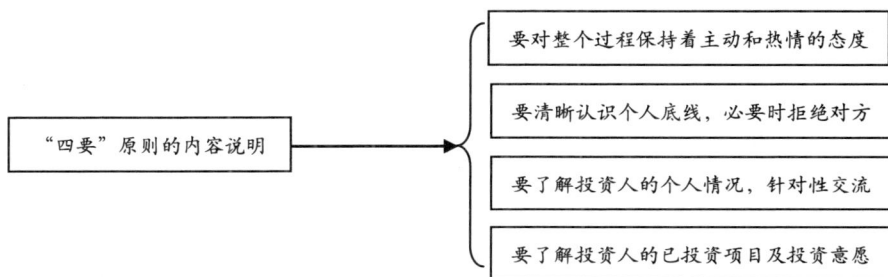

"四要"原则的内容说明：
- 要对整个过程保持着主动和热情的态度
- 要清晰认识个人底线，必要时拒绝对方
- 要了解投资人的个人情况，针对性交流
- 要了解投资人的已投资项目及投资意愿

◆ 图 18-19　"四要"原则的内容说明

图 18-20 所示为"四不要"原则的内容说明。

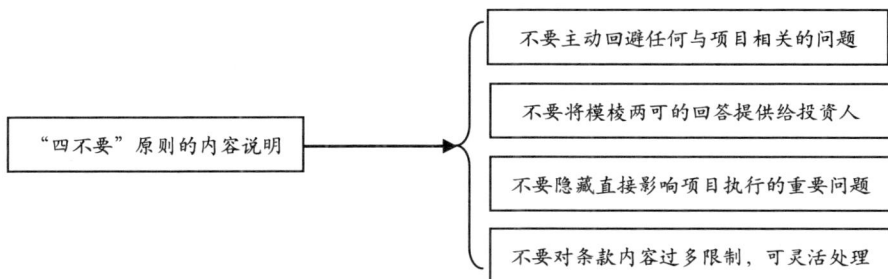

"四不要"原则的内容说明：
- 不要主动回避任何与项目相关的问题
- 不要将模棱两可的回答提供给投资人
- 不要隐藏直接影响项目执行的重要问题
- 不要对条款内容过多限制，可灵活处理

◆ 图 18-20　"四不要"原则的内容说明

18.3.3　提供充分文件资料

当创业者与投资人进行实际接触时，只有一份商业计划书往往很难满足投资人进一步了解项目信息的需求。准备好必要的文件资料，是获得投资人进一步认可的方式，可以也是体现创业者个人能力的一个方面。

图 18-21 所示为针对实际接触时必备的文件资料内容的分析。

商业计划书摘要	——	摘要内容可以单独准备，便于投资人快速了解项目内容
商业计划书正文	——	针对企业、团队、项目、产品等方面的全方位介绍
尽职调查报告	——	对团队或企业的背景、财务、人员、产品等方面的单独调查
营销方面材料	——	与产品或服务营销相关的材料，便于投资人了解项目潜力

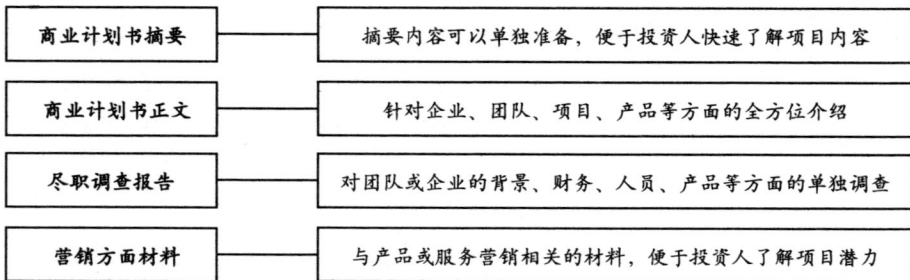

◆ **图 18-21　针对实际接触时必备的文件资料内容的分析**

18.3.4　提供多种可行思路

商业计划书的失败是很常见的，对于创业者而言，只是凭借一个创业项目思路和一份商业计划书就想直接拿到数万、数十万的融资资金，显然不会那么容易。

创业者在与投资人的接触时，如果商业计划书的项目内容被否决，那么创业者可以根据投资人否决项目的原因来有针对性地提供多种可行的思路，这种思路可以以现有商业计划书为基础，也可以根据新的项目思路进行。

以与大学生相关的 APP 项目为例，如果投资人否决了某个类型的 APP，那么创业者还可以推出更符合投资人目标的另一个类型的 APP 计划书，来打动投资人。图 18-22 所示为大学生常用的 APP 类型。

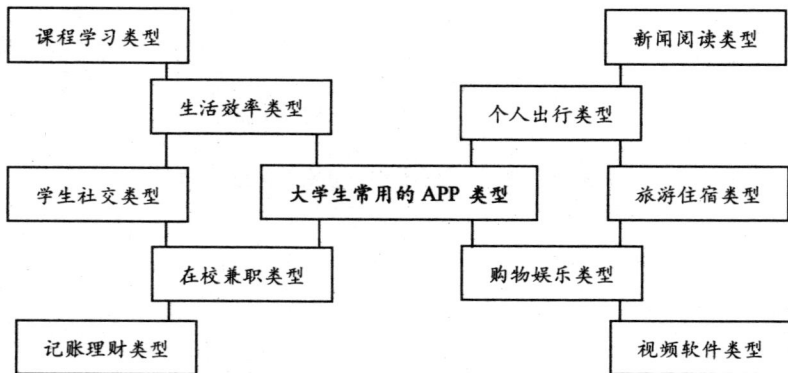

课程学习类型			新闻阅读类型
生活效率类型		个人出行类型	
学生社交类型	**大学生常用的 APP 类型**		旅游住宿类型
在校兼职类型		购物娱乐类型	
记账理财类型			视频软件类型

◆ **图 18-22　大学生常用的 APP 类型**

18.3.5　规避常见失败因素

对于创业者而言，无论是创作商业计划书，还是与投资人进行实际接触，在这个过程中都需要规避常见的失败因素。这些失败因素会导致商业计划书的价值流失，最终无法获得投资人的认可。

图 18-23 所示为常见的失败因素分析。

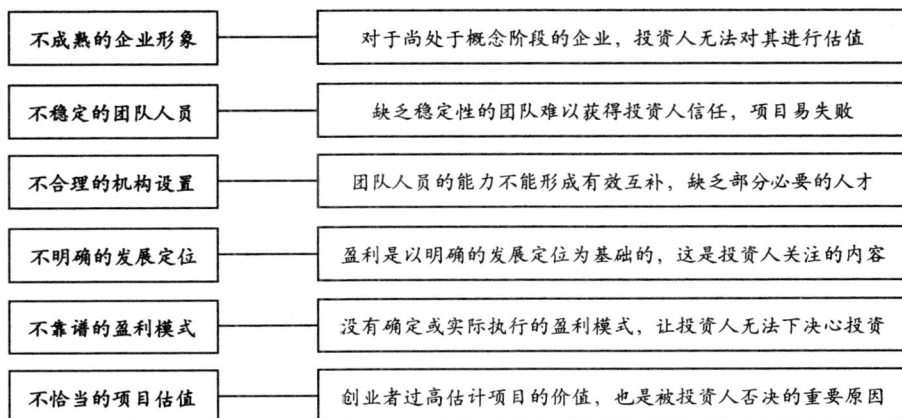

不成熟的企业形象	对于尚处于概念阶段的企业，投资人无法对其进行估值
不稳定的团队人员	缺乏稳定性的团队难以获得投资人信任，项目易失败
不合理的机构设置	团队人员的能力不能形成有效互补，缺乏部分必要的人才
不明确的发展定位	盈利是以明确的发展定位为基础的，这是投资人关注的内容
不靠谱的盈利模式	没有确定或实际执行的盈利模式，让投资人无法下决心投资
不恰当的项目估值	创业者过高估计项目的价值，也是被投资人否决的重要原因

◆ 图 18-23 常见的失败因素分析

19
CHAPTER

Word 模式案例：香皂产品商业计划书

19.1 商业计划书的封面目录

商业计划书的封面和目录是投资人首先看到的内容，也是对整个商业计划书内容的简单归纳。

下面以《逸香牌香皂商业计划书》为案例，并对案例中的计划书封面和目录进行展示并分析。

19.1.1 封面内容

商业计划书的封面内容，包括项目名称、项目单位、地址、电话、传真、电子邮件和联系人等信息。

图 19-1 所示为《逸香牌香皂商业计划书》的封面，内容以直接、简洁的展示方式为主。

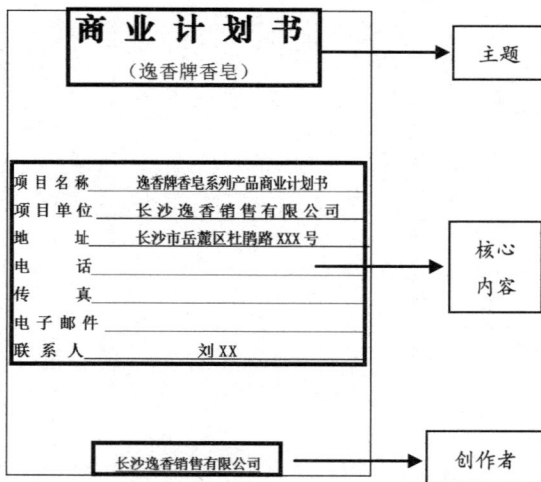

◆ 图 19-1 　《逸香牌香皂商业计划书》的封面

19.1.2 目录内容

目录内容从产品自身的需要出发，对正文中的各个方面的主题进行集中展示。图 19-2 所示为《逸香牌香皂商业计划书》的目录，内容通过排序的方式直接展示给投资人。

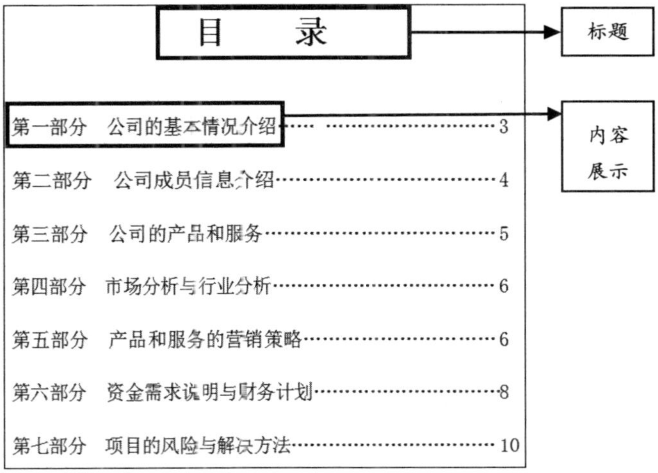

```
目      录                          标题

第一部分  公司的基本情况介绍 ……… 3        内容
第二部分  公司成员信息介绍 ……… 4          展示
第三部分  公司的产品和服务 ……… 5
第四部分  市场分析与行业分析 ……… 6
第五部分  产品和服务的营销策略 ……… 6
第六部分  资金需求说明与财务计划 ……… 8
第七部分  项目的风险与解决方法 ……… 10
```

◆ 图 19-2　《逸香牌香皂商业计划书》的目录

19.2 商业计划书的正文内容

商业计划书的正文内容根据目录依序进行，从产品自身属性出发，可以进行内容上突出或增减。

下面以《逸香牌香皂商业计划书》为案例，并对案例中的正文内容进行展示并简单分析。

19.2.1 公司的基本情况介绍

在《逸香牌香皂商业计划书》中，公司的基本情况介绍分为 4 个部分，分别是筹备中的公司基本情况、现有股东情况、公司经营的业务和公司设置情况。

图 19-3 所示为筹备中的公司基本情况内容。

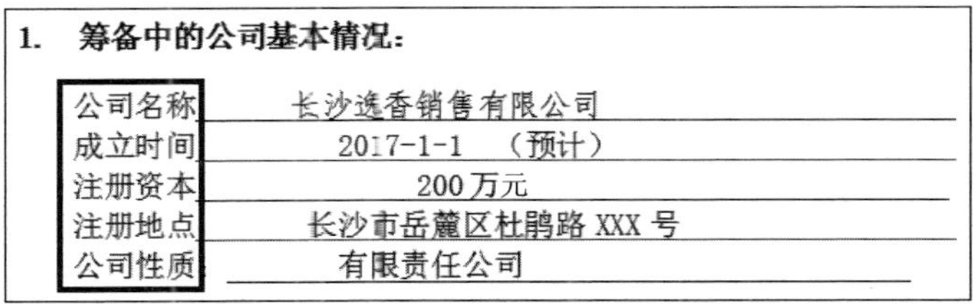

1. 筹备中的公司基本情况：	
公司名称	长沙逸香销售有限公司
成立时间	2017-1-1 （预计）
注册资本	200 万元
注册地点	长沙市岳麓区杜鹃路 XXX 号
公司性质	有限责任公司

◆ 图 19-3　筹备中的公司基本情况内容

图 19-4 所示为现有股东情况内容。

2. 现有股东情况:

股东名称	出资额（万元）	出资形式	股份比例	联系人	联系电话
甲方	20	资金	10%	刘	
乙方	20	资金	10%	赵	
丙方	20	场地	10%	孙	

◆ 图 19-4　现有股东情况内容

图 19-5 所示为公司经营的业务内容。

3. 公司经营的业务:

主营产品: 　　逸香牌香皂系列产品
主营行业: 　　香皂制造与销售行业
经营模式: 　　生产批发销售产品

◆ 图 19-5　公司经营的业务内容

图 19-6 所示为公司设置情况内容。

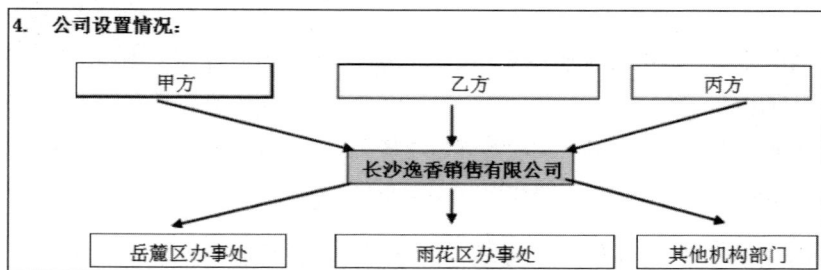

◆ 图 19-6　公司设置情况

19.2.2　公司成员信息介绍

图 19-7 所示为计划书中对团队情况的介绍，主要内容是对初期的员工计划进行简单说明。

1. 团队情况介绍:

初期（17 年 1 月-3 月）员工计划设定　10-15　人，其中行政财务　3　人，其余为销售人员　8　人；全部人员为本科以上文化程度。

◆ 图 19-7　计划书中对团队情况的介绍

除了团队情况的简单介绍之外，图 19-8 所示为计划书中团队成员名单及岗位内容说明。

2. 团队成员名单及岗位内容:					
序号	职 务	姓 名	工作地点	职能	联系电话
1	董事长			协调工作，并进行决策	
2	经理			策划、决策、监督	
3					
4					
5	财务			制定资金报表、记录使用情况	
6	区域销售员			区域销售目标确定，销售任务执行	
7	区域销售员			区域销售目标确定，销售任务执行	
8	区域销售员			区域销售目标确定，销售任务执行	
9	区域销售员			区域销售目标确定，销售任务执行	
10	区域销售员			区域销售目标确定，销售任务执行	

◆ 图 19-8　计划书中团队成员名单及岗位内容说明

19.2.3　公司的产品和服务

在《逸香牌香皂商业计划书》中，公司的产品和服务内容分为 6 个部分，分别是产品信息描述、知识产权说明、商标注册情况、目标用户群体、产品竞争优势和产品生产标准。

图 19-9 所示为公司产品的部分说明内容。

第三部分　公司的产品和服务

●产品信息描述：（逸香牌香皂系列产品）：

	产品类型	类型细分	备注
1	（玫瑰类型）逸香牌香皂	（1）小尺寸逸香牌香皂	约 4cm×4cm×1cm
		（2）中尺寸逸香牌香皂	约 5cm×5cm×1cm
		（3）大尺寸逸香牌香皂	约 6cm×6cm×1cm
2	（茉莉类型）逸香牌香皂	中尺寸逸香牌香皂	约 5cm×5cm×1cm
3	（牛奶类型）逸香牌香皂	（1）小尺寸逸香牌香皂	约 4cm×4cm×1cm
		（2）中尺寸逸香牌香皂	约 5cm×5cm×1cm
		（3）大尺寸逸香牌香皂	约 6cm×6cm×1cm

●知识产权说明：　逸香集团总公司专利授权

●商标注册情况：　有

◆ 图 19-9　公司产品的部分说明内容

图 19-10 所示为针对产品的用户群体、优势和标准进行分析的内容。

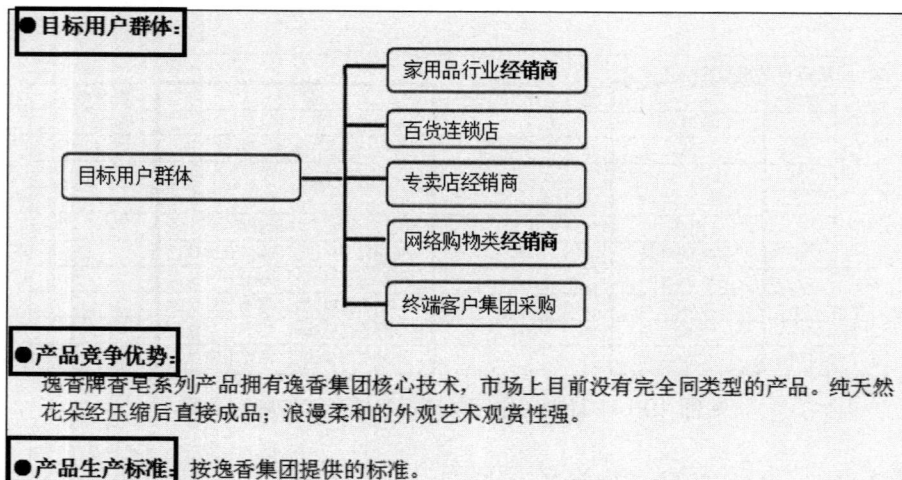

◆ 图 19-10 针对产品的用户群体、优势和标准进行分析的内容

19.2.4 市场分析与行业分析

市场和行业的分析可以根据产品的实际情况而定，对于不同的新型产品而言，内容的细化程度不一。

图 19-11 所示为计划书中的市场分析与行业分析内容。

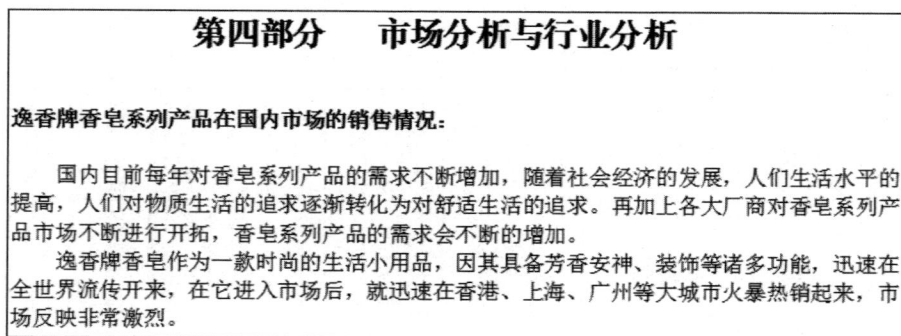

◆ 图 19-11 计划书中的市场分析与行业分析内容

19.2.5 产品和服务的营销策略

产品和服务的营销策略往往分为多个内容，在《逸香牌香皂商业计划书》

中，相关内容分为 3 个部分，分别是项目整体规划、渠道建设计划和员工激励机制。

图 19-12 所示为项目整体规划内容中的第一部分。

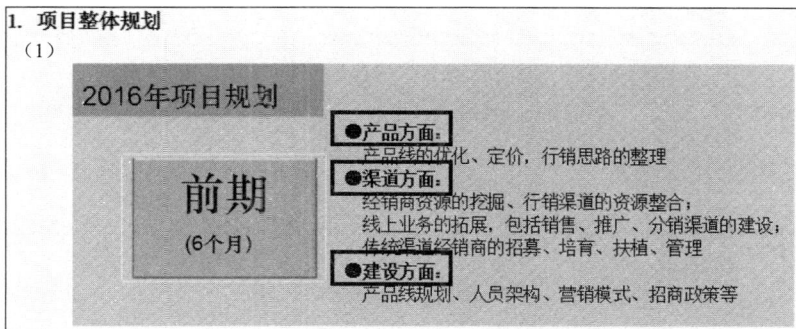

◆ 图 19-12　项目整体规划内容中的第一部分

在项目的前期规划中，内容是较为详细的，涉及产品方面、渠道方面和建设方面。除此之外，还有后期的规划内容。图 19-13 所示为项目整体规划内容中的后期部分，以简单的目标展示为主。

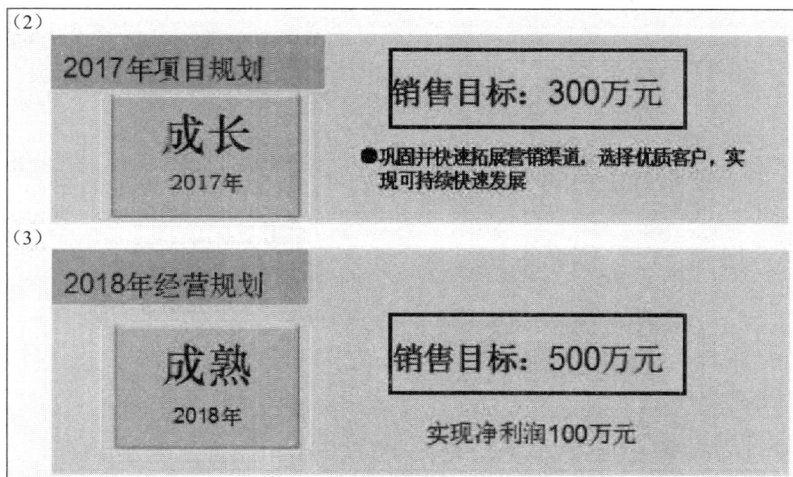

◆ 图 19-13　项目整体规划内容中的后期部分

对整个项目进行规划之后，计划书中还对未来的销售情况进行了预测。图 19-14 所示为规划内容中公司未来 3 年的销售收入预测。

（4）　公司未来 3 年的销售收入预测

（单位：万元）

年　份	2017 年	2018 年	2019 年
销售额度	300	500	800
销售利润	50	100	300

◆ 图 19-14　规划内容中公司未来 3 年的销售收入预测

　　除了对项目进行规划之外，内容的重点还在于渠道和员工方面，图 19-15 所示为渠道建设计划和员工激励机制内容。

2. 渠道建设计划：

（1）　先利用新团队的原有资源，快速拓展渠道；

（2）　时机成熟之后召开区域招商会议，并联合经销商进行各类型的推广、促销活动，召集更多经销商加盟。

3. 员工激励机制：

（1）　**销售团队提成：**销售队伍的总提成初步按销售收入的 5% 核算，具体分配与销售人员业绩挂钩，另外再定细则；

（2）　**经营团队分红：**企业每季度、半年，提取公司**税后净利润总额的 20%** 作为员工的分红奖励总额，分红奖金分配与经营人员销售业绩等因素挂钩，具体另外再定细则。

◆ 图 19-15　渠道建设计划和员工激励机制内容

19.2.6　资金需求说明及财务计划

　　在《逸香牌香皂商业计划书》中，公司的资金需求说明分为 7 个部分，分别是建设资金、员工工资、业务提成、管理费用、业务费用、物流费用和推广费用。

　　图 19-16 所示为建设资金的内容。

1. 建设资金：

序号	项目	费用金额(元)	备注
1	办公场所租金和押金	10000	
2	办公室设备	12000	
3	网站建设注册	10000	
4	公司线下宣传	10000	
5	印刷宣传资料	10000	
	合计	55000	

◆ 图 19-16　建设资金的内容

图 19-17 所示为员工工资、业务提成和管理费用的内容。

2. 员工工资：

序号	职 位 姓 名	17 年 1 月-6 月 基本工资（元/月）	人数
1	总经理	6000	1
2	总监	5000	1
3	区域经理	3500-4000	2
4	财务、销售员	3500-4000	6
	合 计	23000-25000	10

3. 业务提成： 按销售收入 5%核算

4. 管理费用

序号	项目	费用金额（元/月）	备注
1	办公场所管理费用	5000	
2	电话、宽带	1000-2500	
3	交通、邮递	1500-5000	
4	水电费、物业管理	1000	
	合 计	8500-13500	

◆ **图 19-17　员工工资、业务提成和管理费用的内容**

除此之外，资金的需求说明中还包括有业务、物流和推广方面的内容。图 19-18 所示为业务费用、物流费用和推广费用的内容。

5. 业务费用分解

序号	项目	17 年 1 月 费用金额（元/月）	17 年 2 月 费用金额（元/月）	17 年 3 月 费用金额（元/月）	17 年 4 月 费用金额（元/月）
1	招待	2000	2500	3000	3500
2	出差	2000	2500	3000	3500
	合计	4000	5000	6000	7000

6. 物流费用： 月均费用按销售额的 3%核算。

7. 推广费用： 月均费用按销售额 3%计算。内容包括宣传资料、物料、促销活动、招商会议、展会、媒介推广等、市场调研。

◆ **图 19-18　业务费用、物流费用和推广费用的内容**

资金的需求说明之后，就是财务计划的内容。图 19-19 所示为产品销售效益中的经营预测。

1. 经营预测： 未来三年经营预测见下表（单位：万元）

项目	2017 年	2018 年	2019 年	合计	备注
销售收入	200.00	300.00	500.00	1,000.00	
销售成本	120.70				
销售税金	21.05				
销售毛利	55.25				
销售利润	40.68				
税后利润	30.38				

◆ **图 19-19　产品销售效益中的经营预测**

此处的经营预测在内容上更加细节化，项目内容分为了销售收入、销售成本、销售税金、销售毛利、销售利润和税后利润。除了经营预测，计划书中还对主要的财务指标进行说明。

图 19-20 所示为主要财务指标的内容。

序 号	指标名称	单 位	数 量	备 注
1	项目投资	万元		
2	销售收入	万元		3年均值(预测)
3	经营成本	万元		3年均值(预测)
4	费用总额	万元		3年均值(预测)
5	利润总额	万元		3年均值(预测)
6	所得税收	万元		3年均值(预测)
7	税后利润	万元		3年均值(预测)
8	投资收益	2%		3年均值(预测)

2. 主要财务指标（2017—2019 年度）

◆ 图 19-20　主要财务指标的内容

19.2.7　项目的风险与解决方法

项目的风险属于商业计划书中必然包括的内容，主要是针对项目潜在的风险问题进行说明，以便投资人进行分析，确定是否要进行投资。

图 19-21 所示为计划书中的项目风险与解决方法。

第七部分　项目的风险与解决方法

本项目最主要的风险来自同类产品的市场排斥，香皂产品属于一个传统行业，市场上产品类型不够规范，产品品质鱼龙混杂，行业竞争激烈。

逸香牌香皂系列产品具备领先的核心技术，新组建的销售团队有较为丰富的市场营销网络资源、具备较丰富的行业市场管理和实战经验，而且合作供应商给予大力的市场支持；各种因素奠定了本项目良好的综合竞争能力及可持续发展能力。

随着人们生活水平的提高，市场需求激增，因此，只要本项目坚持销售模式优化创新，项目的实际运营风险会降至最低水平。

◆ 图 19-21　计划书中的项目风险与解决方法

专家提醒

计划书的项目风险与解决方法内容的详细程度，一般根据创作者的需求而定，可以分为多个内容按照顺序进行说明，也可以通过直接展示的形式来选择其中的一点进行具体说明。

19.3 分析计划书优点和缺点

了解计划书的优点和缺点能够帮助创作者更好地完善自身的商业计划书，下面以《逸香牌香皂商业计划书》为案例，并对案例中的商业计划书的内容优点和缺点进行具体分析。

19.3.1 案例中商业计划书的优点

分析案例的优点，有利于进一步将优势扩大化。图 19-22 所示为案例中商业计划书的 4 个优点。

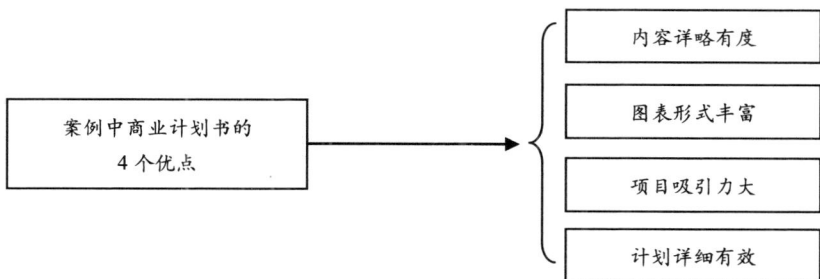

◆ 图 19-22 案例中商业计划书的 4 个优点

❶ 内容详略有度

图 19-23 所示为针对商业计划书中内容详略有度的说明。

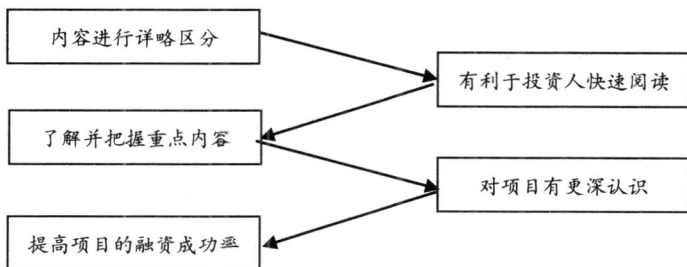

◆ 图 19-23 针对商业计划书中内容详略有度的说明

在《逸香牌香皂商业计划书》中，创作者的重心集中于对公司的发展阶段、优质的市场机会、突出的产品内容、详细的商业计划等方面，对其他方面的内容较少突出，内容详略恰到好处。

❷ 图表形式丰富

创作者在对涉及项目的具体数据内容进行说明时，采用多图表的形式来直接展示，不仅内容上更加清楚，也容易通过数据来说服投资人认可项目，从而促使投资人进行投资。

❸ 项目吸引力大

香皂属于个人生活中的必需品，市场需求量大，尤其是具备精美外表的产品更符合女性用户的需求。图 19-24 所示为市场上非常流行的玫瑰花香皂，香皂具备玫瑰花的外表和香皂的用途，十分适合作为礼物送人。

◆ 图 19-24　针对商业计划书中内容详略有度的说明

在计划书中，逸香牌香皂分为 3 种类型，其中就包括两种花朵形状的香皂，这种香皂的市场定位恰当，需求前景广阔，项目的吸引力也随之提升。

❹ 计划详细有效

无论是项目的整体规划计划，还是资金的需求计划和经营效益计划，创作者都是对其进行内容突出化处理的，这种方式能够使整个计划内容详细而真实地展现在投资者面前，并且能够充分体现出计划的有效性。

对于投资人而言，详细有效的计划是其认可商业计划书的重要推力，可观的利润与低风险会促使投资人对项目进行投资。

19.3.2 案例中商业计划书的缺点

分析案例的缺点，才能有效地解决缺点，从而打造更完美的商业计划书。图 19-25 所示为案列中商业计划书的 4 个缺点。

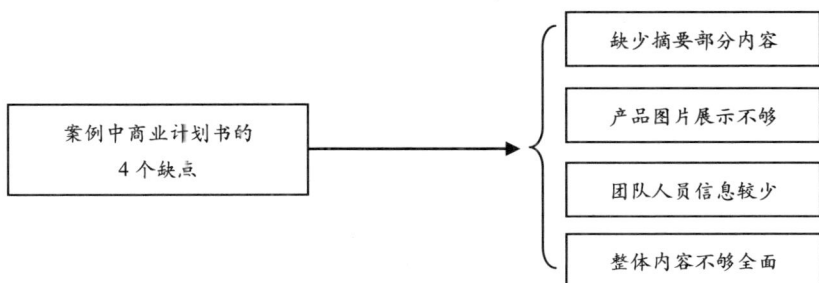

◆ 图 19-25 案例中商业计划书的 4 个缺点

❶ 缺少摘要部分内容

优质的摘要内容能够使投资人产生对项目的第一好感，在《逸香牌香皂商业计划书》中，缺少摘要内容会降低项目的优秀程度。摘要中的内容不需要对细节进行过多说明，但是要重点突出，一般情况下有摘要的商业计划书成功率会更高。

图 19-26 所示为简短型摘要中需要包括的内容。

◆ 图 19-26 简短型摘要中需要包括的内容

❷ 产品图片展示不够

在计划书中，创作者没有直接展示产品的外在形象，导致商业计划书的可信度不够。图 19-27 所示为某香皂产品的外在形状，非凡创意能够更好地打动投资人。

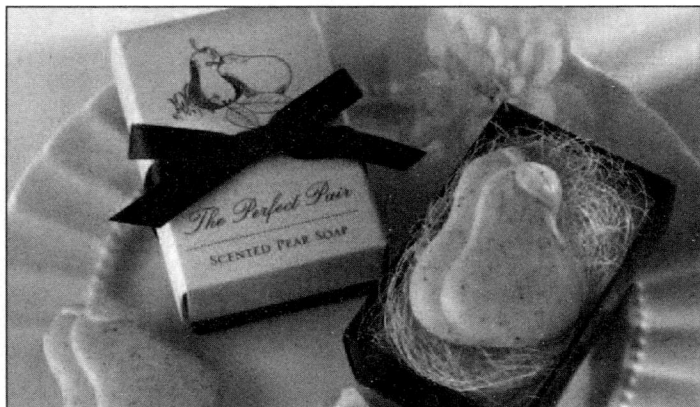

◆ 图 19-27　简短型摘要中需要包括的内容

❸ 团队人员信息较少

与其他的商业计划书相比，《逸香牌香皂商业计划书》中的团队人员信息内容较少，图 19-28 所示为某宠物店的商业计划书中对店长和店员的工作职责的说明。

1. 宠物店长工作职责要求
全面主持店面的管理工作，配合各项营销策略的实施；
做好店铺各个项目的分工管理工作；监督商品的要货、上货、补货，做好进货验收、商品陈列、商品质量和服务质量管理等有关作业；
监督门店商品损耗管理，掌握商品损耗尺度，把握门店各种设备的维护保养知识；
监督门店内外的清洁卫生，负责保卫、防火等作业管理
妥善处理顾客投诉和服务工作中所发生的各种矛盾以及负责对员工的培训教育。
2. 对于店员的要求
店员必须热爱宠物，而且有责任心；
员工必须要对店内商品的性能、适用范围等各种信息了如指掌；
能参与客户管理、商品管理、陈列管理，认识店务的各项流程的制定、执行；
较强的团队管理能力和沟通能力，能够承受较大的工作强度和工作压力。

◆ 图 19-28　简短型摘要中需要包括的内容

❹ 整体内容不够全面

在商业计划书中，缺少内容会使项目在实际执行中容易出现问题，在《逸香牌香皂商业计划书》中，整体内容不够全面属于明显的缺点。

在优秀的商业计划书中，会有项目综合分析一项，用来向投资人展示项目的优势分析、劣势分析、机遇分析和威胁分析。图 19-29 所示为某商业计划书中的项目综合分析内容。

2.4 项目 SWOT 分析	
优　势 (Strengths)	1.大学生创业时的激情和自信 2.人才优势，本团队成员来自不同专业，可利无专业知识 3.我们所发现的学生尤其是高校学生充电 LED 灯这块市场
劣　势 (Weaknesses)	资金缺乏，经验不足，没有一套完整的销售渠道等
机　遇 (Opportunities)	针对本公司创业项目，从政策、市场竞争、行业、潜在竞争、经济环境五个方面阐述？
威　胁 (Threats)	针对本公司创业项目，从政策、市场竞争、行业、潜在竞争、经济环境五个方面阐述？

◆ 图 19-29　某商业计划书中的项目综合分析内容

在《逸香牌香皂商业计划书》中，创作者并没有展示项目的综合分析内容，除此之外，计划书中对项目的竞争策略、执行策略没有提出明确思路，以及对营业执照、技术应用成果相关证件等方面也没有提供照片证明。

20
CHAPTER

PPT 模式案例：食用油产品商业计划书

20.1 商业计划书的封面目录

下面以《逸香牌食用油产品商业计划书》为案例，并对案例中的计划书封面和目录进行展示并分析。

20.1.1 封面内容

PPT 模式的商业计划书在封面内容上，可以与 Word 模式的内容类似，也可以直接展示名称及企业目标即可。图 20-1 所示为《逸香牌食用油商业计划书》的封面，内容以直接展示计划书名称和企业目标为主。

◆ 图 20-1 《逸香牌食用油商业计划书》的封面

20.1.2 目录内容

在计划书的目录部分，创作者对正文内容的重点进行简单介绍。图 20-2 所示为计划书的目录内容。

◆ 图 20-2 计划书的目录内容

在 PPT 中，创作者以纯色作为背景色，突出文字信息内容。图 20-3 所示为商业计划书中的目录部分。

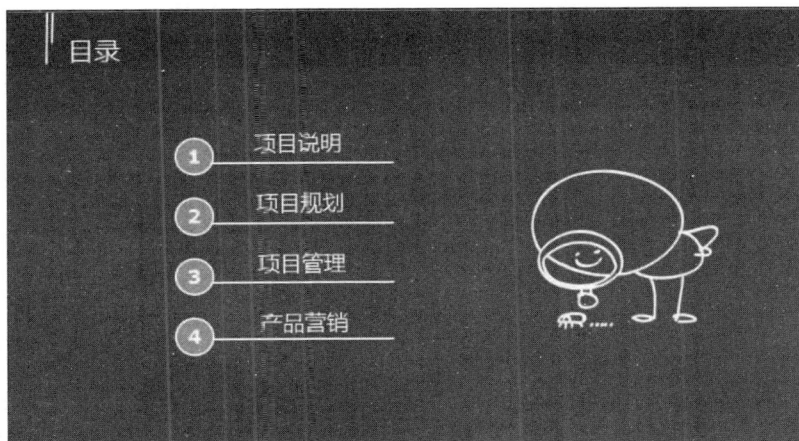

◆ 图 20-3　商业计划书中的目录部分

20.2　商业计划书的正文内容

下面以《逸香牌食用油商业计划书》为案例，并对案例中的正文内容进行展示并简单分析。在 PPT 模式的商业计划书中，创作者一般将各个环节的标题内容作为单独的一个幻灯片进行展示。如图 20-4 所示，各个环节的标题内容展示。

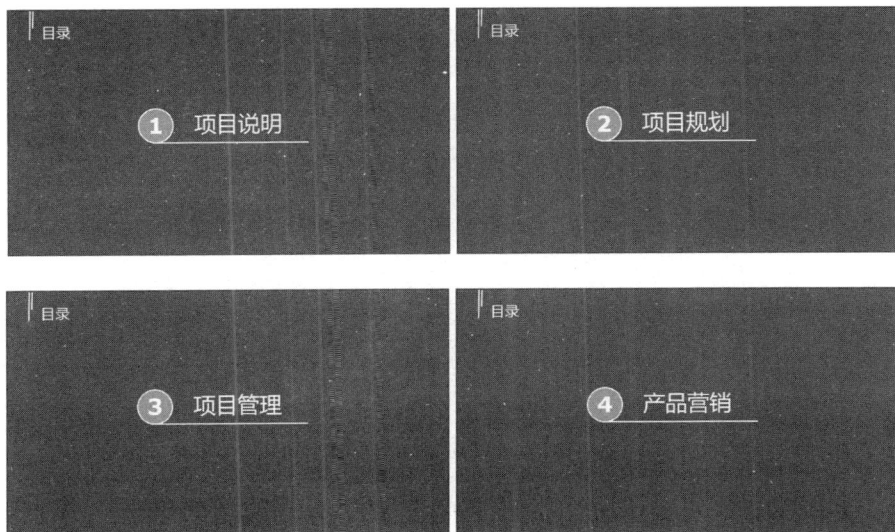

◆ 图 20-4　商业计划书中的目录部分

20.2.1 项目说明

在项目说明部分，创作者将具体内容分为 8 个方面。图 20-5 所示为 8 个方面的内容展示。

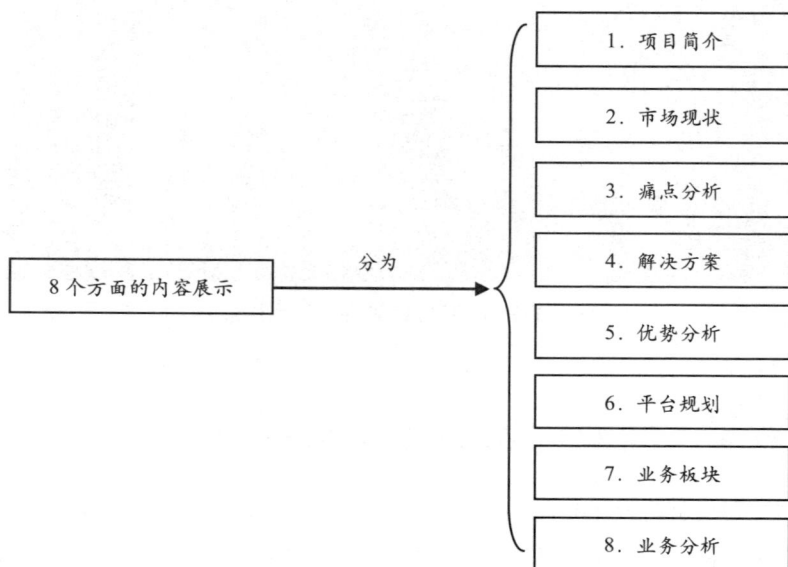

◆ 图 20-5　8 个方面的内容展示

在计划书中，每一个核心内容都处理为一个幻灯片的形式来进行说明。图 20-6 所示为商业计划书中的项目简介。

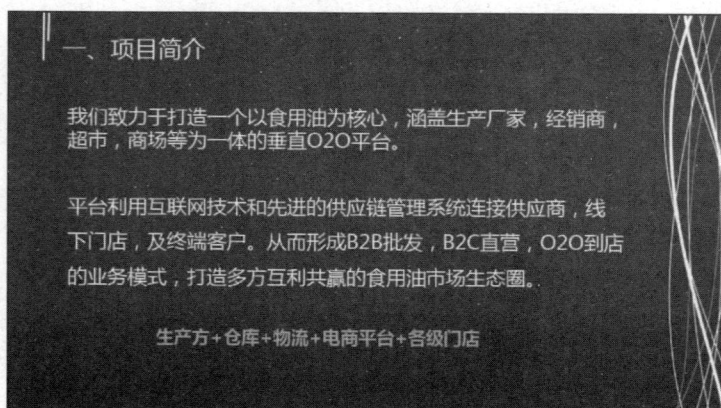

◆ 图 20-6　商业计划书中的项目简介

图 20-7 所示为商业计划书中的市场现状。

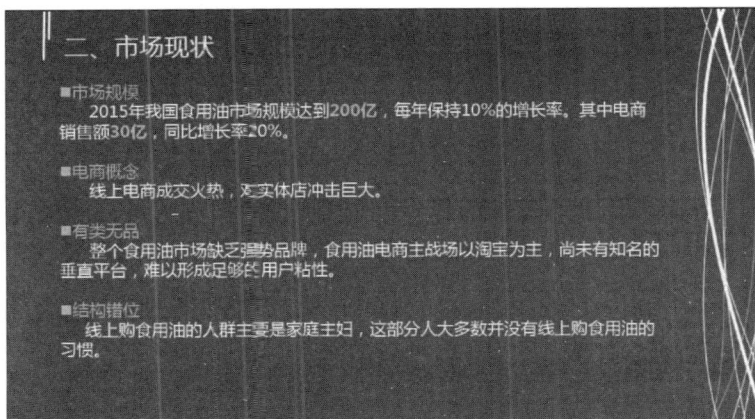

◆ 图 20-7　商业计划书中的市场现状

在市场现状的分析中，创作者将市场现状的内容细分为 4 个方面，分别是市场规模、电商概念、有类无品和结构错位，从不同方面对同一个主题进行说明，吸引投资人注意力的同时打动投资人。

同样能够吸引投资人的，还有针对产品和项目痛点分析。图 20-8 所示为商业计划书中的痛点分析。

◆ 图 20-3　商业计划书中的痛点分析

痛点分析分别从用户、生产方、分销商和厂家 4 个群体出发，通过图解的方式来表达内容。需要注意的是，图片与文字结合是 PPT 的特色应用。

在商业计划书中，针对痛点分析的内容，一般附带有解决方法。图20-9所示为商业计划书中的解决方案。

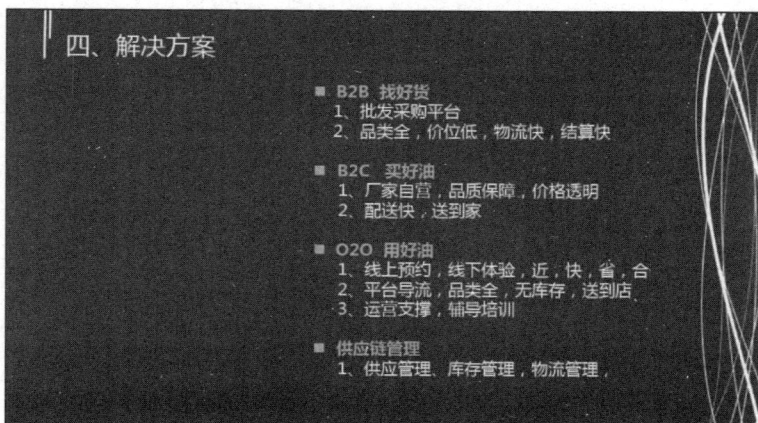

◆ 图20-9　商业计划书中的解决方案

解决方案中从4个角度出发，提出相对应的具体解决方式，来提高商业计划书的真实性，以及从侧面证明项目的可行性。

除此之外，计划书的创作者重点向投资人分析了项目的优势方面。图20-10所示为商业计划书中的优势分析。

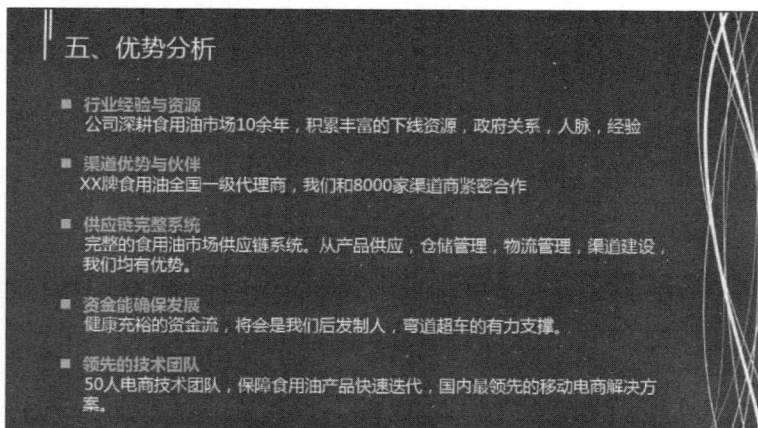

◆ 图20-10　商业计划书中的优势分析

优势分析的内容涉及项目的各个方面，包括有行业经验、资源、渠道、供应链系统、资金和团队等。对于项目优势的挖掘，内容上一般越有深度、越有广度越好。

在优势分析之后，就是对平台的规划说明。

图 20-11 所示为商业计划书中的平台规划。

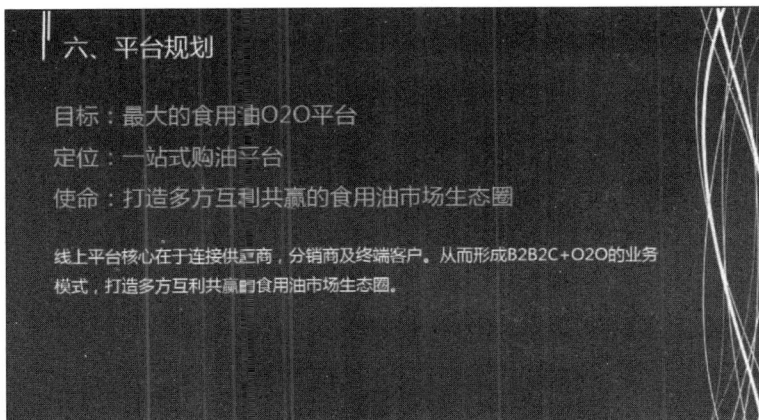

◆ 图 20-11　商业计划书中的平台规划

计划书中平台规划内容从目标、定位和使命出发，向投资人简单介绍了基本的规划信息。为了达成这个平台规划的目标，创作者进一步对业务板块进行说明。图 20-12 所示为商业计划书中的业务板块。

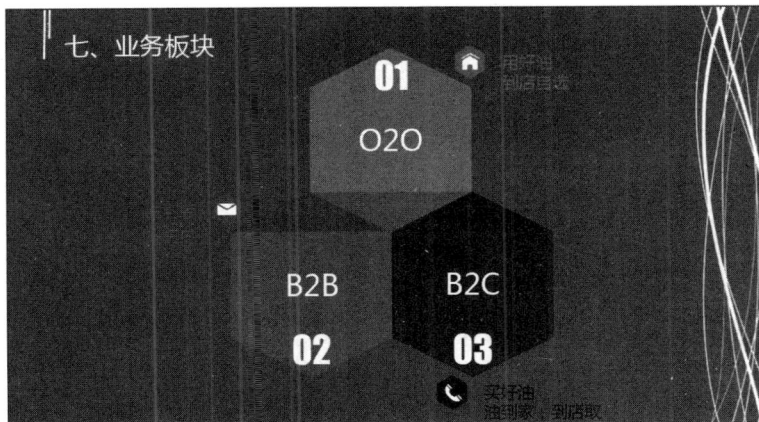

◆ 图 20-12　商业计划书中的业务板块

业务板块中通过运用 PPT 素材的方式来直接向投资人展示 3 种不同的业务模式，分别是 O2O、B2B 和 B2C。

在商业计划书项目说明的最后部分，创作者对整个项目的业务内容进行整体的分析，展示以平台为中心打造的业务链形式。图 20-13 所示为商业计划书中的业务分析。

◆ 图 20-13　商业计划书中的业务分析

20.2.2　项目规划

在项目规划部分，创作者将具体内容分为 3 个方面。图 20-14 所示为 3 个方面的内容展示。

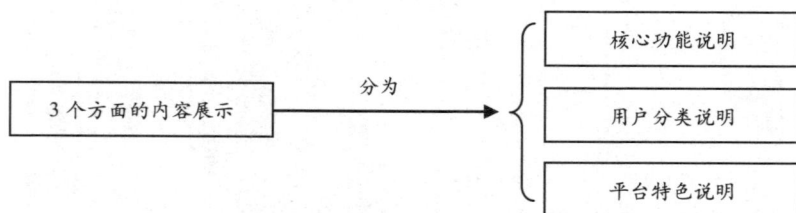

◆ 图 20-14　3 个方面的内容展示

首先是核心功能说明，这方面的内容主要从 4 个不同角度出发，分别是批发市场、买家功能、微商城和分销系统。创作者根据不同的角度情况，进行简单的功能内容分析。

图 20-15 所示为商业计划书中的核心功能说明。

在项目规划中，用户是项目的核心关注点，图 20-16 所示为商业计划书中的用户分类说明。

◆ 图 20-15 商业计划书中的核心功能说明

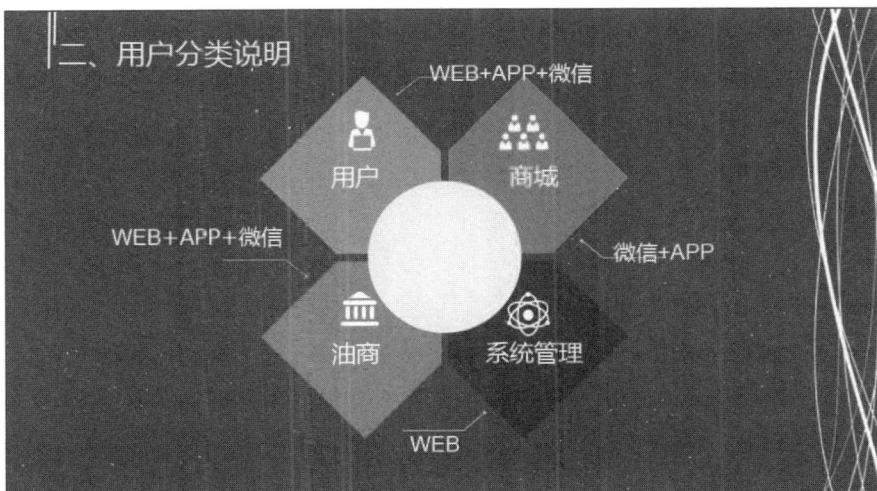

◆ 图 20-16 商业计划书中的用户分类说明

　　对用户分类进行说明之后，商业计划书的创作者再根据用户类型来确定项目中平台的特色。

　　图 20-17 所示为商业计划书中的平台特色说明，内容主要分为 3 个方面，分别是电商方案、用油标准和细分场景，相关信息涉及特色的形式、特色的标准和特色的使用场景。

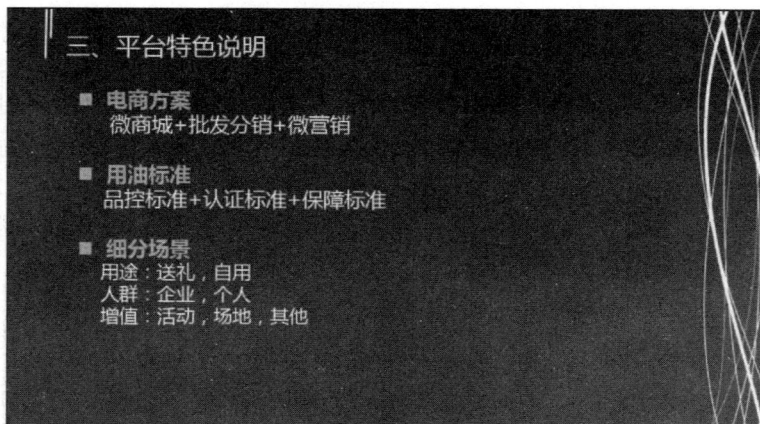

◆ 图 20-17　商业计划书中的平台特色说明

20.2.3　项目管理

在项目管理部分，创作者将具体内容分为 7 个方面。图 20-18 所示为 7 个方面的内容展示。

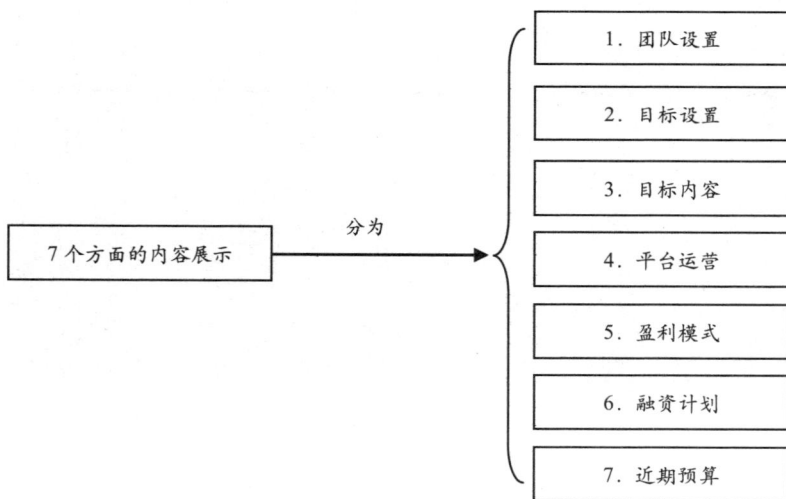

◆ 图 20-18　7 个方面的内容展示

在团队设置中，创作者通过图解的方式直接展示团队的分工设置，以及团队中各组成部分的人数。

图 20-19 所示为商业计划书中的团队设置。

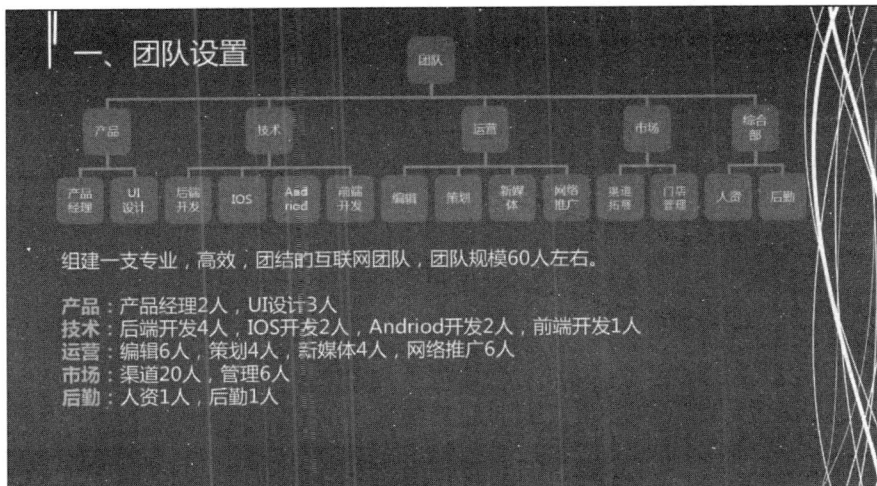

◆ 图 20-19　商业计划书中的团队设置

以团队的相关设置为基础，商业计划书的创作者进一步提出目标设置的内容，并将项目的发展目标分为整体目标和各阶段目标。图 20-20 所示为商业计划书中的目标设置。

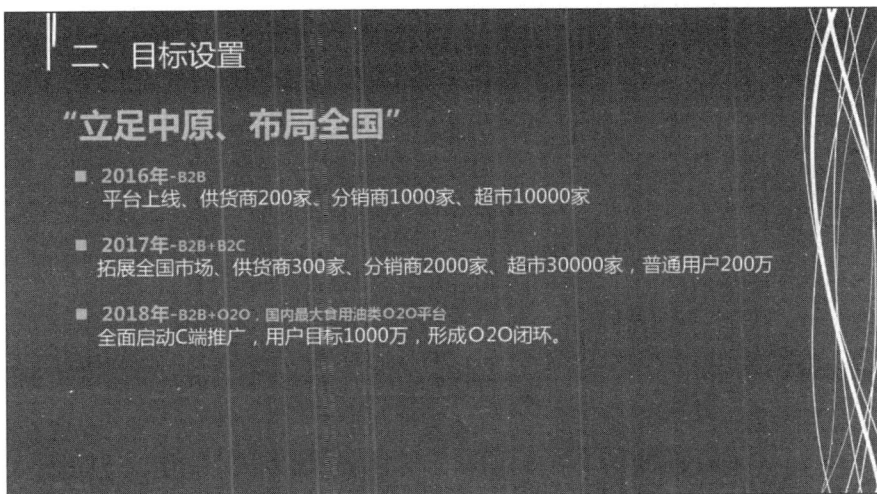

◆ 图 20-20　商业计划书中的目标设置

在目标内容中，创作者针对目标设置的情况将不同类别的目标细化处理，其中类别分为商家店、分销商、用户和日均订单量。

图 20-21 所示为商业计划书中的目标内容。

◆ 图 20-21　商业计划书中的目标内容

在商业计划书中，项目管理部分以项目为中心，而案例项目以筹建平台为主，所以创作者针对平台运营的内容向投资人进行说明。图 20-22 所示为商业计划书中的平台运营。

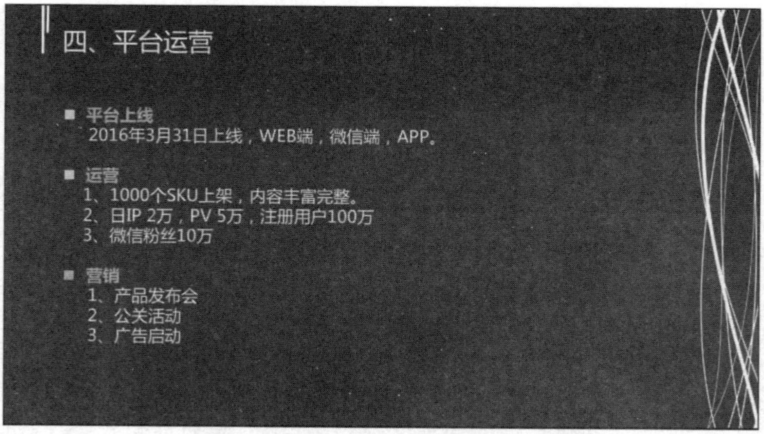

◆ 图 20-22　商业计划书中的平台运营

平台运营涉及的内容较广泛，创作者主要从上线时间、运营和营销 3 个方面对平台的运营进行说明。尤其是在运营和营销部分，创作者将具体内容各细分为 3 个内容重点作进一步展示。在平台运营内容之后，项目的盈利模式也是投资人关注的重点。图 20-23 所示为商业计划书中的盈利模式。

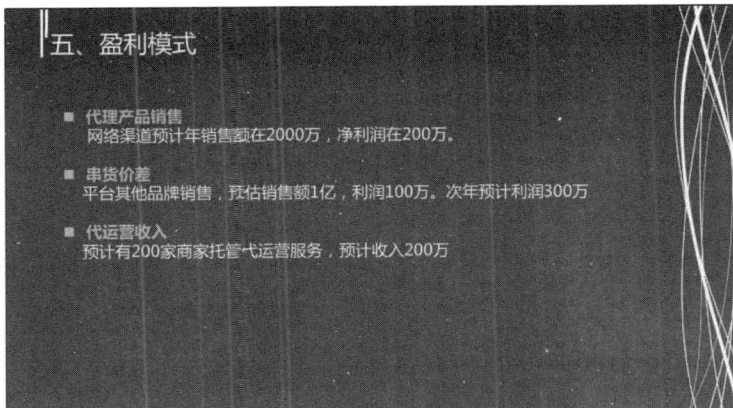

◆ 图 20-23　商业计划书中的盈利模式

　　盈利模式是商业计划书中必不可少的内容，投资人根据盈利模式才可以分析项目的潜在利润，所以创作者对与利润相关的数据进行适当提及和突出是很有必要的。

　　项目管理的最后部分是融资计划与资金使用，其中融资计划根据项目的潜力情况而分为了 A 轮、B 轮和 C 轮。需要注意的是，在项目的实际执行中，一般根据实际情况来确定融资的轮数，商业计划书中的融资轮数只作参考。

　　图 20-24 所示为商业计划书中的融资计划。

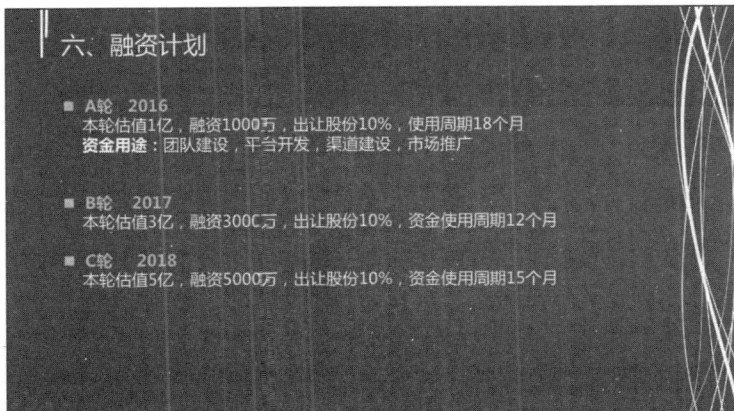

◆ 图 20-24　商业计划书中的融资计划

　　项目预算一般与融资计划为一体关系，以融资计划的融资额度为基础，对项目的近期预算进行分析。在不同的项目中，一般有不同的预算金额和核心事项，需要根据实际情况而定。图 20-25 所示为商业计划书中的近期预算。

核心事项	备注	预算
团队工资	1. 工资、社保、福利、其他	400万
市场推广	1. 线上推广（sem、新媒体、网盟、应用市场）	100万
	2. 线下推广（电视、电台、楼宇、电梯）	1 500万
	3. 公关费（发布会）	200万
	4. 购买新域名	100万
	5. 宣传物料	50万
	6. 渠道招商	200万
管理费用	1. 管理费用	90万
平台开发	1. 平台开发	100万
行政办公	1. 办公室（房租、水电、物业费），面积400平	30万
	2. 办公设备（座椅、电脑、手机、打印机、宽带）	15万
	3. 日常办公费用（纸、笔、差旅费、招聘费用）	15万
汇总		**2 900万**

◆ 图 20-25　商业计划书中的近期预算

20.2.4　产品营销

在产品营销部分，创作者将具体内容分为 7 个方面。图 20-26 所示为 7 个方面的内容展示。

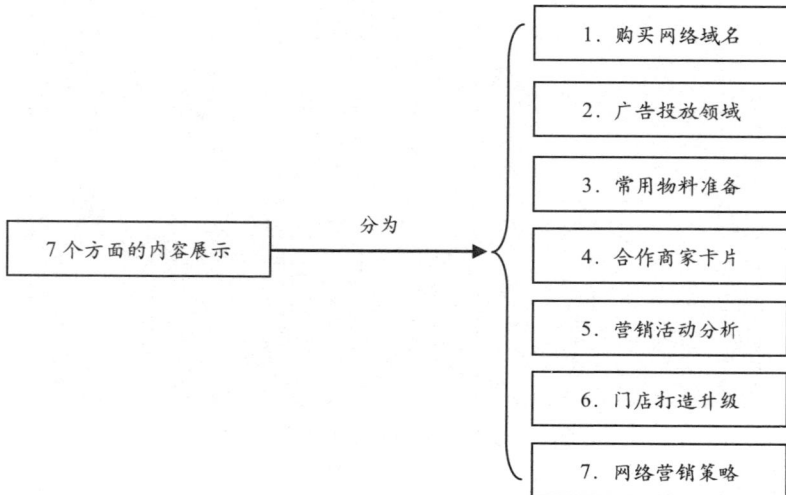

◆ 图 20-26　7 个方面的内容展示

在商业计划书中，产品营销部分以产品为核心，对于意图打造出垂直化 O2O 平台的项目而言，产品营销中首要的便是网站建设。图 20-27 所示为商业计划书中的购买网络域名。

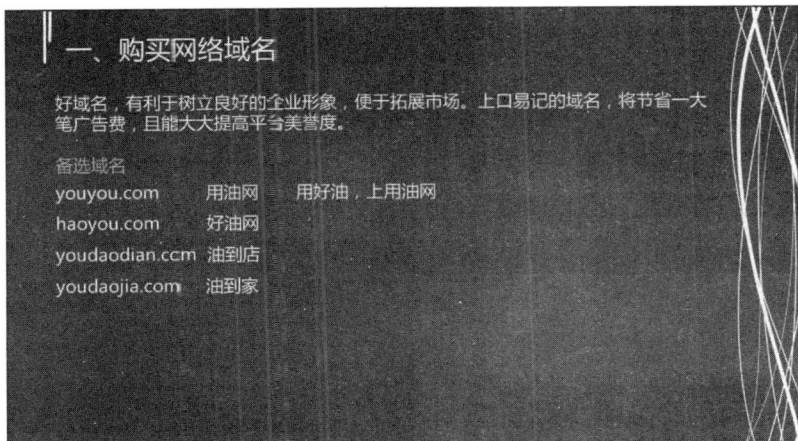

◆ 图 20-27　商业计划书中的购买网络域名

在产品的营销过程中，广告的作用不容忽视。创作者针对产品的特性，提出了 4 个广告的投放领域，分别是电台广告、楼宇广告、软文广告和视频广告。图 20-28 所示为商业计划书中的广告投放领域。

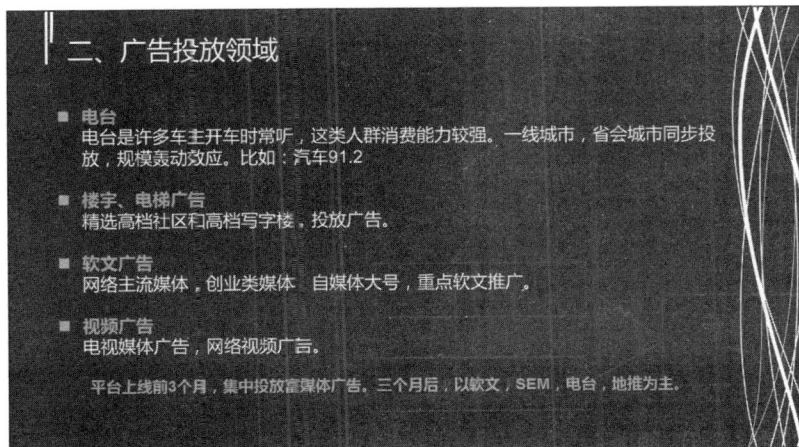

◆ 图 20-28　商业计划书中的广告投放领域

广告的效果是宣传产品信息，目标是在投入的资金越少的前提下，效果越好。

在项目执行的不同阶段,广告的投入方式往往也有所不同。针对广告的不同投入方式,创作者对推送广告时的常见物料进行了归纳。图20-29所示为商业计划书中的常用物料准备。

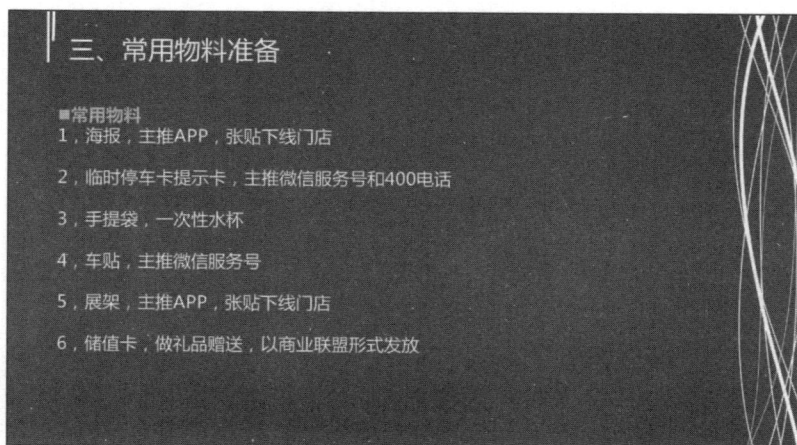

◆ 图20-29 商业计划书中的常用物料准备

在商品的实际销售中,与营销渠道有着直接关联的就是推广渠道。针对与不同类别的商家合作情况,计划书中推出了卡片系统。图20-30所示为商业计划书中的合作商家卡片。

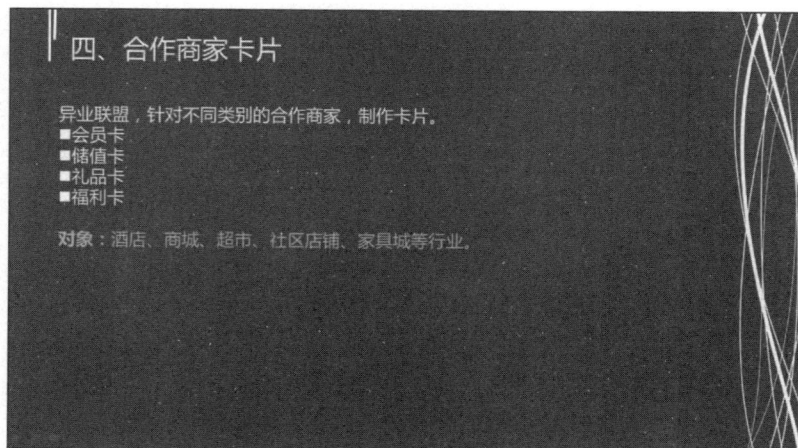

◆ 图20-30 商业计划书中的合作商家卡片

异业联盟是指不同行业的商家联合起来进行营销的联盟,形式较松散,但是营销的效果较好，是初创企业可借鉴的一种渠道建设方式。

在完善广告策略和渠道策略之后，商业计划书的创作者对具体的营销活动进行细分化处理，共分为 7 个方面，分别是注册、推荐、免费 Wifi、招商会、大讲堂、满额送礼和发布会。图 20-31 所示为商业计划书中的营销活动分析。

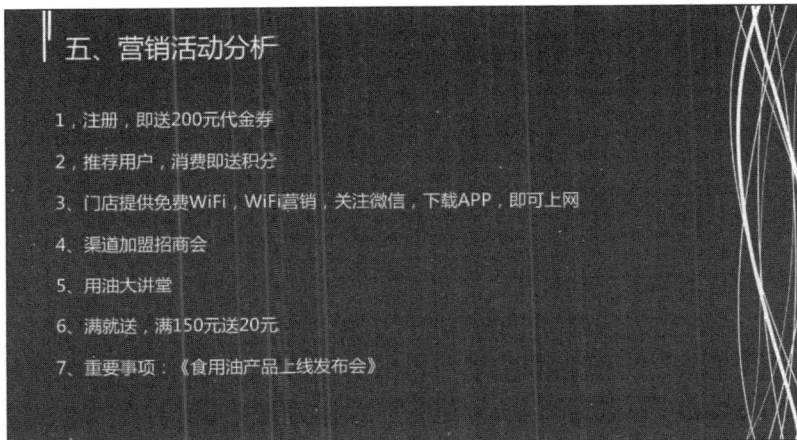

◆ 图 20-31　商业计划书中的营销活动分析

为了进一步提升产品的影响力，创作者在计划书中还向投资人展示了门店打造升级的计划内容。整个计划分为 3 个方面，分别是打造精品门店、开设专门柜台和布局全国市场。图 20-32 所示为商业计划书中的门店打造升级。

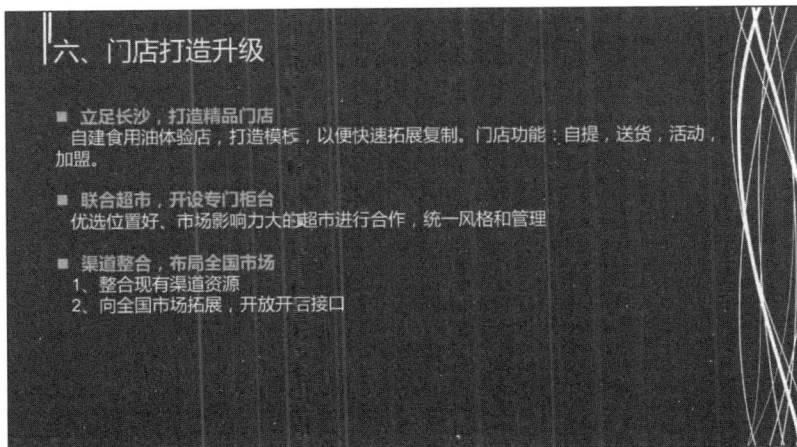

◆ 图 20-32　商业计划书中的门店打造升级

门店打造升级属于计划书中的特色内容，也体现了创作者的长远发展策略，相比于没有特色的商业计划书而言，这种特色内容更容易吸引投资人的注意力，获得投资人的认可。

在产品营销的最后内容展示中，创作者以产品的网络营销为核心，推出针对营销的策略分析。

网络营销策略的主要内容分为从 5 个方面进行，分别是体验线营销、口碑线营销、精准推广、病毒线营销和 APP 营销。图 20-33 所示为商业计划书中的网络营销策略。

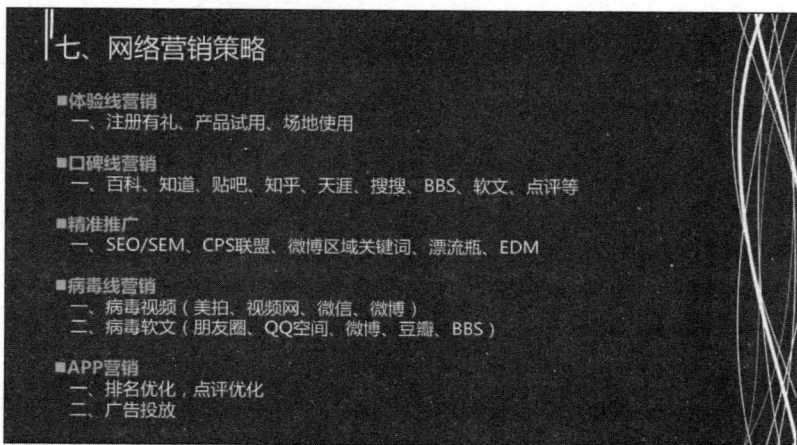

◆ 图 20-33　商业计划书中的网络营销策略

20.3 分析计划书优点和缺点

分析并了解计划书的优点和缺点，能够帮助创作者更好地完善自身的商业计划书，从而获得融资。

下面以《逸香牌食用油商业计划书》为案例，并对案例中的商业计划书的内容优点和缺点进行具体分析。

20.3.1 案例中商业计划书的优点

分析案例的优点，有利于读者借鉴优点进一步打造优质商业计划书。图 20-34 所示为案例中商业计划书的 4 个优点。

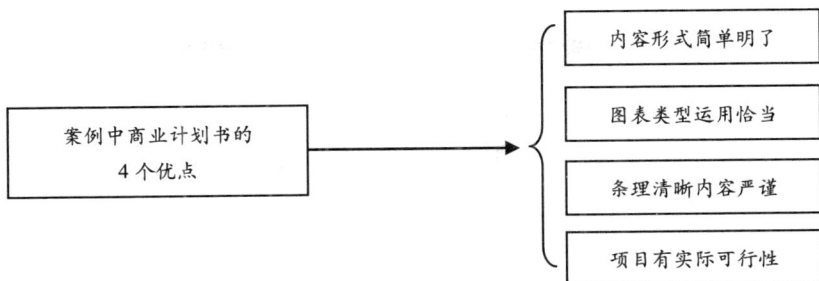

◆ 图 20-34　案例中商业计划书的 4 个优点

❶ 内容形式简单明了

在商业计划书中，整个 PPT 是以类似的几个模板为主完成内容创作的，这既保证了在形式上的统一性，也十分简单。图 20-35 所示为商业计划书中运用的 4 个模板形式。

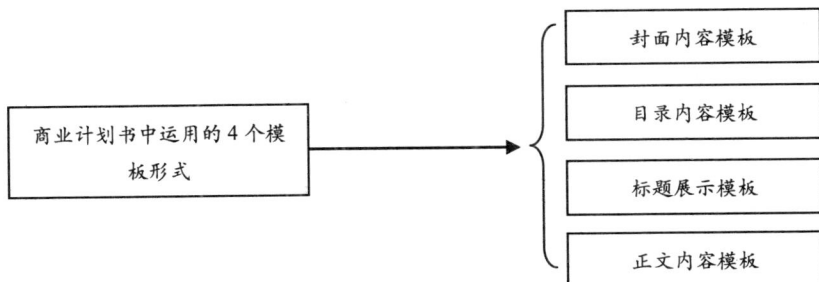

◆ 图 20-35　商业计划书中运用的 4 个模板形式

在这 4 个模板中，封面内容模板和目录内容模板的应用较少，在计划书中只出现有一次。图 20-36 所示为两种模板的表现形式。

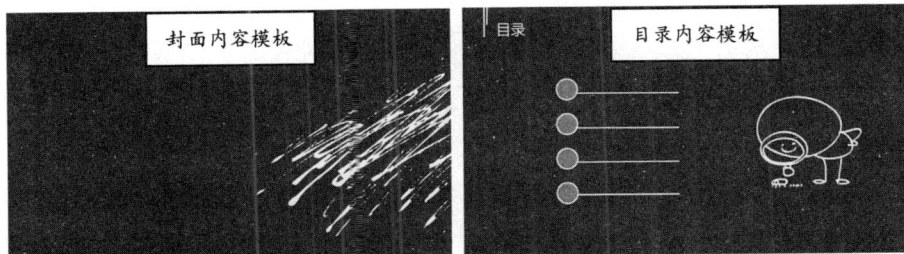

◆ 图 20-36　两种模板的表现形式

　　除此之外，各个环节的标题内容展示模板出现的次数较多，表现形式上也十分简单，以纯色为背景，突出标题文字。

　　图 20-37 所示为标题展示模板的表现形式。

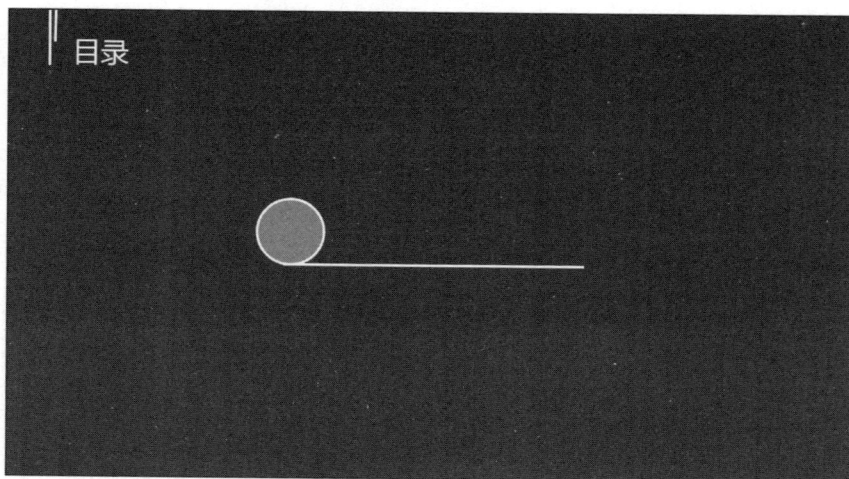

◆ 图 20-37　标题展示模板的表现形式

　　正文内容模板是整个商业计划书所用的主要模式，也是正文信息的承载体，创作者运用线条对模板进行装饰，突出中间位置的文字内容。图 20-38 所示为正文内容模板的表现形式。

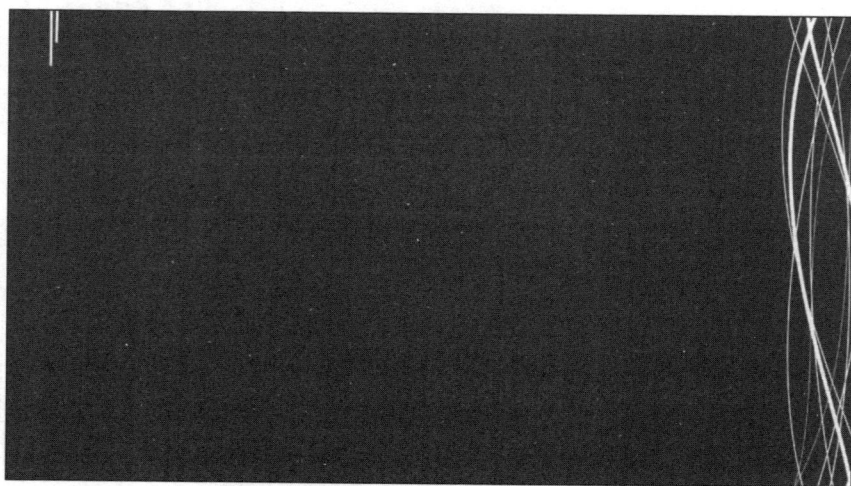

◆ 图 20-38　正文内容模板的表现形式

专家提醒

　　这种简单模式的运用突出了文字信息，同时也降低了创作者创作商业计划书的难度，而且内容明了，不会出现过多的无用信息，更符合投资人的阅读需求。选择 PPT 模板时尽量以简单形式的为主，另外以适当的线条、花纹等进行装饰。

❷ 图表类型运用恰当

　　在《逸香牌食用油产品商业计划书》中，创作者共采用了 3 种图表，图 20-39 所示为图表类型的运用分析。

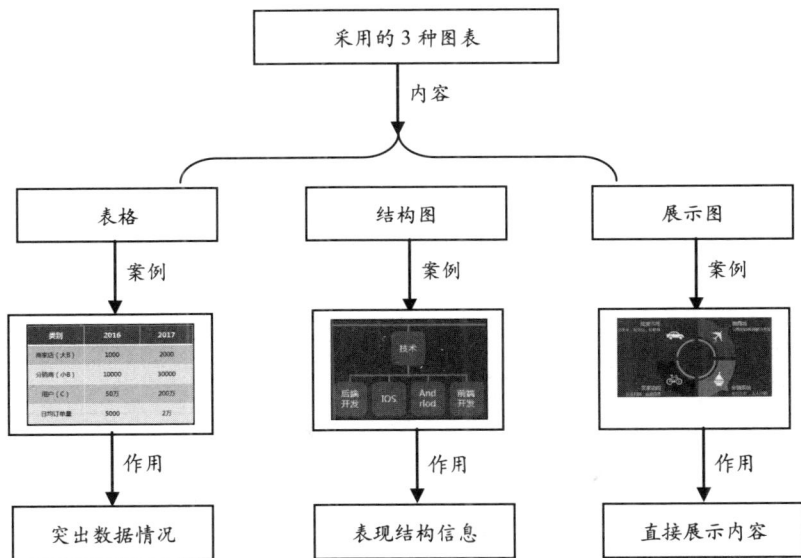

◆ 图 20-39　图表类型的运用分析

　　在商业计划书中，创作者通过对图表的恰当运用，有效地突出了文字和数据信息，并且通过表现形式的多样性变化来吸引投资人的注意力。

❸ 条理清晰内容严谨

　　整个商业计划书以幻灯片为单位，逐步分析并侧重表现了不同的重点内容。具体信息循序渐进，条理清晰。图 20-40 所示为各环节内容的分析整合。

项目说明	以介绍项目为中心，分 8 个方面分别阐述项目内容
项目规划	以介绍规划为中心，分 3 个方面分别阐述规划内容
项目管理	以介绍管理为中心，分 7 个方面分别阐述管理内容
产品营销	以介绍营销为中心，分 7 个方面分别阐述营销内容

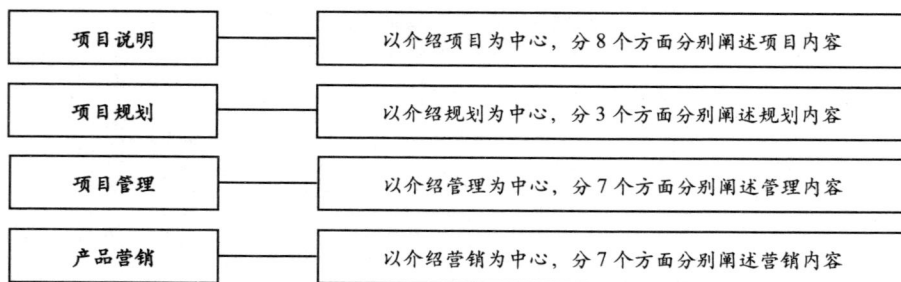

◆ 图 20-40　各环节内容的分析整合

在整个《逸香牌食用油商业计划书》中，正文分为 4 个主要内容，又细分为 25 个核心内容。创作者条理清晰地逐步向投资人阐述内容，层层深入，使整个商业计划书的内容十分严谨。

❹ 项目有实际可行性

食用油产品是大众的生活必需品，市场需求广阔，这类项目本身就具备一定的实际可行性。图 20-41 所示为项目可行性的作用分析。

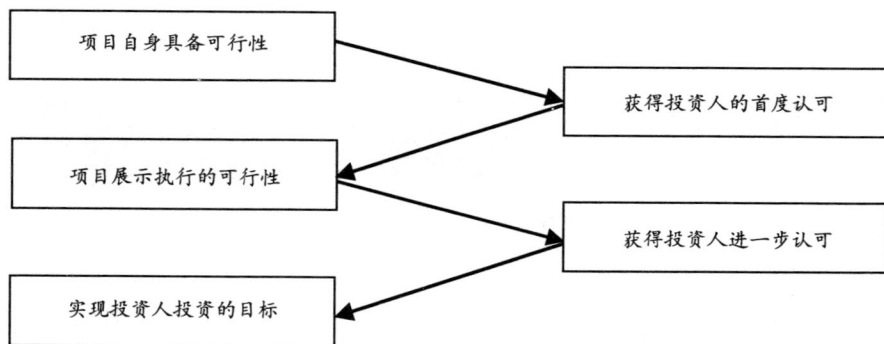

◆ 图 20-41　项目可行性的作用分析

在项目的可行性分析上，自身的可行性和项目实际执行的可行性两者缺一不可，这都是创作者在商业计划书中需要有所体现的内容。

20.3.2　案例中商业计划书的缺点

分析案例的缺点，才能让读者在创作计划书时少走弯路，从而打造更完美的商业计划书。图 20-42 所示为案例中商业计划书的 3 个缺点。

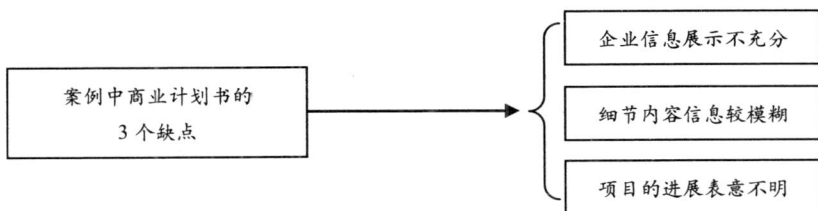

◆ 图 20-42　案例中商业计划书的 3 个缺点

❶ 企业信息展示不充分

在《逸香牌食用油商业计划书》中，创作者的重点主要集中于项目本身的内容，对企业、团队方面的信息分析较少。在 PPT 模式的商业计划书中，企业和团队信息都是属于必不可少的内容。

图 20-43 所示为某 PPT 模式的商业计划书中对企业的介绍。

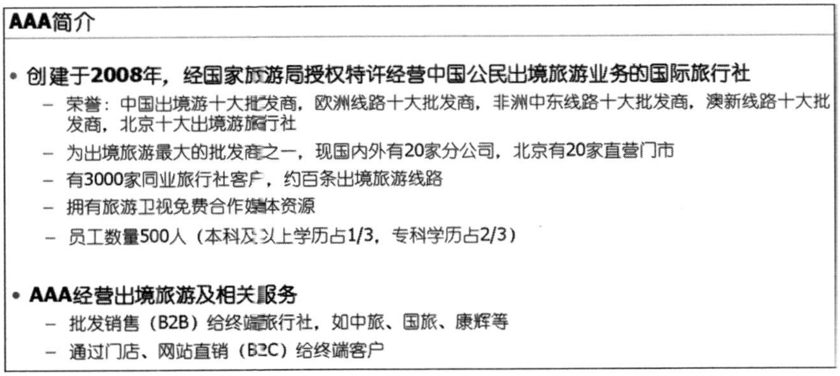

◆ 图 20-43　某 PPT 模式的商业计划书中对企业的介绍

❷ 细节内容信息较模糊

在计划书中，由于受到幻灯片模式的限制，尽管内容细化程度较深，但是具体的细节并不完善。比如 计划书中的平台上线，创作者较简单地介绍了上线时间和上线的内容，但没有对上线内容进一步详细说明。

这种对内容的模糊化处理不利于计划书获得投资人的认可，图 20-44 所示为细节内容信息对投资人的影响。

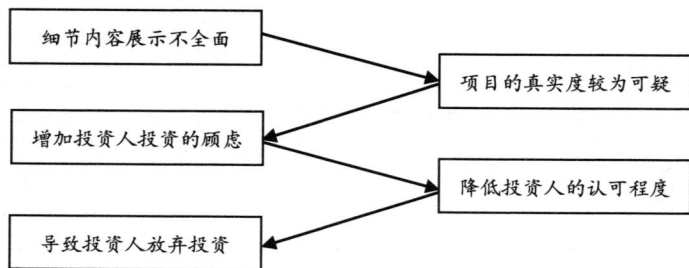

◆ 图 20-44　细节内容信息对投资人的影响

❸ 项目的进展表意不明

对于初创企业而言，商业计划书中往往不会过多地对项目的进展情况进行说明。但从投资人的角度而言，了解项目的基本进展情况是非常有必要的，这是让投资人认可项目的必备内容。

在《逸香牌食用油商业计划书》中，创作者对于项目的具体进度没有详细说明，只对项目的开发过程、营销推广、相关运作方式等进行了阐述，这种内容属于缺少以项目进展为基础的空中楼阁式的信息，往往无法得到投资人的首要认可。